3060 中青年学者“双碳”目标学术研讨系列

国家社科基金资助项目（15BGL144）

碳减排约束下的碳税经济效应研究

赵爱文◎著

中国财经出版传媒集团
中国财政经济出版社

图书在版编目（CIP）数据

碳减排约束下的碳税经济效应研究 / 赵爱文著．--
北京：中国财政经济出版社，2021.10
（中青年学者“双碳”目标学术研讨系列）
ISBN 978 -7 -5223 -0543 -1

Ⅰ.①碳… Ⅱ.①赵… Ⅲ.①节能－税收政策－研究
－中国 Ⅳ.①F812.422

中国版本图书馆 CIP 数据核字（2021）第 109945 号

责任编辑：彭 波　　责任印制：史大鹏
责任校对：徐艳丽

中国财政经济出版社 出版
URL：http：//www.cfeph.cn
E -mail：cfeph@cfeph.cn

社址：北京市海淀区阜成路甲 28 号 邮政编码：100142
营销中心电话：010 -88191522
天猫网店：中国财政经济出版社旗舰店
网址：https：//zgczjjcbs.tmall.com
北京财经印刷厂印刷 各地新华书店经销
成品尺寸：170mm ×240mm 16 开 15.75 印张 250 000 字
2021 年 10 月第 1 版 2021 年 10 月北京第 1 次印刷
定价：68.00 元
ISBN 978 -7 -5223 -0543 -1
（图书出现印装问题，本社负责调换，电话：010 -88190548）
本社质量投诉电话：010 -88190744

前　言

全球气候变暖是20世纪以来全球性气候变化最为明显的特征。《联合国2030年可持续发展议程》明确指出，要采取紧急行动应对气候变化、减少气候灾害对人类的影响。2018年10月8日，全球研究气候变化经济学的顶级分析师，诺贝尔经济学奖获得者威廉·诺德豪斯教授认为，解决温室效应的最有效办法是在全球对所有国家征收碳税。

本书通过理论模型和实证分析研究了碳减排约束下的碳税经济效应，模拟出4种不同约束条件下的最优碳税税率，以及最优碳税税率对宏观经济和二氧化碳减排的影响。

本书对《中国2017年投入产出表（149个部门）》进行部门调整和合并，得到30个部门（行业）的简化的竞争型投入产出表，并在简化的竞争型投入产出表的基础上编制《征收碳税后的中国2017年非竞争型碳排放型投入产出表》，为后续研究奠定基础。

本书根据8种化石能源的二氧化碳排放系数，对30个部门（行业）化石能源进行完全碳排放核算，将2017年30个部门（行业）的完全碳排放通过泰勒展开式分解成直接碳排放和间接碳排放，并对2017年30个部门（行业）的完全碳排放进行行业特征分析。

本书基于笔者自己编制的《征收碳税后的中国2017年非竞争型碳排放型投入产出表》，通过投入产出产品价格变动模型，分析计算 $T^*=10$ 元/吨至 $T^*=200$ 元/吨的不同碳税税率对各部门价格、居民消费、投资、出口、GDP、产出、就业及二氧化碳减排的影响。

本书分析不同碳税税率对宏观经济及二氧化碳减排的总体影响，通过Excel散点图，结合趋势线分析以及EViews软件，分别拟合出自变量 T^*（碳税税率）与各因变量（通货膨胀率、居民消费变化率、投资变化率、出口变化率、GDP变化率、产出变化率、劳动力人数变化率及二氧化碳排放变化率）之间的线性关系。同时，构建多目标最优碳税税率模型，确定4种不同约束条件下最优碳税税率，分别为45.5元/吨、93.5元/吨、144元/吨和194元/吨，进一步计算4种最优碳税税率对宏观经济及二氧化碳减排的影响。

本书的突出特色：国家统计局提供的《中国2017年投入产出表》为竞争型投入产出表，表中的中间使用和最终使用既包括国产品也包括进口品。“中华人民共和国国家统计局：国家数据”提供的分行业化石能源消费的数据，仅涉及国内数据，需要非竞争型投入产出表与之相匹配。为了更准确地研究碳税对中国宏观经济及二氧化碳减排的影响，需要使用区分了国产品和进口品的非竞争型投入产出表。本书假设各行业对进口中间产品的使用比例和进口最终产品的使用比例，分别等于各行业对国内中间产品的使用比例和国外最终产品的使用比例，编制了（进口）非竞争型投入产出模型，并结合各行业的碳排放数据，进一步编制了《征收碳税后的中国2017年非竞争型碳排放型投入产出表》。

本书的主要建树：基于自己编制的《征收碳税后的中国2017年非竞争型碳排放型投入产出表》，运用多目标投入产出模型，建立多目标最优碳税税率模型并模拟4种不同约束条件下的最优碳税税率，分别为45.5元/吨、93.5元/吨、144元/吨和194元/吨（二氧化碳）。2020年“两会”期间，全国人大代表、阳光电源董事长曹仁贤在《关于尽快开征碳税的建议》中提出，建议尽快启动征收碳税的相关工作，并建议碳税税率为50~150元/吨

(二氧化碳)。笔者的计算结果和人大代表的建议非常接近。

《碳减排约束下的碳税经济效应研究》是国家社科基金项目(15BGL144)的研究成果。本书的撰写历时5年,是本人近年来碳税研究成果的提炼和总结,其中凝聚了众多老师和同仁的关心、帮助和支持。上海财经大学的胡怡建教授,南京航空航天大学的苗建军教授、谭清美教授,上海交通大学的宋晓倩博士后,上海财经大学的任娟博士后,江苏师范大学的司增绰教授,烟台大学的李晓晖博士,徐州工程学院的董金玲教授、张中强教授、赵建强教授、张萌萌老师、高玮老师、王平老师,课题组的何颖教授、张艳芹副教授、王双英副教授等在本书的撰写过程中给予了热情的帮助,财政经济出版社对本书给予了大力支持,他们高效严谨的工作作风、认真工作的敬业精神为本书的顺利出版提供了坚实的保障。

本书的出版得到了徐州工程学院学术著作出版基金的资助,同时也得到了淮海经济区高质量发展研究院的大力支持。在此深表感谢!本书的撰写过程中借鉴了许多前辈的研究成果和观点,在此深表感谢!最后要感谢的是我的家人,多年来给予我默默无闻的支持与奉献。

本书的写作始于2015年,最初使用的是数据来自《2012年中国投入产出表》、2019年将数据更新为《2017年中国投入产出表》。投入产出表每5年编制一次,本书虽然使用最新投入产出数据,但仍然存在滞后问题。在中国,关于碳税是否开征仍存在较大争议。无论是从理论还是从实践,碳税都是一个较新的研究领域,因此,仅靠个人微薄之力研究中国开征碳税问题是有难度的,鉴于数据的可得性及个人能力,本书只是在碳税方面进行了初步探索,错误和不足之处在所难免,恳请各位读者批评指正。

赵爱文

2021年4月16日

目　录

第 1 章　绪论 …… 1

1.1　研究背景与意义 …… 1

1.2　国内外研究综述 …… 6

1.3　研究内容、方法与技术路线图 …… 13

1.4　主要创新点 …… 16

第 2 章　碳税经济效应相关理论 …… 17

2.1　碳税的产生与发展 …… 17

2.2　碳税的相关理论基础 …… 19

2.3　碳税的价格效应 …… 23

2.4　碳税的收入效应和替代效应 …… 27

2.5　碳税的福利效应 …… 31

第 3 章　碳税的设计原则及税制要素设计 …… 36

3.1　碳税设计原则 …… 36

3.2　碳税税制要素设计 …… 38

第 4 章　征收碳税后的非竞争型碳排放投入产出表的编制 …………………… 41
4.1　部门调整与合并 ………………………………………………………………… 41
4.2　竞争型投入产出表和非竞争型投入产出表 …………………………………… 48
4.3　征收碳税后的非竞争型碳排放投入产出表的编制 …………………………… 51
4.4　本章小结 ………………………………………………………………………… 56

第 5 章　基于非竞争型碳排放投入产出表的碳排放研究 …………………… 57
5.1　完全碳排放核算 ………………………………………………………………… 57
5.2　完全碳排放分解框架 …………………………………………………………… 63
5.3　完全碳排放分解的实证研究 …………………………………………………… 64
5.4　本章小结 ………………………………………………………………………… 72

第 6 章　不同碳税税率对宏观经济和二氧化碳减排影响的研究 ……………… 74
6.1　碳税对价格影响的研究 ………………………………………………………… 74
6.2　碳税对居民消费影响的研究 …………………………………………………… 79
6.3　碳税对投资影响的研究 ………………………………………………………… 91
6.4　碳税对出口影响的研究 ………………………………………………………… 96
6.5　碳税对 GDP 影响的研究 ……………………………………………………… 101
6.6　碳税对产出影响的研究 ………………………………………………………… 107
6.7　碳税对就业影响的研究 ………………………………………………………… 113
6.8　碳税对二氧化碳减排影响的研究 ……………………………………………… 118
6.9　本章小结 ………………………………………………………………………… 124

第 7 章　碳减排约束下的最优碳税税率确定及碳税宏观经济效应研究 …… 125
7.1　碳减排约束下的多目标最优碳税税率模型构建 ……………………………… 125
7.2　最优碳税税率的确定 …………………………………………………………… 126
7.3　最优碳税税率对宏观经济及部门二氧化碳减排的影响研究 ………………… 128
7.4　本章小结 ………………………………………………………………………… 146

第 8 章　研究结论与对策建议 …… 148
8.1　研究结论 …… 148
8.2　对策建议 …… 149

参考文献 …… 152
附录 …… 160

第1章

绪　论

1.1　研究背景与意义

1.1.1　研究背景

1975年8月，布洛克[1]在《科学》杂志上发表了一篇论文，题为《气候变化：我们是否正处于全球变暖的边缘?》。布洛克在论文摘要里写道："自1940年以来的自然变冷掩盖了二氧化碳引起的升温，但一旦自然变冷终止，二氧化碳引起的升温就将显现……到21世纪初，地球平均温度将超过近1000年来的极值。""全球变暖"这个词，正是布洛克在1975年提出的。

自工业革命以来，人类活动中消耗大量化石能源所产生的二氧化碳累积排放，导致大气中温室气体浓度显著增加，加剧了以变暖为主要特征的全球气候变化。气候变化主要表现为三个方面：全球气候变暖、酸雨和臭氧层破坏，其中全球气候变暖是20世纪以来全球性气候变化最为明显的特征[2]。

当前全球气候安全问题形势日益严峻，极端天气事件和气候灾难给世界各国造成了巨大损失。2018年，全球表面温度是自1880年以来第四温暖的年份，全球升温也使冰川稳定性结构失衡，导致频繁发生冰崩和冰川跃动等灾害[3]。据联合国减少灾害风险办公室的数据显示，2018年全球所有地区都受到极端天气的不利影响，共有6170万人受到洪水、干旱、风暴和野火等影响，造成10373人死亡。由于受海平面上升与极端天气事件影响，马尔代夫、瑙鲁、图瓦卢、斐济、巴布亚新几内亚等太平洋岛国面临的生存威胁日益凸显。由于受到飓风、热带风暴和干旱的影响，危地马拉、尼加拉瓜等中美洲和加勒比地区必须应对因气候灾害而流离失所的1800万人，其难度远超过欧洲处置100万难民。2018年，全球约有3540万人受到洪水影响，受风暴影响的人口多达1280万人，全球约930万人受到干旱的影响。全球气候变暖，不仅破坏了全球生态系统，而且给社会经济发展带来严重损失，直接威胁到人类的生存和发展。联合国秘书长古特雷斯呼吁，气候变化让人类站在事关存亡的十字路口，如果我们不能有效应对，人类社会将遭受不可逆转的巨大损失。

2015年12月12日，首个关于气候变化的全球性协定《巴黎协定》签订[4]，这是首份具有法律约束力的全面气候变化协议，标志着哥本哈根会议之后“减排裸奔时代”的终结。《巴黎协定》确定了长期目标：将全球平均温度升幅与前工业化时期相比控制在2℃以内，并继续努力、争取把温度升幅限定在1.5℃内，以大幅减少气候变化的风险和影响。《地球系统动力学》上的一项研究报告表明，从1.5℃增加到2℃，意味着2100年全球海平面将再上升10厘米，持续的热浪会导致几乎所有的热带珊瑚礁处于危险之中。研究还表明，在全球一些热点地区，如地中海地区，会遭遇因气候变化引起的持续干燥；随着全球气温上升1.5℃，该地区的淡水供应将减少10%，上升2℃时，淡水供应将减少至约20%。从1.5℃增加到2℃，热带地区，持续性升温时间会延长50%，也会对农作物产量带来不利后果，特别是在美国中部和非洲西部，热带玉米和小麦产量将大幅减产。如果全球温度比工业革命前上升2℃（有可能在1℃至4℃之间）并持续千年以上，格陵兰冰川就会几乎完全融化，造成全球海平面上升7米。如果全球平均增温幅度超过2℃至3℃，在目前所评估到的物种中，20%～30%可能会走向灭绝。如果全球气候变暖导致气温升高2℃，将造成2.8亿人居住的大片陆地被淹没；而如果平均气温升高4℃，则会造成7.6亿人因家园被水淹没而无家可归。从工业化开始（1875年）到现在，全球温度已经升了将近1℃，今后的85年时间里，还有1℃的空间。中国工程院院士、世界著名气候变化专家丁一汇表示，如果气温上升2℃以上，全球10亿至30亿人口将得不到充分的淡水供应，粮食产量下降5%～7%。从1.5℃增加到2℃，地球温度即使再升高0.5℃也会发高烧，控制地球温度升高刻不容缓。IPCC进一步指出，如果人类对于自己的破坏行为仍然不知悔改、我行我素，那么大气中温室气体的含量将会进一步升高，导致海平面上升与气温升高，同时可能会出现更多不可预测的极端天气现象和气候灾害，如洪水、干旱、暴雨等，发生的概率可能会更大。

2018年10月，政府间气候变化专门委员会（IPCC）发布了《全球1.5℃增暖特别报告》[5]，BBC网站首页这样评价这份报告："为拯救地球免于气候灾难发出了终极警告"；而卫报的标题则是"限制气候灾难，我们还有12年的时间"。报告显示：全球温室气体排放浓度持续增加，2017年全球温室气体浓度平均值达到405ppm，全球平均气温比前工业化时代上升近1℃，并且保持继续上升的态势。如果温度上升达到1.5℃，低洼地区、人类健康、生态系统、海洋等将面临巨大冲击，造成人们生计丧失、粮食短缺、流离失所及健康受损，贫困和最脆弱人群受到的影响最大。报告强调了将全球变暖限制在1.5℃而不是2℃或更高的温度，可以避免一系列气候变化影响。例如，到2100年，将全球变暖限制在1.5℃而非2℃，全球海平面上升将减少10厘米。与全球升温2℃导致夏季北冰洋没有海冰的可能性为至少每十年一次相比，全球升温1.5℃则为每世纪一次。随着全球升温1.5℃，珊瑚礁将减少70%～90%，而升温2℃珊瑚礁将消失殆尽（>99%）。该报告指出，将全球变暖限制在1.5℃需要在土地、能源、工业、建筑、交通和城市方面进行"快速而深远的"转型。到2030年，全球二氧化碳（CO_2）排放量需要比2010年的水平下降大约45%，到2050年左右达到"净零"排放。这意味着需要通过从空气中去除CO_2来平衡剩余的排放。

2019年12月2日，联合国气候变化大会在西班牙马德里开幕。世界气象组织在气候变化大会上发布的一份最新报告《2019年排放差距报告》[6]显示，截至2019年，人类活动产生的温室气体造成全球异常高温、冰层退缩以及创纪录海平面升高等情况已持续了十年，海冰范围更是不断刷新最低纪录。报告显示，如果全球温室气体的排放量在2020～2030年不能以每年7.6%的水平下降，世界将失去实现1.5℃温控目标的机会。报告指出，即使当前《巴黎协定》的所有无条件承诺都得以兑现，全球气温仍有可能上升3.2℃，从而带来更广泛、更具破坏性的气候影响。全球的整体减排力度须在现有水平上至少提升5倍，才能在未来10年中达成1.5℃目标所要求的碳减排量。每年的《排放差距报告》都会评估，2030 年预期排放量与 2℃和 1.5℃温控目标分别需要的排放量之间的差距。2019 年的报告发现，过去 10 年温室气体排放量每年增长达 1.5%。如果将森林砍伐等因土地用途改变而增加的碳排放量包含在内，2018 年总排放量达到 553 亿吨，二氧化碳量更是达到历史新高。此次报告显示，20 国集团（G20）碳排放总量高达全球碳排放总量的 78%，但只有 5 个成员国承诺实现长期净零排放目标，其余 15 个尚未出台相关时间表。过去 10 年中，排名前四位的碳排放国家和地区为中国、美国、欧盟和印度，总量占全球碳排放 55% 以上。如果将毁林等因土地用途改变而导致的碳排放量计算在内，排名会有所改变，最大碳排放国或为巴西。碳排放量最多的为能源部门及化石燃料排放，工业占第二位，其次是林业、运输业、农业和建筑业。

根据联合国政府间气候变化专门委员会（IPCC）的科学评估，实现 2℃目标需要全球于 2070 年左右实现碳中和，实现 1.5℃目标需要于 2050 年实现碳中和[7]。

国家主席习近平 9 月 22 日在第七十五届联合国大会一般性辩论上发表重要讲话，提出了应对气候变化新的国家自主贡献目标和长期愿景。习近平主席指出，中国二氧化碳排放力争于 2030 年前达到峰值，努力争取 2060 年前实现碳中和[8]。这是中国首次向全球明确实现碳中和的时间点，也是迄今为止各国中作出的最大减少全球变暖预期的气候承诺。

2017 ~2018 年全球平均气温已比工业革命前高出 1℃，按照当前的排放趋势和各国现有行动力度，2040 年左右将达到 1.5℃，2065 年左右将达到甚至超过 2℃，21 世纪末将达到 3℃ ~4℃甚至更高，无法实现《巴黎协定》的目标。这将给世界各国带来一系列不可逆转的生态灾难，甚至引发公共卫生事件、系统性金融风险、经济衰退和地区冲突。

《联合国 2030 年可持续发展议程》明确指出，要采取紧急行动应对气候变化，减少气候灾害对人类的影响，不仅需要各国提升遏制全球排放的能力，还需要加快实施联合国《2030 年可持续发展议程》[9]，将应对气候变化的措施纳入国家战略，积极推动全球可持续发展。

2018 年 10 月 8 日，全球研究气候变化经济学的顶级分析师，诺贝尔经济学奖获得者威廉·诺德豪斯教授认为，解决温室效应的最有效办法是在全球对所有国家征收碳税[10]。诺德豪斯教授分析了碳税在应对气候变暖国际合作中的作用，认为发达国家和发展中国家应该执行“共同而有区别”的碳税政策，而且碳税征收应该随着时间的推进而逐步加大。

2019 年 1 月 16 日，全美 45 位顶尖经济学家（包括 27 位诺贝尔奖获得者、美联储 3 位前主席）在华尔街日报发表关于以碳税应对气候变化的公开信，认为全球气候变化是一个严重的问题，需要立即采取国家行动[11]。并提出，碳税提供了最具成本效益的杠杆，以必要的规模和速度减少碳排放。通过纠正市场“失灵”，碳税将发出强有力的价格信号；碳税应逐年增加，直到达到减排目标为止，同时确保税收收入中性，增加的碳税税收收入用于低碳技术创新等。

2019 年 10 月 16 日，国际货币基金组织（IMF）发布了名为《财政监测如何缓解气候变化》的研究报告[12]，报告指出，要防止全球气温较工业革命前升温超过 2℃，以达成《巴黎气候协议》目标，碳税是最有效的方法。加征碳税会提高电力、旅游、制造、运输和食品等碳排密集产业的成本。报道称，目前，全球平均的排放碳价为每吨 2 美元，想要达成《巴黎气候协议》目标，需要由 20 国集团（G20）里的碳排大户集体在 2030 年之前把碳税提高至每吨 75 美元，才有可能让气候变迁维持在安全水平。这份报告表示，对所有国家课征碳税可避免让没有缴税的国家“搭便车”，并让真正实施改革国家的产业能与其他国家竞争。

在我国，关于是否需要开征碳税，学术界及实践领域尚存争议[13]。“气候经济学之父”尼古拉斯·斯特恩早在 2016 年就建议中国征收碳税，称每年相应的税收收入可能高达 2800 亿美元，超过 2015 年全国税务部门总收入的 16%[14]。在他看来，从 2015 年底《巴黎协议》确定的全球温室气体排放目标看，包括中国、印度等在内的发展中国家依然面临很大挑战。在 2016 年 7 月，国际货币基金组织（IMF）发布研究报告称中国征收碳排放税势在必行[15]。据 IMF 预测，2017 ~ 2030 年，从 2017 年开始，若中国每年每吨 CO_2 的税额提高 5 美元，到 2030 年 CO_2 排放量将减少 30%，远超中国 2015 年在巴黎气候变化协议的承诺量，同时使财政收入增加超过 GDP 的 2%。2018 年 1 月 1 日，酝酿已久的《中华人民共和国环境保护税》正式开始实施[16]，但并未对碳税问题进行规制。环境保护税税目为大气污染物、水污染物、固体废物和噪声污染。环境税中针对污染物的税收为短期税，10 年左右这些污染物将得到有效控制，环境税中大气污染物包括 SO_2、NO_X、CO、Cl_2等 44 种有毒气体。CO_2虽然会造成温室效应，但并不属于大气污染物，无法沿用“费改税”的思路，因此并未纳入环境税的税目，碳税应该作为一个独立税种需要更多关注。碳税是一个长期税，从开始研究到饱受争议，从被财政部公开否决到被发改委透露开征碳税的新信号，碳税出台之路可谓十分坎坷。2020 年的“两会”上，全国人大代表、阳光电源董事长曹仁贤建议尽快开征碳税[17]，参考国际碳市场价格，考虑我国国情和企业的承受能力，建议对每吨二氧化碳征收 50～150 元的碳税，我国每年可征收约 5000 亿～15000 亿元碳税资金，上述财政收入可以用于支持生态修复、节能减排、低碳产业发展。

本书在其他学者研究的基础上，通过微观经济学原理分析了碳税的微观经济效应，基于《2017 年中国投入产出表（149 个部门）》[18]，通过多目标投入产出模型[19-20]，确定碳税最优税率，并计算碳税税率对宏观经济及二氧化碳减排的影响。

1.1.2 研究意义

（1）研究碳税开征对中国经济的影响，设计一个兼顾效率和公平双重目标的最优碳税税制，确立最优碳税税率，能够减少其他扭曲税收，保持税收中性，发挥碳税作为经济手段对市场行为的调节作用，对于完善我国税收制度体系，具有重要的理论研究意义。

（2）研究最优碳税税率对宏观经济及碳减排的影响，能够为碳税政策制定者提供数据支持，也为碳税税率的动态调整提供依据，具有重要的现实意义。

1.2 国内外研究综述

近年来学术界对于碳税研究从定性到定量分析大量涌现。目前，与本书的研究相关的国内外研究工作可总结为以下几个方面：

1.2.1 最优碳税税率

国外学者对碳税的研究起步较早，国内关于碳税税率的研究近年来逐渐增加，最早关于碳税税率的研究可以追溯到 Pigou （1928）[21]对外部性及其矫正的研究。Sandmo（1976）[22]首次在一般均衡框架下研究了环境税税率，结果表明，环境税最优税率并不等于庇古税税率，对后续研究意义重大。Matti 和 Olh （2004）[23]通过马尔可夫完美纳什均衡模型研究最优碳税，结果表明碳税带来的收入比污染本身造成的损害要大。李岩岩 （2011）[24]基于灰色 GM （1，1） 预测模型，结合 C－D 生产函数，以石化塑胶行业为例，研究不同碳税税率下的碳减排成本及对二氧化碳排放量的影响，研究结果表明，开征碳税有利于我国实现减排目标，针对工业企业，碳税的税率应该逐步提高。王珂 （2012）[25]参考权威经济学家对全球环境治理成本的估算，结合已开征碳税国家的经验，参考双重红利理论，结合税收中性原则，确定2012 年的最优碳税税率为 35.86 元/吨～38.74 元/吨。范允奇 （2012）[26]认为碳税政策既要考虑产业差异，也要重视区域差异。基于经济增长框架下分析环境税最优税率的思路，构建一个多部门的动态优化模型，对中国不同区域最优碳税税率进行估算。Owen （2013）[27]通过研究表明，碳税税率越高，对欠发达地区的影响高于对发达地区的影响。发达地区适用较高的碳税税率，欠发达地区适用较低的碳税税率，更有利于区域协调发展和二氧化碳减排。刘开一 （2013）[28]应用庇古税原理，基于不同假设条件下，得到最优碳税税率和次优的碳税税率模型。范允奇 （2013）[29]将能源要素和碳税效应引入总量生产函数，构建了一个环境约束下基于福利最大化的动态最优碳税模型，研究结果表明，我国各区域的最优碳税税率水平存在较大差异，中西部地区较低，沿海地区较高。毛艳华 （2014）[30]基于 CGE 模型，实证分析了中国 8 大经济区域开征碳税后所产生的环境效应、经济效应和劳动就业效应，建议 8 大区域实施差别税率，税率分别为东北区域、北部沿海区域、黄河中游区域、西南区域、长江中游区域、东南沿海区域 3%～5%，大西北区域 3%～10%，东部沿海区域 5%～10%。大西北区域 3%～10%东部沿海区域 5%～10%。王慧 （2014）[31]从立法的角度分析了碳税税基和税率，认为税基要充分权衡碳税成本和各种税基大小关系，并在碳排放税和碳消费税之间进行理性选择；碳税税率要尽量使其等于碳排放的边际损害成本，并能够动态调整。张孜孜（2014）[32]以成本收益法为基础，通过 DICE 模型，测算在社会福利最大化约束下的我国最优碳税税率，同时将环境因素引入 Aghion 和 Howitt 的创造性破坏增长模型，比较碳税收入用于收入税减免或者用于研发补贴对经济增长、环境污染以及社会福利的影响。钟敬欣（2014）[33]借鉴了 OECD 国家开征碳税及确定税率的经验，在制定出减排目标下的初始碳税税率的基础上，进一步通过减排成本优化模型测算出成本最小化基础上的初始税率。张金灿（2015）[34]构建了碳排放企业、减排产品生产企业、政府规制部门三方完全信息静态博弈模型，分析了最优碳税税率确定问题，研究结果表明，最优碳税税率是由碳排放企业和碳减排企业所在的市场结构决定的，受碳排放企业技术水平的影响，并需要不断调整。唐琪（2015）[35]以社会总福利最大化为目标，综合考虑了经济效益、社会效益和环境效益，为政府开征碳税提供建议，同时构建碳税返还博弈模型，确定政府的最优碳税税率和碳税返还补贴水平。吴琼（2016）[36]通过最优碳税价格模型测算我国私人载客汽车最优碳税税率，认为我国私人载客汽车最优碳税税率应该采取定额税率，最优碳税税率初步暂定为 22.60 元/吨。宿健（2016）[37]采用碳税乘数效应模型，分析不同碳税税率对宏观经济、碳税负担和区域经济的影响。研究结果表明，碳税开征会增加区域碳税税收负担，碳税税率越高对区域经济增长的抑制作用越大，同时，高税率征收碳税有助于缩小区域经济差距。姚洁（2016）[38]基于 2007 年投入产出表等数据，构建集能源、经济、环境为一体的可计算一般均衡模型（CE3 - CGE），模拟了碳减排目标下征收不同碳税税率对 25 个工业部门产生的影响，并确定未来最优碳税税率应介于 40 元/吨 ~70 元/吨之间。程永伟（2016）[39]设计了碳税无返还、碳税返还消费者、碳税返还零售商及共同征税 4 种供应链碳税模式，采用数值算例计算了最优差别税率和统一税率，结果表明，通过减免增值税等方式将碳税返还零售商的中性碳税政策是最佳碳税模式，而针对碳排放系数不同的各类产品，实行混合了差别税率与统一税率的阶梯税率形式较为合理。周艳菊（2017）[40]构建了基于政府、制造商和零售商的三阶段 Stackelberg 博弈模型，研究最优碳税税率对供应链结构和社会福利的影响。研究结果表明，在垄断和竞争两种情况下，最优碳税税率随着消费者环保意识的增大而增大。

1.2.2 碳税宏观经济效应

Wissema 和 Dellink（2007）[41]使用 AGE 模型分析了爱尔兰征收碳税的经济效应，认为碳税对宏观经济的影响非常小。Thkeda（2007）[21]通过 DCGE 模型，研究发现，在日本开征碳税，能够在一定程度上实现碳税的“双重红利”。苏明（2009）[42]在分析我国碳税开征的效果时，对碳税的宏观经济效应进行了较为细致的分析，拟定了 6 种碳税开征情景，认为当前 10 元/吨是比较合适税率水平，以后根据实际情况可以上调。张景华（2010）[43]研究碳税的经济效应表明，短期内碳税将对宏观经济产生较大的负面影响，从长期来看，碳税的负面效应将由经济系统内部消化，逐渐显露对经济的正效应。杨超（2011）[44]分析碳税的宏观经济效应时指出，碳税与 GDP 密切相关，政府需要付出碳税对宏观经济负面冲击的成本。作为发展中国家的特殊国情，在分析中国碳税时，应当把发展与碳税结合起来，不仅要关注对宏观经济的影响，还要重视消费者福利的影响。赵丽清（2012）[45]采取定量与定向相结合的方法，研究了碳税的理论基础和现实依据，并设计了碳税征收范围和对象、纳税人、计税依据、税率、征税环节、碳税收入的用途、碳税优惠以及碳税税收收入归属等，研究了征收碳税产生的经济效应。张景华（2013）[46]构建了资源环境 CGE 模型，研究碳税税率对劳动就业的短期和长期影响。研究结果表明，总体来说，碳税的开征会造成中国劳动就业需求趋于下降，但对不同就业群体的影响并不相同。樊勇（2013）[47]通过研究表明，碳税的宏观经济负效应确实存在，但是可以通过合理的税率设计，将其控制在合理的范围内，考虑到把碳税对 GDP 的冲击控制在 0.5% 之内，碳税税率定为 10 元/吨比较适合我国国情，逐步提高碳税税率，最终实现长期减排目标。石爱璇（2014）[48]基于中观视角下，研究在寡头垄断市场下，碳税的开征如何影响本国碳密集型行业的竞争力，并分析了碳税开征产生的三个效应：行业竞争力效应、环境效应和价格效应。杨仕辉（2015）[49]基于两国企业存在碳减排效率差异的实际状况，构建了两国政府选择碳税、碳排放配额或碳排放权交易政策，以及企业选择碳减排水平的两阶段博弈模型，并运用逆向求解法求出了均衡解，发现两国政府均选择碳排放权交易政策可以成为最优的气候政策组合。周丹（2015）[50]构建 DCGE 模型，利用投入产出表编制相应的社会核算矩阵，设定不同碳税税率并进行仿真模拟。研究结果表明，碳税能够抑制碳排放，降低碳排放总量及碳排放强度。在“十二五”期间选择开征碳税，碳税税率在 2020 年左右达到 50 元/吨。黄静（2015）[51]根据各省区市的碳排放量多少将 29 个省区市划分为高碳排放区、中碳排放区、低碳排放区 3 个区域，并根据最优碳税理论设置 3 个不同区域的碳税税率，分别为：60 元/吨、33.5 元/吨和 14.3 元/吨，并通过面板数据模型实证分析碳税对不同区域的经济效应。杜浩斌（2016）[52]基于投入产出模型，利用《中国 2012 年投入产出表》，模拟了不同碳税税率对宏观经济及二氧化碳减排的影响。结果表明，碳税开征能降低碳排放，但也会对国民经济产生一定的负面影响，目前情况下，宜采取低税率。李蒙娟（2018）[53]基于《中国 2012 年投入产出表》，将 139 个部门合并为 27 个部门，构建工业碳税 CGE 模型，编制宏观 SAM 矩阵，选取了 20 元/吨、40 元/吨、60 元/吨、80 元/吨、100 元/吨 5 种不同碳税税率模拟碳税政策效应，结果表明，征收碳税明显能降低碳排放量，减少化石能源消费，调整能源结构和产业结构；同时也会对 GDP、居民收入、社会福利等产生负面影响。王正新（2018）[54]通过对 2013 年中国 14 个省份 13020 户居民家庭的微观收支调查数据，计算得到各收入阶层居民家庭对不同部门商品消费的价格弹性和支出弹性。基于该弹性系数模拟测算了在碳税税率等于 50 元/吨时，我国居民家庭的平均支出变动情况、二氧化碳减排情况以及征税后居民家庭的福利变动情况和社会公平性状况。李雪慧（2019）[55]基于 2013 年中国家庭收入调查的微观数据，采用 QUAIDS 模型模拟测算了中国开征 50 元/吨的碳税对于城乡不同收入家庭福利效应的影响。结果表明，征收碳税会不同程度地增加居民家庭的消费支出。徐文成（2019）[56]基于拓展后的 RBC 模型模拟分析碳税改革的低碳发展效应。研究结果表明，从短期效应看，碳税改革不仅能够带来碳排放和碳存量的减少，而且会通过影响人力资本的机制对产出形成正向影响。从长期效应看，增加碳税收入同时减少资本税和工资税扭曲效应的碳税改革能够有效抑制碳排放和降低碳存量，并促使企业提高减排的积极性。魏守道（2020）[57]将碳税政策分为生产型碳税政策和消费型碳税政策，构建北方国家先于南方国家实施碳税政策的序贯博弈模型，从国家福利、企业利润和碳排放量等方面，研究南北国家碳税政策的经济效应（包括福利效应和贸易效应）和环境效应。也有学者如程敏（2015）[58]、魏守道（2015）[59]、蒋丹（2020）[60]从碳税和碳关税的角度研究税收经济效应。

1.2.3 碳税产业竞争力

钟向强（2004）[61]认为不同国家的环境标准不会影响国际竞争力，一些能源强度较大的能源密集型企业可能就将投资或生产转移到其他发展中国家，税收收入的使用方式对碳税政策的经济效应具有决定性作用。Aldy 和 Pizer（2008）[62]以美国400多个制造业行业为样本，对比无碳税和碳税税率等于15美元/吨的碳税税率下，对产出、消费和竞争力的影响，结果表明，碳税对能源密集型产业会有0.3%～1.8%的竞争力影响。World Bank（2008）[63]基于引力模型，从国际贸易的角度，对OECD国家的能源密集型产业的国际竞争力进行研究，结果表明，碳税对能源密集型产业的国际竞争力有明显的负面影响，税率越高，负面影响越大。张景华（2011）[64]认为目前我国经济发展仍然依赖一些高耗能企业，碳税开征会对能源密集型产业（如煤炭、电力、石油、钢铁等产业）产生大的冲击。碳税的开征要结合我国国情，把碳税对经济的负面影响降到最低，实现碳税的“双赢”。赵玉焕（2012）[65]通过引力模型，研究碳税开征对我国能源密集型产业国际竞争力的影响，研究结果表明，碳税对我国能源密集型产业的国际竞争力存在负面影响。谢青（2013）[66]在C－D生产函数中考虑碳税因素，用资源税的数据替代缺失的碳税数据，分析碳税征收对企业竞争力的影响，研究结果表明，碳税开征对企业竞争力会产生负面影响，但是在合理设计碳税框架的条件下，负面效应会逐渐降低。刘云泽（2013）[67]认为，碳税对我国国际竞争力的影响主要表现在宏观经济层面，碳税开征会影响化石能源的价格、供给和需求，碳税开征还会影响企业效率，是因为碳税开征给企业带来了新的税收负担，增加企业生产成本，对企业竞争力造成不利影响，另外，碳税带来的压力也会促进企业进行技术革新，提高企业生产率。周潇（2014）[68]以我国石化产业为例，实证分析了碳税对我国能源密集型产业国际竞争力的影响。

结果表明，从短期来看，碳税开征会对我国石化产业竞争力造成负面影响，从长期来看，会促进石化产业的产业结构升级。贾成龙（2014）[69]实证分析了碳税背景下辽宁省产业竞争力，结果发现，辽宁省产业竞争力呈现“大而不强”的特点，并根据研究结果，设计了碳税背景下辽宁省产业竞争力提升的路径。石爱璇（2014）[70]认为碳税开征会形成行业竞争力效应、环境效应和价格效应。由于碳税开征增加了碳密集行业的生产成本，降低了碳密集型行业的竞争力。需求曲线受到碳密集型行业市场集中度的制约，使碳税开征对碳密集行业竞争力的影响效应具有不确定性。潘文卿（2015）[71]从生产者责任和消费者责任两个方面研究了碳税对中国产业与地区竞争力的影响差异，对 CO_2 排放责任的分担，既要考虑生产者责任，也要考虑消费者责任，才能符合公平性要求，达到最佳减排效果。林伟明（2015）[72]通过面板数据模型和工具变量法，分析了征收碳税对造纸行业国际竞争力的影响，结果表明，碳税对造纸行业国际竞争力具有显著的直接正向影响，还通过“创新补偿”对造纸行业国际竞争力产生显著的间接促进作用。陈明生（2017）[73]以规模经济理论为分析框架，深刻把握碳税征收、企业经济效益、能源效率、规模经济与重工业产业组织结构调整之间的关系，研究不同碳税方案对钢铁业不同企业的影响，确定合理的碳税税率水平，使碳税征收成为杠杆促进产业组织结构的调整，提高重工业能源使用效率和节能减排水平。柳田（2017）[74]通过建立碳税的 CGE 模型，利用中国 2010 年投入产出延长表、2011 年中国统计年鉴、2011 年中国财政年鉴编制宏观和微观社会核算表，模拟碳税税率为 10 元/吨 ~200 元/吨时，研究对煤电企业竞争力的影响。许楠（2018）[75]以钢铁产业为例，研究碳税对我国高碳产业国际竞争力的影响。实证分析证明，碳税会对产业竞争力造成一定影响，但影响不大。其他学者[76][77][78]也从不同角度研究了碳税对产业竞争力的影响。

1.2.4 碳税收入分配效应

樊勇（2013）[79]将碳税的收入效应分解为直接效应和间接效应，并测算了两种效应下的碳税累退性情况，模拟测算两种碳税补贴政策对累退性的纠正效应。结果表明，直接效应可以解释大部分累退性。张进焕（2013）[80]在阐述碳税内涵及国外碳税模式的基础上，建立相关指标，从经济效应、减排效应以及收入分配效应等方面评估我国碳税开征可能产生的效应。郑肖南（2017）[81]通过计量经济学模型，测算碳税的节能减排效应、经济效应和福利效应。研究结果表明，碳税税率越高，节能减排效果越好；碳税税率位于10～50元/吨，对宏观经济的影响较小。碳税具有累退性，但碳税税率等于30元/吨时，碳税给居民带来的福利损失较小。张东敏（2018）[82]分别研究了税收收入最大化下、经济增长率最大化、福利最大化条件下的最优税收水平，以及最优税收的标准，深入研究了我国最优税收执行政策及其收入分配效应。

1.3　研究内容、方法与技术路线图

1.3.1　研究内容

本书的具体内容和章节安排如下：

第 1 章是绪论。分析本书的研究背景和研究意义，并对相关国内外文献进行综述，简单介绍本书的研究内容、研究方法、技术路线图以及主要创新点。

第 2 章是碳税经济效应相关理论。首先，介绍了碳税的产生与发展；其次，介绍了碳税的相关理论基础（包括庇古税原理、外部性理论、污染者付费原则、双重红利理论、最优税制理论）；再次，分析了碳税的经济效应（包括碳税的价格效应、碳税的收入效应和替代效应、碳税的福利效应）；再其次分析了碳税的税负归宿和税负转嫁；最后，分析了碳税的税收超额负担和最优碳税税率。

第 3 章是碳税的设计原则及税制要素设计。本章介绍了碳税设计的 6 大原则，碳税税制要素设计（包括征税范围和征税对象、纳税人、纳税环节、计税依据、税率、税收优惠、税收收入归属和使用）。

第 4 章是征收碳税后的非竞争型碳排放投入产出表的编制。首先，对《中国 2017 年投入产出表（149 个部门）》进行部门调整和合并，得到 30 个部门的简化的竞争型投入产出表；其次，在简化的竞争型投入产出表的基础上编制《征收碳税后的中国 2017 年非竞争型碳排放型投入产出表》，为后面

的计算打下数据基础。

第 5 章是基于非竞争型碳排放投入产出表的碳排放研究。首先，根据 8 种化石能源的二氧化碳排放系数，对 30 个部门（行业）化石能源进行完全碳排放核算；其次，将 2017 年 30 个行业的完全碳排放通过泰勒展开式分解成直接碳排放和间接碳排放，并对 2017 年 30 个行业的完全碳排放进行行业特征分析。

第 6 章是不同碳税税率对宏观经济和二氧化碳减排影响的研究。基于自己编制的《征收碳税后的中国 2017 年非竞争型碳排放型投入产出表》，通过投入产出价格变动模型，分别计算 $T^*=10$ 元/吨至 $T^*=200$ 元/吨的不同碳税税率对各部门（行业）价格变动、居民消费变化率、投资变化率、出口变化率、GDP 变化率、产出变化率、劳动力人数变化率及二氧化碳排放变化率的影响。

第 7 章是碳减排约束下的最优碳税税率确定及碳税宏观经济效应研究。在第 6 章研究的基础上，分析不同碳税税率对宏观经济及二氧化碳减排的总体影响，通过 Excel 散点图，结合趋势线分析以及 EViews 软件，分别拟合出自变量 T^*（碳税税率）与各因变量之间的线性关系。同时，构建多目标最优碳税税率模型，确定不同约束条件下最优碳税税率，分别为 45.5 元/吨、93.5 元/吨、144 元/吨和 194 元/吨，进一步计算 4 种最优碳税税率对宏观经济及二氧化碳减排的影响。

第 8 章是研究结论与对策建议。

1.3.2 研究方法

本书以税收学[83-85]、微观经济学[86-91]、宏观经济学[92-95]、税收经济学[96-98]、资源与环境经济学[99-102]、产业经济学[103-104]、投入产出分析[105-110]的理论为基础，通过多目标投入产出模型，构建多目标最优碳税税率模型，深入研究碳税的宏观经济效应及碳税开征对二氧化碳减排的影响，并借助微观经济学的相关理论分析碳税的微观经济效应，主要研究方法如下：

第一，运用文献分析法，广泛查阅碳税相关文献，提出碳税经济效应问题。

第二，采用比例等同法和部门合并法，将 149 个部门（行业）的竞争型投入产出表合并并编制成 30 个部门（行业）非竞争型碳排放投入产出表。

第三，运用泰勒展开式，构建完全碳排放的分解模型。

第四，从初始投入和最终需求角度，构建投入产出产品价格变动模型。

第五，运用多目标投入产出模型法，构建最优碳税税率模型。

1.3.3 技术路线图

本书借助于微观经济学的相关理论，分析了碳税的价格效应、碳税的收入效应和替代效应，碳税的税负归宿及税负转嫁，碳税的税收超额负担以及碳税税率并非越高越好；借助于多目标投入产出模型，构建多目标最优碳税税率模型，确定最优碳税税率，计算最优碳税税率对宏观经济及二氧化碳减排的影响。本书的技术路线如图1－1所示。

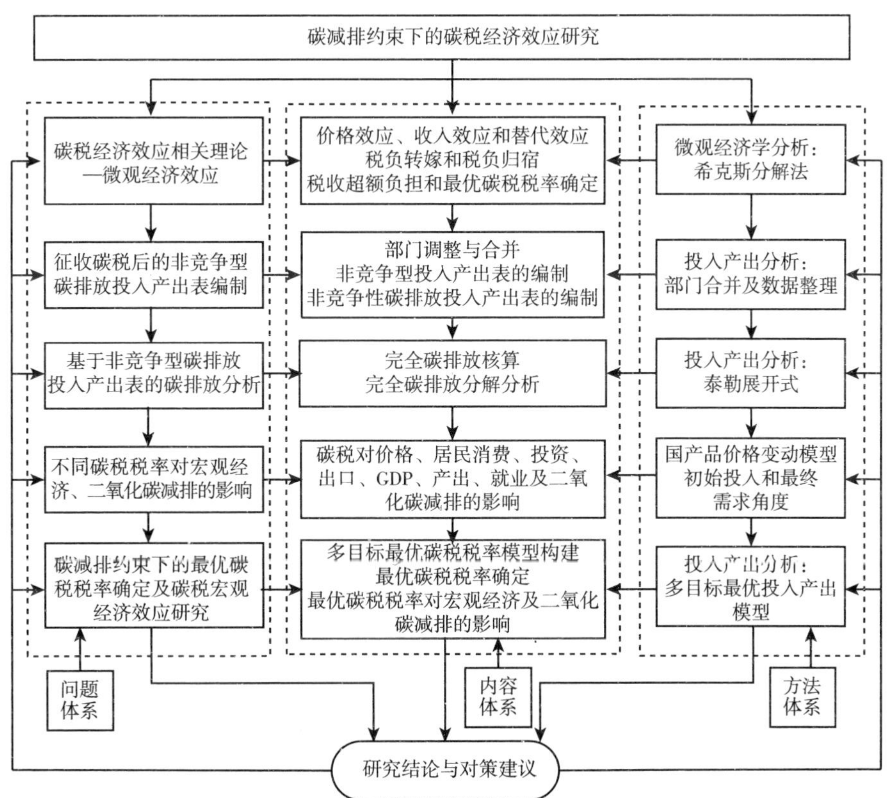

图1－1　本书的技术路线

1.4 主要创新点

第一，征收碳税后的非竞争型碳排放投入产出表的编制。首先，对《中国2017年投入产出表（149个部门）》进行部门调整和合并，得到30个部门（行业）的简化的竞争型投入产出表，并进一步换算成非竞争型投入产出表；其次，在简化的非竞争型投入产出表的基础上编制《征收碳税后的中国2017年非竞争型碳排放投入产出表》，为后面的计算打下数据基础。

第二，碳税微观经济效应分析。碳税作为特定的行为目的税，与环境税有一定的相似之处，但也不等同于环境税。结合微观经济学的相关理论，分析碳税的微观经济效应（包括碳税的价格效应、碳税的收入效应和替代效应、碳税的福利效应）、碳税的税负归宿和税负转嫁、碳税的税收超额负担及最优碳税税率并非越高越好。

第三，多目标最优碳税税率模型建立及最优碳税税率的模拟。碳税作为一项激励减少碳排放的政策越来越受到政府关注，同时，碳税的开征必然对中国经济产生影响。根据笔者自己整理编制的《征收碳税后的中国2017年非竞争型碳排放投入产出表》，运用多目标投入产出模型，建立多目标最优碳税税率模型并模拟4种不同约束条件下的最优碳税税率，据此计算4种最优碳税税率对宏观经济及二氧化碳减排的影响。

| 第 2 章 |

碳税经济效应相关理论

本章介绍了碳税的产生与发展，首先，分析了碳税的相关理论基础；其次，重点分析了碳税的价格效应、碳税的收入效应和替代效应、碳税的福利效应；最后，分析了碳税税率并非越高越好，最优碳税税率可以减少税收效率的损失，为后续定量分析奠定理论基础。

2.1 碳税的产生与发展

2.1.1 碳税的概念界定

碳税是指针对二氧化碳排放所征收的税。具体来说，碳税是以减少二氧化碳排放为目的，对化石能源（如煤炭、石油、天然气等）按照其碳含量或二氧化碳排放量征收的一种税。对化石燃料征收碳排放税，可以抑制、减缓化石能源的消费，进而减少二氧化碳排放以及减少其他污染物排放。

2.1.2 碳税的产生与发展

碳税被认为是最有效的碳减排经济手段之一，于 20 世纪 90 年代最早兴起于北欧，目前已被多个国家采用。

芬兰是全球首个开征碳税的国家。1990 年，芬兰最早对化石能源按照含碳量1.62美元/吨二氧化碳征收碳税，并于1997年和2011年分别进行了碳税税制改革，征税对象及征税方法更加科学合理。目前，碳税被认为是芬兰降低碳排放、发展低碳经济的最重要手段。截至2019年6月，全球已经有46个国家和地区以及28个国内地方政府（如州、省等）确定实行碳交易市场或碳税等碳价机制。碳税税率也在不断调整以加大二氧化碳排放力度。表2-1为世界各国开征碳税的时间，表2-2为部分国家2018~2019年碳税税率。

表2-1　世界各国开征碳税时间

年份	国家	年份	国家
1990	芬兰率先开征碳税 波兰、荷兰开始征收碳税	2010	爱尔兰、冰岛开始征收碳税
1991	瑞典、挪威开始征收碳税	2012	澳大利亚实行碳价机制
1992	丹麦开始征收碳税	2013	英国开始实行碳价格底线政策
1995	拉脱维亚开始征收碳税	2014	法国、墨西哥开始征收碳税 澳大利亚碳价机制被废除
1996	斯洛文尼亚开始征收碳税	2015	南非出台碳税法案 葡萄牙开始征收碳税
1999	德国开始征收碳税	2016	加拿大宣布国家碳价底线政策
2000	爱沙尼亚开始征收碳税 英国制订气候变化计划，核心是征收气候变化税，并于2001年颁布	2017	加拿大阿尔伯塔省开始征收碳税 智利、哥伦比亚开始征收碳税 新加坡宣布计划于2019年征收碳税
2007	日本开始征收碳税	2018	加拿大宣布2019年在全国范围征收碳税
2008	瑞士、加拿大不列颠哥伦比亚省开始征收碳税	2019	南非开始征收碳税

资料来源：根据公开资料整理。

表2-2　部分国家2018~2019年碳税税率

国别	税率	国别	税率
瑞典	127美元/tCO_{2e}	西班牙	17美元/tCO_{2e}
瑞士、列支敦士登	96~97美元/tCO_{2e}	葡萄牙	14美元/tCO_{2e}
芬兰	供暖燃料和机械用燃料：60美元/tCO_{2e} 交通燃料：70美元/tCO_{2e}	南非	8美元/tCO_{2e}

续表

国别	税率	国别	税率
挪威	3～59 美元/tCO_{2e}	阿根廷	1～6 美元/tCO_{2e}
法国	50 美元/tCO_{2e}	哥伦比亚、拉脱维亚、智利	5 美元/tCO_{2e}
冰岛	36 美元/tCO_{2e}	新加坡	4 美元/tCO_{2e}
丹麦	23～26 美元/tCO_{2e}	日本	3 美元/tCO_{2e}
加拿大联邦、BC、阿尔伯塔等各省	15～26 美元/tCO_{2e}	墨西哥	1～3 美元/tCO_{2e}
爱尔兰	22 美元/tCO_{2e}	爱沙尼亚	2 美元/tCO_{2e}
斯洛文尼亚	19 美元/tCO_{2e}	乌克兰、波兰	1 美元/tCO_{2e}

资料来源：根据世界银行报告 State and Trends of Carbon Pricing 2019 的数据整理。

2.2　碳税的相关理论基础

1990 年芬兰最早开征碳税，目前不少发达国家逐渐开征碳税。碳税一般是对煤、石油、天然气等化石燃料按其含碳量设计并按定额税率征收的税。支持开征碳税的经济理论很多，征收碳税的最根本出发点是为了解决环境的负外部性问题。

2.2.1　庇古税原理

庇古税[21]由英国福利经济学家 Pigou（1877～1959）于 1928 年最早提出。按照庇古的观点，导致市场配置资源失效的原因是经济当事人的私人成本与社会成本不一致，从而私人的最优导致社会的非最优。庇古税根据污染所造成的危害程度对排污者征税，用税收来弥补排污者生产的私人成本和社会成本之间的差距，使两者相等。庇古税对外部的不经济有矫正性的功效，它通过税收的方式对生产和消费中的外部成本进行矫正，矫正私人成本，使企业认识到在社会层面上的成本，所以又名“矫正性税收”。

庇古税是解决环境问题的重要方式，属于直接环境税。它按照污染物的排放量或经济活动的危害来确定纳税义务，所以是一种从量税。污染者必须对每单位的污染活动支付税收，税额等于负的外部性活动对其他经济行为者造成的边际外部成本，即边际社会成本与边际私人成本的差额（边际社会成本 = 边际私人成本 + 对别人没有补偿的损失）。

庇古税可以达到资源有效配置，使污染减少到帕累托最优水平。庇古税有两个优势：在静态方面，有污染就要被征税，企业为了少缴税要控污；在动态方面，在税率不变时，企业可以通过技术进步减少对未来税收的支付。静态效率与动态效率相结合是庇古税的主要特点。但是，“庇古税”是一种“先污染，后治理”的方式，没有把污染和生态环境的破坏挡在经济活动的上游。

2.2.2 外部性理论

外部性[21]亦称外部成本、外部效应或溢出效应。从经济学角度来看，外部性概念来源于20世纪30年代由庇古创立的旧福利经济学，是在分析边际私人产值与边际社会纯产值相背离时提出的。

一般来说，外部性是指在私人收益和社会收益、私人成本与社会成本不一致的现象，没有通过当事人以货币的形式得到补偿时，外部性就发生了。也就是说，外部性是指一个经济当事人的行为影响他人的福利，而这种影响并没有通过货币形式或市场机制反映出来。外部性包括正外部性和负外部性，两者的区分取决于外部性对旁观者福利影响是否有利。

从图 2－1 可以看出，没有外部性时，市场均衡是有效率的。

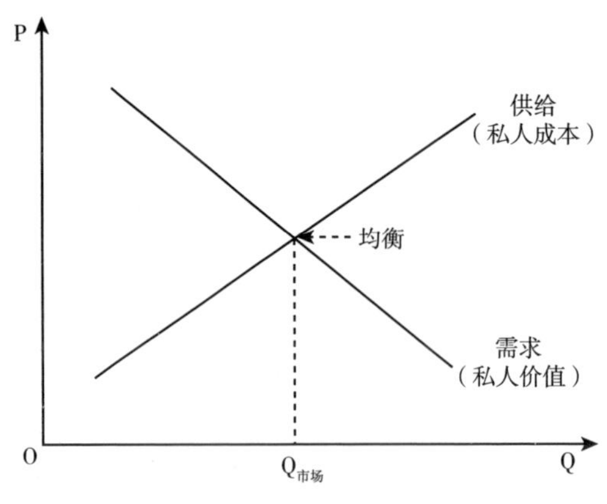

图 2－1　没有外部性时

图 2－2 是工厂直接排放出污染物，会对周围环境产生坏的影响，即产生了负外部性。

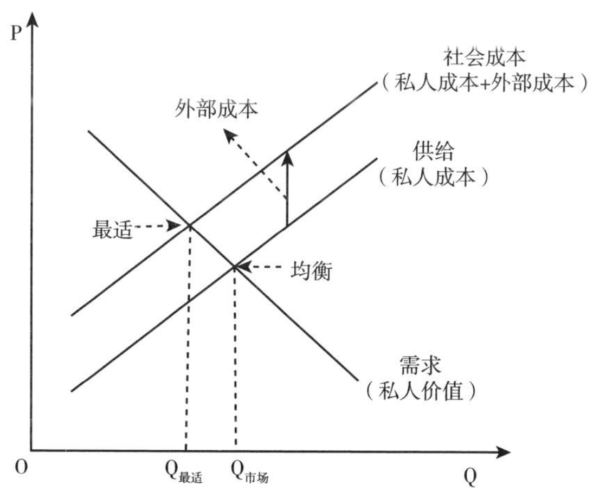

图 2－2　负外部性：征税

在图 2－2 中需求曲线表示私人价值：对于消费者的价值（也就是他们的支付意愿）；供给曲线表示私人成本：生产者直接承担的成本。在存在负外部性的情况下，社会成本＝私人成本＋外部成本。社会成本曲线在供给曲线以上，因为考虑了生产者给社会所带来的外部成本。两条曲线之差反映了排放污染物的外部成本。这一部分外部成本即为庇古税。

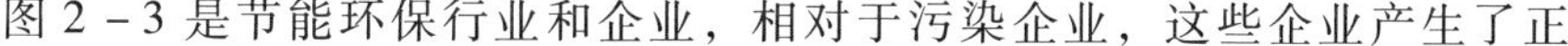

图 2－3 是节能环保行业和企业，相对于污染企业，这些企业产生了正

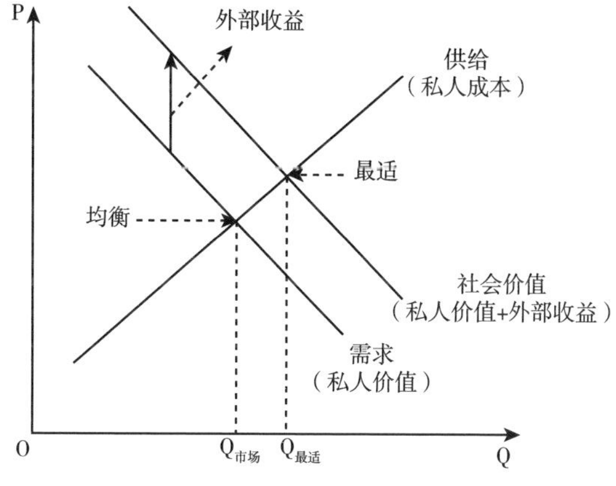

图 2－3　正外部性：补贴

的外部性。在图 2－3 中需求曲线表示私人价值，供给曲线表示私人成本。在存在正外部性的情况下，社会价值＝私人价值＋外部利益。社会价值曲线在需求曲线以上，因为考虑了生产者给社会带来的外部收益。两条曲线之差反映了节能环保行业和企业的外部收益。这一部分外部收益即为补贴。综上所述，为使外部性内部化，对有负外部性的物品征税，对有正外部性的物品补贴。

2.2.3 污染者付费原则

经济合作与发展组织（OECD）于 1970 年提出了“污染者付费原则”（简称 PPP），即要求所有的污染者都必须为其造成的污染直接或者间接地支付费用。污染者付费原则是庇古税理论的一种应用。作为一种公共物品，环境污染通常具有外部性，排放污染的个人或组织易于逃避责任。如果向其征收一定的污染费用，则可将污染环境的成本反映在排污者的私人成本中，这被称为外部成本的内部化。提高的内部成本将影响污染者的行为决策，促使其减少排污并提高效率，最终使总经济体达到环境资源的有效配置。

二氧化碳的排放者为获得自身的利益和效益而增加了社会成本，必然应该为自身的行为承担责任，承担责任的大小以危害程度来衡量最为科学合理。碳税按照二氧化碳的排放量征税，完全符合自身行为承担相应义务的责任。

2.2.4 双重红利理论

环境税“双重红利”是指环境税的开征不仅能够有效抑制污染，改善生态环境质量，达到保护环境的目标；而且可以利用其税收收入降低现存税制对资本、劳动产生的扭曲作用，从而有利于社会就业、经济持续增长等，即实现“绿色红利”和“蓝色红利”。

随着环境税理论的发展，1990 年初，David W. Pearce（1991）首先提出了碳税的“双重红利”理论，认为碳税收入可以被用来减少现有税收的税率，如所得税或资本税的福利成本。环境税“双重红利”理论提出后，被很多经济学家所接受，认为环境税可以替代其他扭曲的税种。虽然多数经济学家都赞成环境税对于改善环境质量和减少税收超额负担有一定的作用，但也有一些学者对此提出质疑，目前对于“双重红利”理论仍存在较大争议。

2.2.5　最优税制理论

效率与公平原则是税制设计的原则，但两者有时不可兼得。综合权衡效率与公平对福利的影响，找出两者的最优组合，是最优税收理论所要解决的问题。目前的最优税制理论[83]主要研究假定公平不受影响的前提下，如何使效率损失最小化，因而最优税制理论是对税收原则的进一步研究。

2.3　碳税的价格效应

在其他税负不变的情况下，若政府征收碳税，会产生两种价格[87]：消费者购买含碳商品支付的价格和生产者出售含碳商品实际得到的价格。一般而言，消费者支付的价格高于均衡价格，生产者得到的价格要低于均衡价格，两者之差，即为单位物品的碳税。税负转嫁是指纳税人在名义上缴纳税款之后，主要以改变价格的方式将税收负担转移给他人的过程。税负归宿是指税收负担的最终归着点或税负转嫁的最终结果。

2.3.1　向消费者和向生产者征收碳税的比较

2.3.1.1　向消费者征收碳税

向消费者征收碳税前后的均衡分析，可以通过图 2－4 得出结论。

没有征收碳税时。从图 2－4 可以看出，均衡点为 E，均衡价格为 P_E，均衡数量为 Q_E。

向消费者征碳税。从图 2－4 可以看出，供给曲线 S_1 并未受影响，对消费者征碳税，碳税使需求曲线由 D_1 向下移动到 D_2，移动幅度为 T。D_2 与 S_1 的交点为新的均衡点 E^*，从图 2－4 可以看出，征收碳税后生产者得到的价

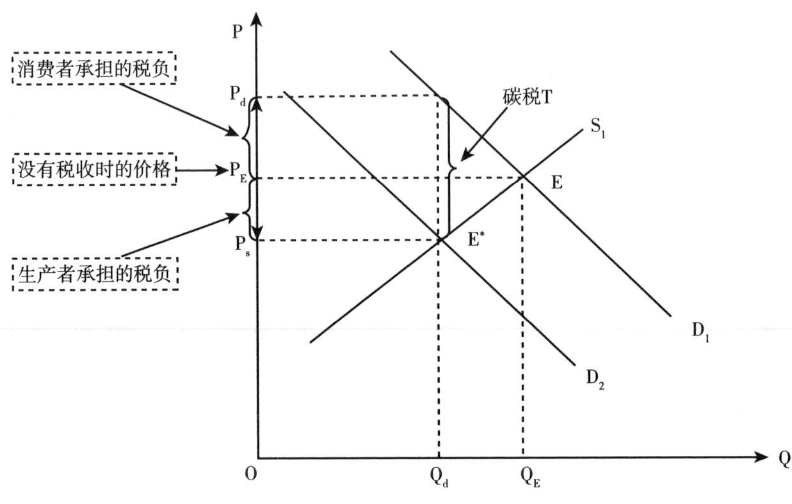

图 2-4 向消费者征收碳税

格不再是 P_E，而是 P_S，两者的差值即为生产者承担的碳税税负（$P_E - P_S$）。同样可以看出，消费者支付的价格不再是 P_E，而是 P_d，两者的差值即为消费者承担的碳税税负（$P_d - P_E$）。

2.3.1.2 向生产者征收碳税

向生产者征收碳税前后的均衡分析，可以通过图 2-5 得出结论。

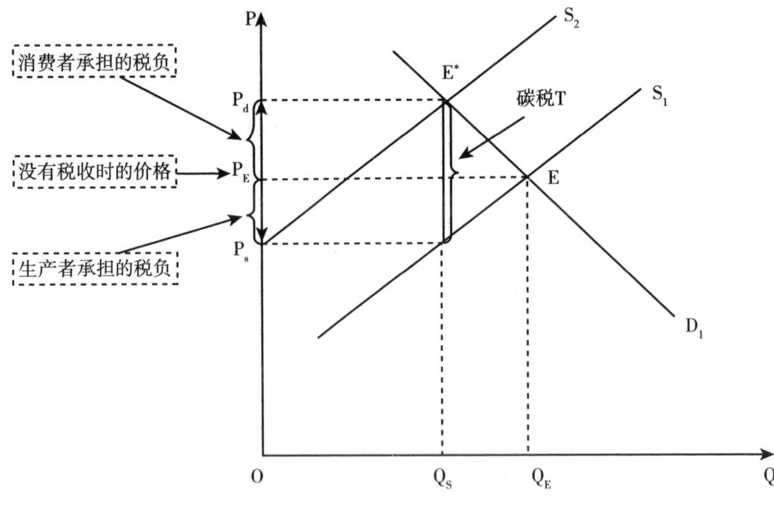

图 2-5 向生产者征收碳税

没有征收碳税时。从图 2－5 可以看出，均衡点为 E，均衡价格为 P_E，均衡数量为 Q_E。

向生产者征碳税。从图 2－5 可以看出，需求曲线 D_1 并未受到影响，对生产者征碳税，碳税使供给曲线由 S_1 向上移动到 S_2，移动幅度为 T。D_1 与 S_2 的交点为新的均衡点 E^*，从图 2－5 可以看出，征收碳税后生产者得到的价格不再是 P_E，而是 P_S，两者的差值即为生产者承担的碳税税负（$P_E - P_S$）。同样可以看出，消费者支付的价格不再是 P_E，而是 P_d，两者的差值即为消费者承担的碳税税负（$P_d - P_E$）。

2.3.2　税负转嫁及税负归宿

由图 2－4 和图 2－5 可知，无论对生产者征收碳税还是对消费者征收碳税，碳税税负总是由生产者和消费者共同承担的。至于生产者和消费者各承担多少碳税税负，需要将含碳商品的需求弹性和供给弹性结合起来分析。具体推导如下：

设需求弹性为 η_d，供给弹性为 η_s，税前（碳税）均衡价格为 P_E、均衡产量为 Q_E，碳税引起的供给量变动为 ΔQ_s，需求量变动为 ΔQ_d，生产者净价格的变动为 ΔP_s，消费者支付的价格变动为 ΔP_d。

需求弹性 η_d 和供给弹性 η_s 的计算公式分别为：

$$\eta_d = -\frac{\Delta Q_d / Q_E}{\Delta P_d / P_E} = -\frac{\Delta Q_d \cdot P_E}{\Delta P_d \cdot Q_E} \tag{2-1}$$

$$\eta_s = \frac{\Delta Q_s / Q_E}{\Delta P_s / P_E} = \frac{\Delta Q_s \cdot P_E}{\Delta P_s \cdot Q_E} \tag{2-2}$$

由式（2－1）可知：

$$\Delta Q_d = -\frac{\eta_d \cdot \Delta P_d \cdot Q_0}{P_0} \tag{2-3}$$

由式（2－2）可知：

$$\Delta Q_s = \frac{\eta_s \cdot \Delta P_s \cdot Q_0}{P_0} \tag{2-4}$$

当税后达到新的均衡点时，$\Delta Q_d = -\Delta Q_s$，则：

$$\Delta Q_d = -\frac{\eta_d \cdot \Delta P_d \cdot Q_0}{P_0} = -\frac{\eta_s \cdot \Delta P_s \cdot Q_0}{P_0} = -\Delta Q_s \quad (2-5)$$

$$\frac{\Delta P_s}{\Delta P_d} = \frac{\eta_d}{\eta_s} \quad (2-6)$$

由于税后实现新的均衡，ΔP_s 为生产者承担的税负，ΔP_d 就是消费者承担的税负，且 $\Delta P_s + \Delta P_d = T$。式（2－6）意味着消费者和生产者承担的税负与其弹性成反比。即，消费者需求弹性越小，则其税负越高；消费者需求弹性越大，则其税负越低。生产者供给弹性越小，则其税负越高，生产者供给弹性越大，则其税负越低。

$$\frac{\Delta P_s}{\Delta P_s + \Delta P_d} = \frac{\Delta P_s}{T} = \frac{\eta_d}{\eta_d + \eta_s} \quad (2-7)$$

$$\frac{\Delta P_d}{\Delta P_s + \Delta P_d} = \frac{\Delta P_d}{T} = \frac{\eta_s}{\eta_d + \eta_s} \quad (2-8)$$

式（2－7）中的 $\frac{\Delta P_s}{T} = \frac{\eta_d}{\eta_d + \eta_s}$ 和式（2－8）中的 $\frac{\Delta P_d}{T} = \frac{\eta_s}{\eta_d + \eta_s}$ 分别是生产者和消费者承担税额的比重，再次验证生产者和消费者各自承担税负的比重与它们各自的弹性大小成反比。

供给富有弹性、需求缺乏弹性。从图 2－6 可以看出，生产者对物品的价格变动非常敏感（供给曲线较为平缓），消费者不是特别敏感（需求曲线较陡峭）。因为征税而导致的税收负担更多地由消费者承担，更少地由生产

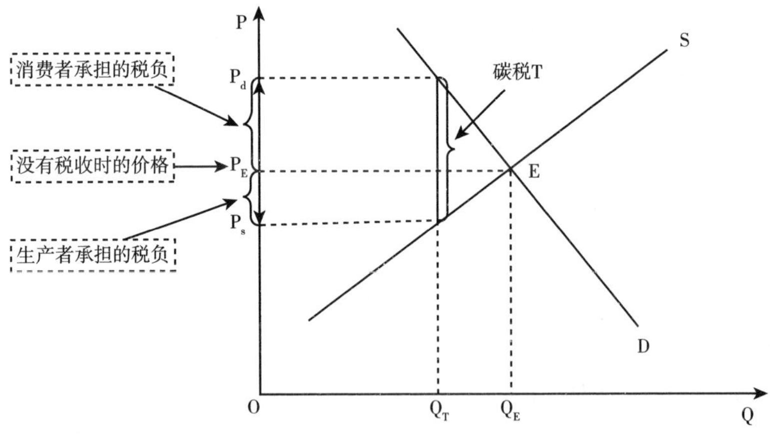

图 2－6　需求缺乏弹性，供给富有弹性

者负担。

供给缺乏弹性，需求富有弹性。从图 2－7 可以看出，生产者对物品的价格变动不是敏感（供给曲线较为陡峭），而消费者非常敏感（需求曲线较平坦）。因为征税而导致的税收负担更多地由生产者承担，更少地由消费者负担。

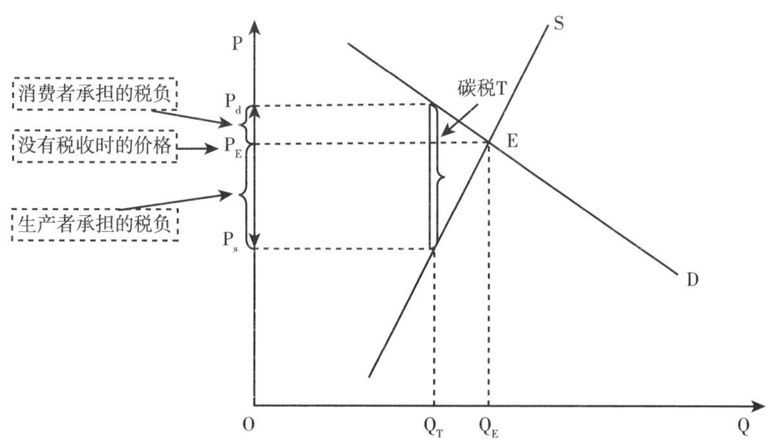

图 2－7　需求富有弹性，供给缺乏弹性

综合式（2－7）、式（2－8）、图 2－4 和图 2－5 可知，不论对生产者征税还是对消费者征税，税负均由生产者和消费者共同负担，承担多少取决于需求弹性与供给弹性的对比，税收负担更多地落在缺乏弹性的一方（曲线较为陡峭，对价格的敏感程度较小）。

从前述分析结果可知，碳税的征税环节无论在生产环节还是在消费环节是没有区别的。

2.4　碳税的收入效应和替代效应

税收的经济效应[84]，是指纳税人因国家征税而在其经济选择及经济行为方面做出的反应。换一个角度说，是指国家征收碳税对消费者选择及生产者决策的影响，即税收的调节作用。

收入效应[84]是指当政府对商品、所得或者财产征税时，使市场的供求数量较征税前有所下降，造成生产者或消费者实际可支配收入的减少。替代效应[84]是指当政府对商品、所得或者财产进行选择性征税时，生产者或消费者降低了对原有经济行为或经济选择的偏好，转而用另一种行为或选择进行替代。收入效应与替代效应之和构成了税收对微观经济主体的总效应。

基于税收经济效应理论，碳税实施对市场主体的作用机制可以从两个方面分析：一是碳税对生产者和消费者的替代效应和收入效应分析；二是对生产者和消费者的福利分析，即碳税楔子发挥作用的机制。

按照纳税人的不同，可将碳税效应分为生产者效应和消费者效应，按照纳税人行为改变方式的不同，碳税效应可分为收入效应和替代效应。

2.4.1 收入效应

2.4.1.1 碳税对消费者选择的收入效应

碳税对消费者选择的收入效应表现为政府征收碳税之后，会使消费者可支配收入下降，从而降低高碳商品的购买量，而处于较低的消费水平（见图2-8）。

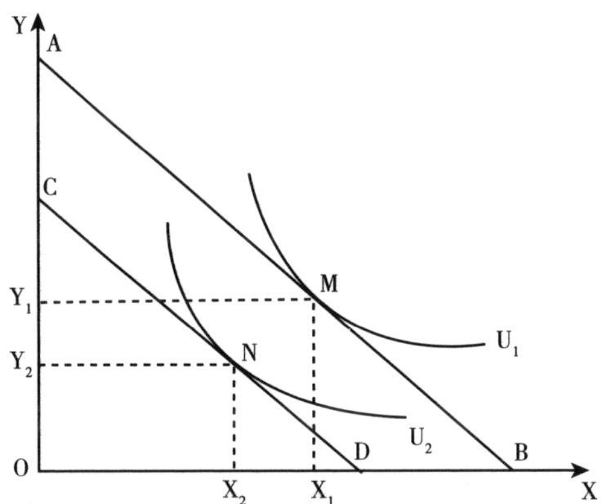

图2-8 碳税对消费者选择的收入效应

如图2-8所示，假设商品X和商品Y均为高碳商品，对商品X和商品Y均征收碳税，导致商品X和商品Y的价格提高，在预算收入不变的情况下，相当于纳税人收入水平下降，进而减少商品X和商品Y的购买量，使消费水平下降，但是购买商品X和商品Y的组合不变。

2.4.1.2　碳税对生产者选择的收入效应

碳税对生产者的收入效应是指政府课征碳税后，会影响高碳商品生产者实际得到的价格，使生产者的可支配生产要素减少，企业生产能力下降，从而对企业产量、生产规模等产生影响（见图 2－9）。

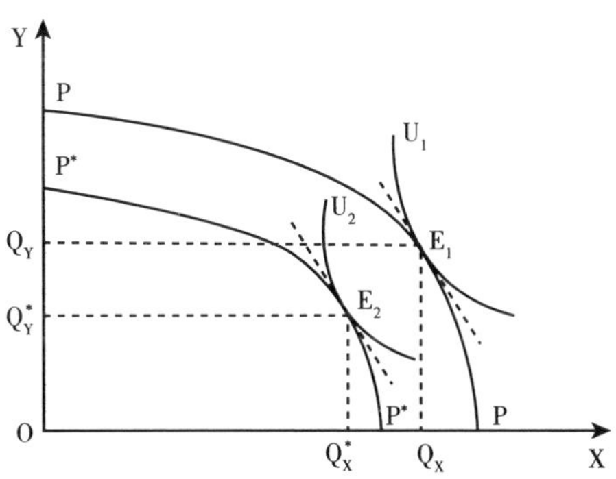

图 2－9　碳税对生产者选择的收入效应

如图 2－9 所示，现假定 X 和 Y 均为高碳商品，政府课征碳税前，厂商的均衡点在 E_1。在 E_1点，生产可能性曲线 PP 与无差异曲线 U_1相切，生产者分别依照 Q_X 和 Q_Y 的产量生产商品 X 和 Y，此时厂商的利润实现最大化。现对商品 X 和商品 Y 均征收碳税，在税负不能完全转嫁的情况下，政府征税的结果会使厂商得到的不含税价格低于原价格，生产可能性曲线发生位移，向内移动，新的生产可能性曲线 P^*P^* 与无差异曲线 U_2相切于 E_2点，形成新的厂商均衡点。在此点上，Q_X^* 和 Q_Y^* 为最佳产量组合，而 $Q_X^* + Q_Y^* < Q_X + Q_Y$。可见，由于政府对高碳商品征税，厂商可支配要素减少，生产者只能在现有条件下改变生产决策，减少高碳商品的生产。

2.4.2　替代效应

2.4.2.1　碳税对消费者选择的替代效应

政府对高碳企业征收碳税，高碳企业将碳税税负转嫁给消费者，高碳商品价格上涨，理性消费者会减少高碳商品的消费，而增加低碳/无碳商品的消费，即以低碳/无碳商品消费数量的增加来替代高碳商品的消费，这就是碳税引起的消费者选择的替代效应。因而，从替代效应看，由于征收碳税，使消费者以低碳/无碳商品替代高碳商品，改变了消费者行为，从而达到碳税课征的目的。

如图 2－10 所示，假定消费者将既定的收入全部用于购买商品 X 和商品 Y。AB 是政府征收碳税前的消费者预算线，与无差异曲线 U_1 相切于征收碳税前均衡点 M 点，即消费者对商品 X 与商品 Y 的需求数量分别是 X_1 和 Y_1。在 M 点上，纳税人获得的满意程度最高，消费者用于 X 的支出＝X_1的数量×X 的单价，用于 Y 的支出＝Y_1的数量×Y 的单价。若政府对商品 X 征收碳税，对商品 Y 不征收碳税，商品 X 会变得相对昂贵，导致征收碳税后的预算线向左旋转到 AE，此时无差异曲线 U_2与 AE 的切点即均衡点变为 N，纳税人对 X 与 Y 的需求数量变为 X_2和 Y_2，纳税人用于 X 的支出＝X_2×X 的单价来表示，用于 Y 的支出＝Y_2×Y 的单价来表示。从图中可以看出，$X_1 > X_2$，且 $Y_1 < Y_2$。可见，通过征收碳税可以改变商品 X 和商品 Y 的相对价格。使消费者减少对征收碳税商品 X 的购买量，而相对增加了对不征碳税商品 Y 的购买量。

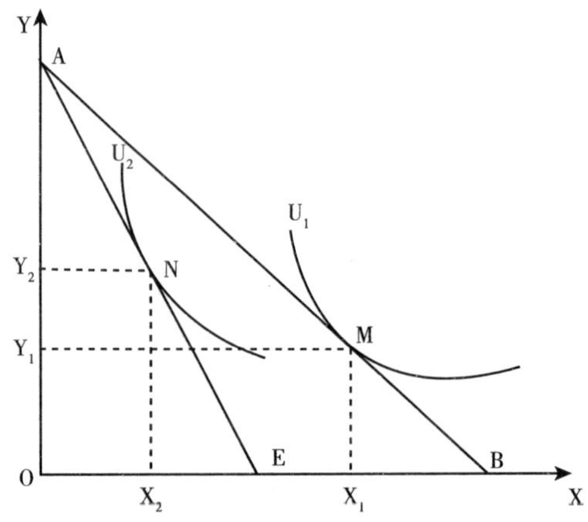

图 2－10　碳税对消费者选择的替代效应

2.4.2.2　碳税对生产者选择的替代效应

碳税对生产者的替代效应是指政府通过对企业排放出来的二氧化碳征税，改变了不同产品间的生产成本，由于征收碳税，生产者面临征税商品价格的上升，导致生产者减少碳税税负高的产品（高碳产品）的生产，增加碳税税负低的产品（低碳/无碳产品）的生产（见图 2－11）。

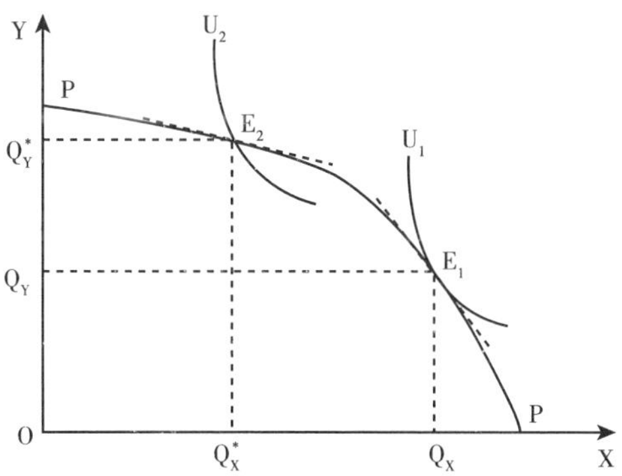

图 2－11　碳税对生产者选择的替代效应

如图 2－11 所示，现假定某生产者所拥有的全部生产要素是固定不变的，企业只生产 X（高碳商品）和 Y（低碳/无碳商品）两种商品。E_1点是征碳税前厂商的生产均衡点。在均衡点上，生产可能性曲线 PP 与无差异曲线相切 U_1相切，均衡产量是 Q_x产量的 X 和 Q_Y产量的 Y，此时厂商获得的利润最大，这是企业利用全部生产要素所能生产出来的 X 和 Y 的最优产量组合。当政府选择对 X 也就是高碳商品征税后，生产均衡点向左上方移动。在新的均衡点 E_2上，最优产量分别为 Q_X^* 和 Q_Y^*，X 的产量下降，Y 的产量增加。可见，政府对高碳商品征收碳税后，生产者将更多的生产要素投入 Y 商品（低碳/无碳商品）的生产，X 商品的产量下降，即以 Y 商品相应地替代了一部分 X 商品的生产。

2.5　碳税的福利效应

2.5.1　碳税造成福利损失

福利效应是指一项社会经济活动对社会福利状况带来的改变（影响），即该项社会活动究竟是将增加社会福利，还是将降低社会福利。

福利效应常用消费者剩余和生产者剩余来表示。

消费者剩余是消费者消费商品时愿意且能够支付的价格与实际支付的价格之间差额所代表的利益（消费者为购买一种商品愿意支付货币量减去买者的实际支付量的节余部分，见图 2 – 12）。

消费者剩余 = 买者的评价 – 买者的实际支付　　(2 – 9)

生产者剩余是指生产者供给商品时实际提供的价格与愿意且能够提供的价格之间差额所代表的利益（见图 2 – 13）。

生产者剩余 = 卖者得到的收入 – 卖者的实际成本　　(2 – 10)

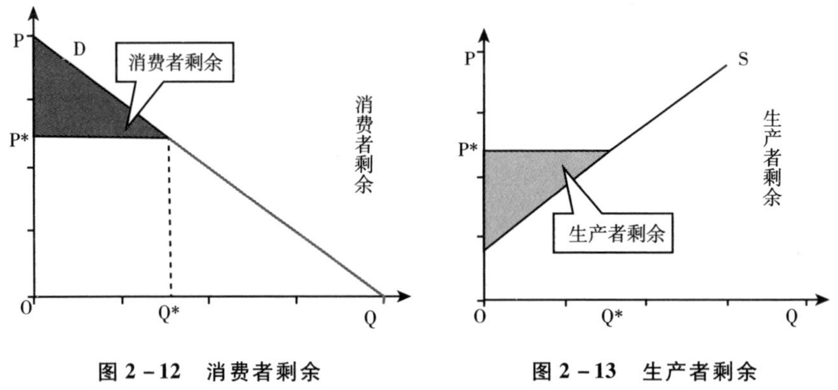

图 2 – 12　消费者剩余　　图 2 – 13　生产者剩余

市场总剩余是指买卖双方在交易过程中所得到的收益（见图 2 – 14）。

总剩余 = 生产者剩余 + 消费者剩余

= 买者的评价 – 买者的实际支付 + 卖者得到的收入 – 卖者的实际成本　　(2 – 11)

= 买者的评价 – 卖者的实际成本

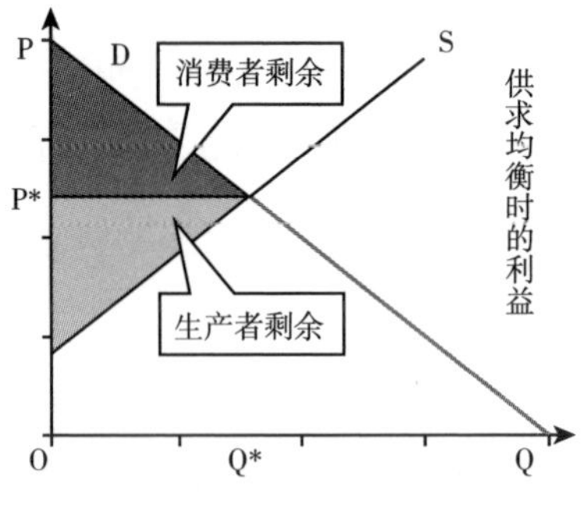

图 2 – 14　总剩余

税收既能带给国家税收收入，同时也会产生税收超额负担。下面用福利经济学来衡量从税收中得到的收益与损失。

无税收时。从图 2－15 可知，消费者剩余：CS＝A＋B＋C，生产者剩余：PS＝D＋E＋F，总剩余＝ CS＋PS＝A＋B＋C＋D＋E＋F。税收收入＝0。

有税收时。从图 2－16 可知，消费者剩余：CS＝A，生产者剩余：PS＝F，总剩余＝ CS＋PS＝A＋B＋D＋F。税收收入＝B＋D。税收使总剩余减少C＋E。C＋E 被称为税收的无谓损失，即税收的超额负担，是由于市场扭曲（如税收）引起的总剩余的减少（见表 2－3）。

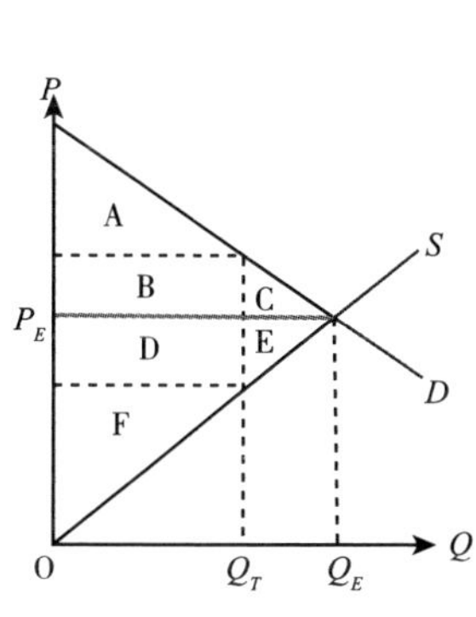

图 2－15　无税收时

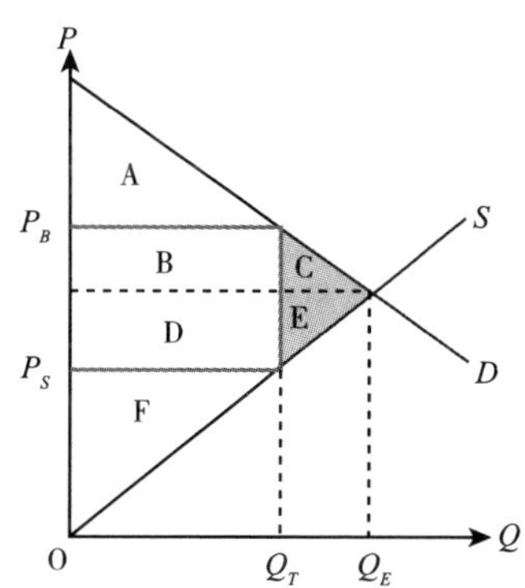

图 2－16　有税收时

表 2－3　税收如何影响福利

	没有税收时	有税收时	变动
消费者剩余	A＋B＋C	A	－(B＋C)
生产者剩余	D＋E＋F	F	－(D＋E)
税收收入	0	B＋D	＋(B＋D)
总剩余	A＋B＋C＋D＋E＋F	A＋B＋D＋F	－(C＋E)

2.5.2　碳税税率并非越高越好

下面我们分析一下税收规模与税收超额负担、税收规模与税收收入的关系。

先来看一下税收规模与税收超额负担的关系。从图 2－17 和图 2－18 可以看出，每单位物品征税 T，税收超额负担为小三角形的面积；当双倍征税时，税收超额负担是原来的 4 倍；当 3 倍征税时，税收超额负担是原来的 9 倍。也就是说，当税收规模增大时，税收超额负担增长得更快。图 2－19 表明，随着税收规模增大，超额负担增长得更快，税率越高，效率损失越大。

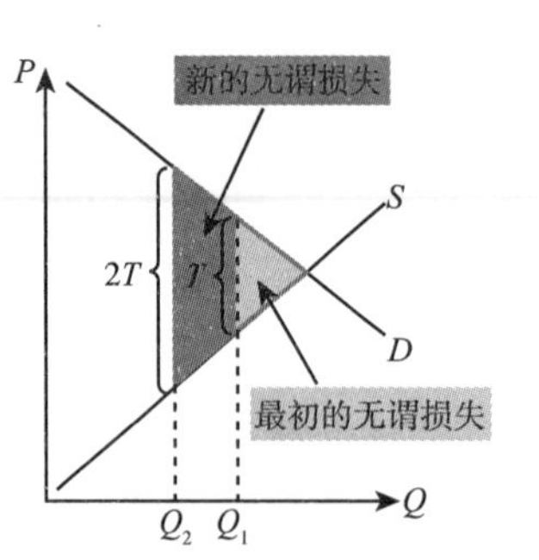

图 2－17　税收规模与税收超额负担

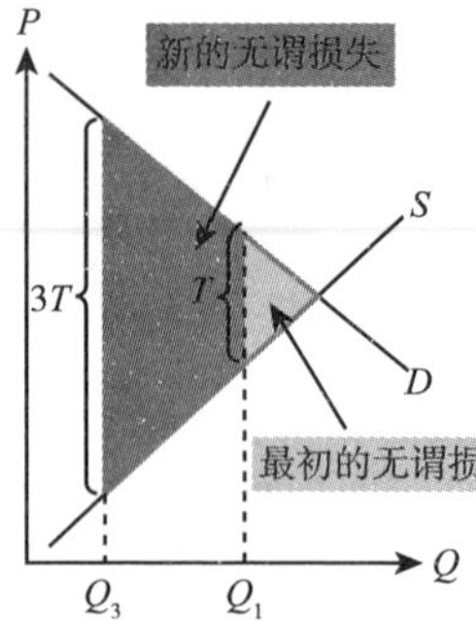

图 2－18　税收规模与税收超额负担

再来看一下税收规模与税收收入的关系。从图 2－20 和图 2－21 可以看出，当税收规模由 T 变为 2T 时，税收收入在增加；当税收规模由 2T 变为 3T 时，税收收入反而会减少。图 2－22 为拉弗曲线，揭示了税收规模与税收收入之间的关系。

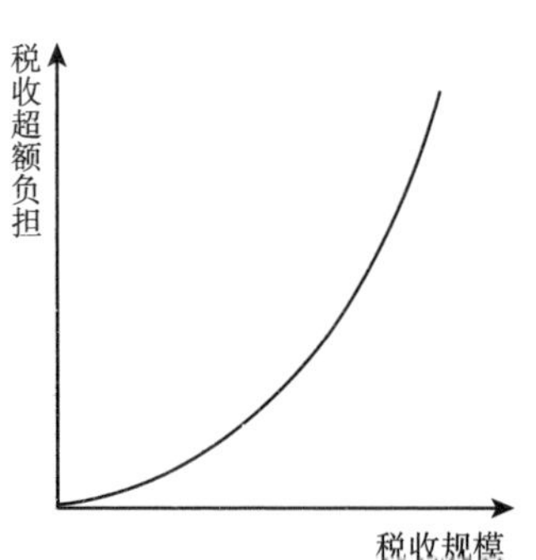

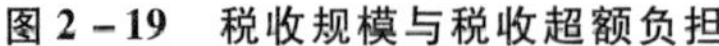

图 2－19　税收规模与税收超额负担

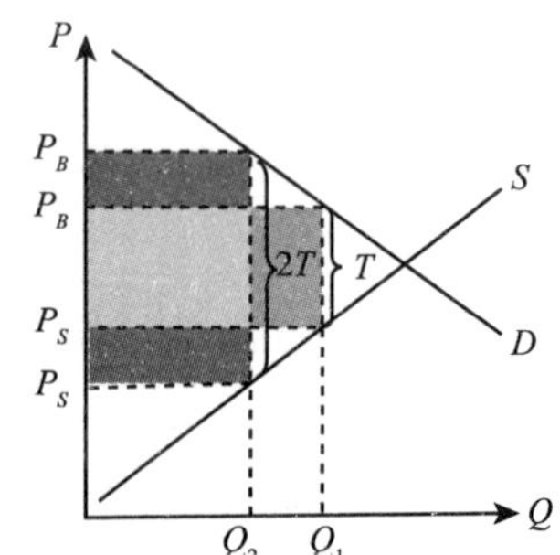

图 2－20　税收规模与税收收入

2.5.3　最优碳税税率确定

从图 2－22 可知，税收规模并非越大越好。当税收规模为 T^* 时，税收收

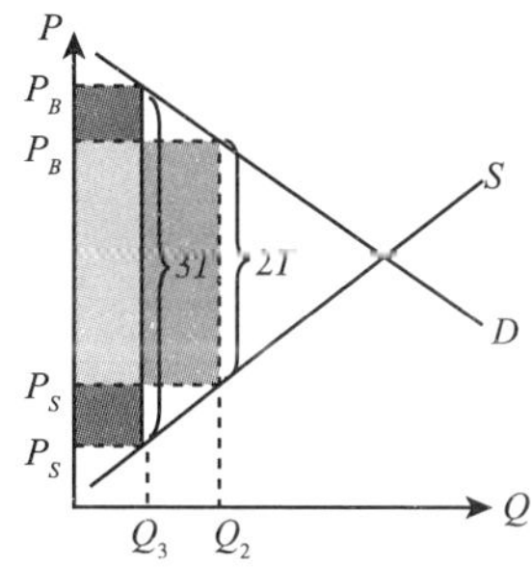

图 2-21　税收规模与税收收入

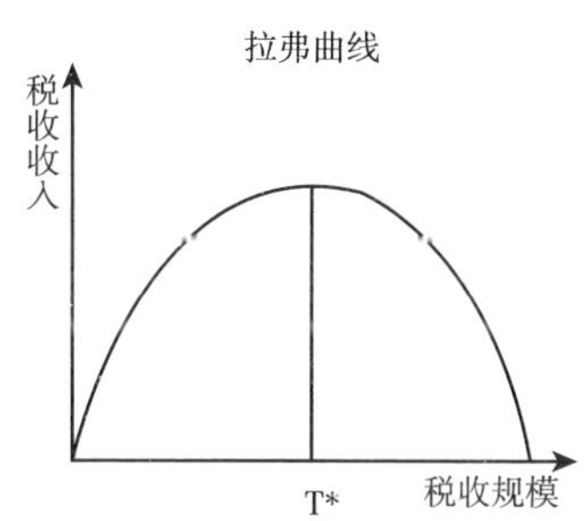

图 2-22　税收规模与税收收入

入最大；税收规模继续增加，税收收入反而会减少。当税率 $=T^*$ 时，税收收入最大，税收超额负担最小，T^* 为最优碳税税率。从图 2-22 可知，碳税税率并非越高越好，本书通过《2017 年中国投入产出表》，结合 2017 年的中国能源碳排放数据，通过多目标投入产出模型，计算出不同约束条件下的最优碳税税率，并进一步计算最优碳税税率对宏观经济的影响。

第3章

碳税的设计原则及税制要素设计

本章首先介绍了碳税设计的原则[111-112]，具体包括法定原则、公平原则、效率原则、中性原则、适度原则和弹性原则。其次介绍了碳税税制要素的设计，具体包括征税范围和征税对象、纳税人、纳税环节、计税依据、税率、税收优惠、税收收入归属和使用。

3.1 碳税设计原则

3.1.1 法定原则

税收法定原则是指由立法者决定全部税收问题的税法基本原则。征税主体必须依且仅依法律的规定征税；纳税主体必须依且仅依法律的规定纳税。在我国，碳税作为一个新型的税种，其设计必须遵循税收法定原则。西方国家碳税起步较早，我国在借鉴国外成功经验的基础上，根据我国国情，建立适合我国自身发展的碳税制度，依法设立碳税要素，即对征税范围和征税对象、纳税人、纳税环节、计税依据、税率、税收优惠、税收收入归属和使用等方面做出明确规定。

3.1.2 公平原则

税收公平是指税收负担必须根据纳税人的负担能力分配，包括横向公平和纵向公平。横向公平是指负担能力相等，税负相同；纵向公平是指负担能力不等，税负不同。税收的公平原则是设计和实施税收制度的最重要原则。在碳税制订环节，要考虑公平问题。原则上，所有化石能源消耗者都应该是碳税纳税义务人，但在实际征税时，尚须考虑不同地区、不同企业性质、不同收入阶层等问题，制定税收优惠政策并建立税收返还制度，尽量使不同纳税主体税负相当。

3.1.3　效率原则

税收效率原则包括税收经济效率原则和税收行政效率原则。碳税经济效率是指政府征收碳税应尽可能保持碳税对市场机制的中性，减少碳税超额负担。碳税行政效率是指在征收碳税时，应以付出最小的税收成本来获取最大的税收收入。

3.1.4　中性原则

税收中性是指政府课税不打乱市场经济运行，尽可能不对经济行为产生负面影响，使超额负担尽可能地小。从理论上讲，碳税应该保持中性，即碳税不对纳税人的经济行为产生任何影响，不改变纳税人在生产、消费、投资和储蓄等方面的经济决策。但是，税收中性只是一种理论上的判定标准，现实中的税收实际上都是“非中性”的。

3.1.5　适度原则

税收的适度原则是指税收规模既不能过大，也不能过小，税收占 GDP 的比重既不能过高，也不能过低。碳税的征收应该遵循适度原则，若碳税税率过低，对高碳部门的生产和消费起不到警戒作用，对 CO_2 减排作用甚微，若碳税税率过高，将直接影响高碳部门的生产和消费，进而影响国民经济发展，造成超额负担过重。只有最优碳税税率才能保证适度的碳税税收收入，才能既满足 CO_2 减排需要，又能促进经济发展和社会进步。

3.1.6 弹性原则

税收的弹性原则是指税收收入应当随着经济的发展和国民收入的增加而增加。碳税的征收应该遵循弹性原则，随着经济的发展，最优碳税税率应该不断增加。

3.2 碳税税制要素设计

3.2.1 征税范围和征税对象

征税范围和征税对象为在生产、经营等活动过程中因消耗化石燃料直接向自然环境排放的 CO_2。由于 CO_2 是因消耗化石燃料所产生的，因此碳税的征收对象实际上最终将落到煤炭、天然气、成品油等化石燃料上。

3.2.2 纳税人

纳税人为向自然环境中直接排放 CO_2 的单位和个人。其中，单位包括国有企业、集体企业、私有企业、外商投资企业、外国企业、股份制企业、其他企业和行政单位、事业单位、军事单位、社会团体及其他单位。

3.2.3 纳税环节

碳税的纳税环节一般有两种选择：（1）在生产环节征税，由化石能源的生产、精炼、加工企业缴纳；（2）在消费环节征税，即批发或零售环节，由化石能源的销售商缴纳。结合 2.3.1 的分析结果可知，碳税的征税环节无论在生产环节还是在消费环节是没有区别的。

理论上，碳税的纳税人是消耗化石能源的企业和个人，在消费环节征税，并采取价外计税的形式，更有利于消费者减少能源消费。但从实际考虑，在消费环节排放的 CO_2 气体核算比较困难，在生产环节征税更有利于碳税的管理和源泉控制。现行消费税对成品油的征收是在生产环节，现行资源税对煤炭、原油、天然气的征收也是在生产环节。为了保障碳税的有效征收，减少税收征管成本，提高税收征管效率，建议碳税的征收环节设在生产环节。

在具体实施方面，对煤炭、石油和天然气，按每单位燃料产生的二氧化碳吨数，由资源开采企业缴纳；对于汽油、柴油等成品油，按每单位燃料产生的二氧化碳吨数，由石油的精炼、加工企业缴纳。在边境对进口燃料产品，按每单位燃料产生的二氧化碳吨数征税。

3.2.4　计税依据

碳税的征税对象为向自然环境排放的 CO_2，理论上应该以 CO_2 的实际排放量作为计税依据最为合理，实际上 CO_2 排放量的监测问题，在技术上不易操作，征管成本高，在实践中较多采用 CO_2 排放量的估算值作为计税依据。即根据煤炭、焦炭、原油、汽油、煤油、柴油、燃料油、天然气等化石燃料的含碳量测算出 CO_2 的排放量，易于操作且征管成本较低。目前实施碳税的大部分国家都是采用估算排放量作为计税依据，目前我国税务机关尚不具备对 CO_2 排放量进行监测的能力，为了便于征收，提高征管效率，降低征管成本，我国同样采用 CO_2 的估算排放量作为碳税的计税依据。

3.2.5　税率

财政部有关专家表示，碳税税率与计税依据紧密相关，由于采用 CO_2 排放量作为计税依据，且 CO_2 排放对生态的破坏与其数量直接相关，而与其价值量无关。因此，碳税税率采取从量计征、定额税率。

碳税税率设计十分复杂，必须充分考虑 CO_2 所造成的危害以及开征碳税对经济的影响。碳税税率水平应当最大限度地反映 CO_2 减排的边际成本；税率水平应当考虑对宏观经济和产业竞争力的影响；税率水平的设计应当充分考虑差别因素，对不同化石能源实施差别税率，不能“一刀切”。另外，结合国外碳税实施经验，我国碳税开征应当建立税率动态调整机制，先开征低税率水平的碳税，再根据实际情况逐步提高税率水平。我国碳税开征的同时，应当减少其他税种的税负，保持税收中性。同时还要协调碳税与消费税、资源税之间的关系，避免相关税种之间的相互重复和冲突。

3.2.6 税收优惠

能源密集型产业是碳税影响的主要关注对象。出于保护本国产业在国际竞争力的考虑，能源密集型产业需要实行低税率或税收返还的保护政策。鼓励能源密集型产业采取技术创新，提高能源使用效率；同时，减少化石能源使用，增加非化石能源的比例。从促进民生的角度考虑，对于征收碳税后基本生活受到影响的低收入群体，对其生活中消费的煤炭、天然气排放的 CO_2，暂不征税。对于积极实施技术减排和回收 CO_2 并达到一定标准的企业，给予减免税优惠。

3.2.7 税收收入归属和使用

税收收入归属有三种选择：中央税、地方税、中央和地方共享税。2018年开征的环境保护税，税收收入完全归地方，这是由于地方政府承担主要的污染治理责任。而碳税对整个宏观经济、产业的发展产生影响，碳税还涉及一个国际协调问题，从这个角度看，碳税不宜作为地方税。考虑“营改增”之后，地方税税收收入过低，为了调动地方政府的积极性，建议将碳税作为中央和地方共享税，中央和地方按照五五分成。碳税税收收入主要用于低碳技术创新、技术改进等方面。对于能源密集型产业，为了提高能源密集型产业国际竞争力，在企业完成减排目标的前提下，可以实施税收返还。对于生活用能源，实施税收返还，可以实现税收的公平。

第 4 章

征收碳税后的非竞争型碳排放投入产出表的编制

本书根据研究需要，在《中国 2017 年投入产出表（149 个部门）》[18]的基础上，做出以下处理，为第 5、第 6、第 7 章的研究奠定基础。

（1）部门调整与合并成 30 个部门，其中 4 个能源部门，26 个非能源部门；

（2）编制简化的《中国 2017 年竞争型投入产出表（30 个部门）》；

（3）编制简化的《中国 2017 年非竞争型投入产出表（30 个部门）》；

（4）编制简化的《中国 2017 年非竞争型碳排放投入产出表（30 个部门）》；

（5）编制简化的《征收碳税后的中国 2017 年非竞争型碳排放投入产出表（30 个部门）》。

4.1 部门调整与合并

4.1.1 基础数据收集处理

鉴于数据的可得性，本书的二氧化碳排放量仅包括各行业化石能源消费所排放的二氧化碳，不包括其他温室气体排放。

本书的数据来源于《中国 2017 年投入产出表（149 个部门）》，结合国家统计局网站中“国家数据”提供的分行业（53 个行业）8 种化石能源（原煤、焦炭、原油、汽油、煤油、柴油、燃料油、天然气）的数据，作为化石能源消费的基础数据，石油加工、炼焦和核燃料加工业所消费的煤炭和原油绝大比例用于生产原料投入，而非燃料，在能源消费中，将煤炭和石油的消费量扣除。

计算各种化石能源燃烧后的二氧化碳排放系数所需的数据：平均低位发热量、单位热值含碳量、碳氧化率主要参考《综合能耗计算通则》（GB/T 2589—2008）、《省级温室气体清单编制指南》（发改办气候〔2011〕1041号）、《2006 年 IPCC 国家温室气体清单指南》以及相关网站信息。由于 C 的原子量为 12，而 CO_2 分子量为 44，因此转换系数为 44/12。

二氧化碳排放系数的公式为：

二氧化碳排放系数 = 平均低位发热量 × 单位热值含碳量 × 碳氧化率 × 转换系数 (4 - 1)

二氧化碳排放系数结果见表 4 - 1。

表 4 - 1　各类能源燃烧二氧化碳排放系数　单位：万吨/万吨标准煤

能源名称	二氧化碳排放系数
原煤	1.9003
焦炭	2.8604
原油	3.0202
汽油	2.9251
煤油	3.0334
柴油	3.0959
燃料油	3.1705
天然气	2.1621

资料来源：《综合能耗计算通则》（GB/T 2589—2008）、《省级温室气体清单编制指南》和《2006 年 IPCC 国家温室气体清单指南》。

4.1.2 部门调整与合并

将《中国 2017 年投入产出表》中的部门与国家统计局“国家数据”中提供的分行业（53 个行业）能源消费中的部门分别进行合并，调整为口径基本相同的部门。合并原则是在保持口径基本相同的情况下，尽量保留最多的部门。经合并后，本书中《中国 2017 年非竞争型碳排放投入产出表》共有 30 个部门，同时确定了能源部门为 4 个：煤炭开采和洗选业、石油和天然气开采业、精炼石油和核燃料加工业、燃气生产和供应业（见表 4－2）。

在能源统计中常把电力、热力的生产和供应业也作为二次能源部门，但由于终端各部门对该部门的产品电力、热力消耗时的直接碳排放量为零，因本书研究方法需要，在“碳排放”投入产出表中未将其列为能源部门。

表 4－2　　中国 2017 年投入产出表部门合并（30 个部门）

30 个部门	新代码	149 个部门	原代码
农、林、牧、渔产品和服务	1	农产品	01001
		林产品	02002
		畜牧产品	03003
		渔产品	04004
		农、林、牧、渔服务产品	05005
煤炭开采和洗选产品	2	煤炭开采和洗选产品	06006
石油和天然气开采产品	3	石油和天然气开采产品	07007
金属矿采选产品	4	黑色金属矿采选产品	08008
		有色金属矿采选产品	09009
非金属矿和其他矿采选产品	5	非金属矿采选产品	10010
		开采辅助活动和其他采矿产品	11011
食品和烟草	6	谷物磨制品	13012
		饲料加工品	13013
		植物油加工品	13014
		糖及糖制品	13015
		屠宰及肉类加工品	13016
		水产加工品	13017
		蔬菜、水果、坚果和其他农副食品加工品	13018
		方便食品	14019
		乳制品	14020
		调味品、发酵制品	14021
		其他食品	14022
		酒精和酒	15023
		饮料	15024
		精制茶	15025
		烟草制品	16026

续表

30 个部门	新代码	149 个部门	原代码
纺织品	7	棉、化纤纺织及印染精加工品	17027
		毛纺织及染整精加工品	17028
		麻、丝绢纺织及加工品	17029
		针织或钩针编织及其制品	17030
		纺织制成品	17031
纺织服装鞋帽皮革毛皮、羽毛及其制品	8	纺织服装服饰	18032
		皮革、毛皮、羽毛及其制品	19033
		鞋	19034
木材加工品和家具	9	木材加工和木、竹、藤、棕、草制品	20035
		家具	21036
造纸印刷和文教体育用品	10	造纸和纸制品	22037
		印刷和记录媒介复制品	23038
		工艺美术品	24039
		文教、体育和娱乐用品	24040
精炼石油和核燃料加工品	11	精炼石油和核燃料加工品	25041
化学产品	12	煤炭加工品	25042
		基础化学原料	26043
		肥料	26044
		农药	26045
		涂料、油墨、颜料及类似产品	26046
		合成材料	26047
		专用化学产品和炸药、火工、焰火产品	26048
		日用化学产品	26049
		医药制品	27050
		化学纤维制品	28051
		橡胶制品	29052
		塑料制品	29053
非金属矿物制品	13	水泥、石灰和石膏	30054
		石膏、水泥制品及类似制品	30055
		砖瓦、石材等建筑材料	30056
		玻璃和玻璃制品	30057

续表

30 个部门	新代码	149 个部门	原代码
非金属矿物制品	13	陶瓷制品	30058
		耐火材料制品	30059
		石墨及其他非金属矿物制品	30060
金属冶炼和压延加工品	14	钢	31061
		钢压延产品	31062
		铁及铁合金产品	31063
		有色金属及其合金	32064
		有色金属压延加工品	32065
金属制品、机械和设备修理服务	15	金属制品	33066
		金属制品、机械和设备修理服务	34067
通用设备	16	锅炉及原动设备	34068
		金属加工机械	34069
		物料搬运设备	34070
		泵、阀门、压缩机及类似机械	34071
		文化、办公用机械	34072
		其他通用设备	35073
专用设备	17	采矿、冶金、建筑专用设备	35074
		化工、木材、非金属加工专用设备	35075
		农、林、牧、渔专用机械	35076
		其他专用设备	36077
交通运输设备	18	汽车整车	36078
		汽车零部件及配件	37079
		铁路运输和城市轨道交通设备	37080
		船舶及相关装置	37081
		其他交通运输设备	38082
电气机械和器材	19	电机	38083
		输配电及控制设备	38084
		电线、电缆、光缆及电工器材	38085
		电池	38086
		家用器具	38087
		其他电气机械和器材	39088

续表

30 个部门	新代码	149 个部门	原代码
计算机、通信设备和其他电子设备	20	计算机	39089
		通信设备	39090
		广播电视设备和雷达及配套设备	39091
		视听设备	39092
		电子元器件	39093
		其他电子设备	40094
仪器仪表	21	仪器仪表	41095
其他制造产品	22	其他制造产品	42096
废弃资源和废旧材料回收加工品	23	废弃资源和废旧材料回收加工品	43097
电力、热力生产和供应	24	电力、热力生产和供应	44098
燃气生产和供应	25	燃气生产和供应	45099
水的生产和供应	26	水的生产和供应	46100
建筑	27	房屋建筑	47101
		土木工程建筑	48102
		建筑安装	49103
		建筑装饰、装修和其他建筑服务	50104
交通运输、仓储和邮政	28	铁路旅客运输	51105
		铁路货物运输和运输辅助活动	52106
		城市公共交通及公路客运	53107
		道路货物运输和运输辅助活动	53108
		水上旅客运输	54109
		水上货物运输和运输辅助活动	54110
		航空旅客运输	55111
		航空货物运输和运输辅助活动	55112
		管道运输	56113
		多式联运和运输代理	56114
		装卸搬运和仓储	57115
		邮政	58116
批发零售住宿餐饮	29	批发	59117
		零售	60118
		住宿	61119
		餐饮	62120

续表

30 个部门	新代码	149 个部门	原代码
其他	30	电信	63121
		广播电视及卫星传输服务	63122
		互联网和相关服务	64123
		软件服务	65124
		信息技术服务	65125
		货币金融和其他金融服务	66126
		资本市场服务	67127
		保险	68128
		房地产	70129
		租赁	71130
		商务服务	72131
		研究和试验发展	73132
		专业技术服务	74133
		科技推广和应用服务	75134
		水利管理	76135
		生态保护和环境治理	77136
		公共设施及土地管理	78137
		居民服务	80138
		其他服务	81139
		教育	83140
		卫生	84141
		社会工作	85142
		新闻和出版	86143
		广播、电视、电影和影视录音制作	87144
		文化艺术	88145
		体育	89146
		娱乐	90147
		社会保障	94148
		公共管理和社会组织	91149

4.2 竞争型投入产出表和非竞争型投入产出表

根据投入产出表所用数据的不同可分为竞争型投入产出表和非竞争型投入产出表，前者所用数据包含国产品和进口品，后者所用数据剔除了进口品，仅包含国产品。

4.2.1 竞争型投入产出表基本表式

投入产出表，也称部门联系平衡表或产业关联表，它以矩阵形式描述国民经济各部门在一定时期（通常为一年）生产活动的投入来源和产出使用去向，揭示国民经济各部门之间相互依存、相互制约的数量关系，是国民经济核算体系的重要组成部分。《中国2017年投入产出表》包含进口，为竞争型投入产出表。该表由三部分组成，分别称为第Ⅰ、Ⅱ、Ⅲ象限。基本表式如表4－3所示。

表4－3　　　　中国2017年投入产出表

（按生产者价格计算）　　　　单位：万元

<table>
<tr><td colspan="2" rowspan="4">产出
投入</td><td colspan="4">中间使用</td><td colspan="10">最终使用</td><td rowspan="4">进口</td><td rowspan="4">总产出</td></tr>
<tr><td rowspan="3">农产品</td><td rowspan="3">…</td><td rowspan="3">公共管理和社会组织</td><td rowspan="3">中间使用合计</td><td colspan="5">最终消费</td><td colspan="3">资本形成总额</td><td rowspan="3">出口</td><td rowspan="3">最终使用合计</td></tr>
<tr><td colspan="3">居民消费</td><td rowspan="2">政府消费</td><td rowspan="2">合计</td><td rowspan="2">固定资本形成总额</td><td rowspan="2">存货增加</td><td rowspan="2">合计</td></tr>
<tr><td>农村军民消费</td><td>城镇居民消费</td><td>小计</td></tr>
<tr><td rowspan="6">中间投入</td><td>农产品</td><td colspan="4" rowspan="6">第Ⅰ象限</td><td colspan="12" rowspan="6">第Ⅱ象限</td></tr>
<tr><td>…</td></tr>
<tr><td>…</td></tr>
<tr><td>…</td></tr>
<tr><td>公共管理和社会组织</td></tr>
<tr><td>中间投入合计</td></tr>
</table>

续表

<table>
<tr><th colspan="2" rowspan="4">产出
投入</th><th colspan="4">中间使用</th><th colspan="10">最终使用</th><th rowspan="4">进口</th><th rowspan="4">总产出</th></tr>
<tr><th rowspan="3">农产品</th><th rowspan="3">…</th><th rowspan="3">公共管理和社会组织</th><th rowspan="3">中间使用合计</th><th colspan="5">最终消费</th><th colspan="3">资本形成总额</th><th rowspan="3">出口</th><th rowspan="3">最终使用合计</th></tr>
<tr><th colspan="3">居民消费</th><th rowspan="2">政府消费</th><th rowspan="2">合计</th><th rowspan="2">固定资本形成总额</th><th rowspan="2">存货增加</th><th rowspan="2">合计</th></tr>
<tr><th>农村军民消费</th><th>城镇居民消费</th><th>小计</th></tr>
<tr><td rowspan="5">增加值</td><td>劳动者报酬</td><td colspan="4" rowspan="5">第Ⅲ象限</td><td colspan="12" rowspan="5"></td></tr>
<tr><td>生产税净额</td></tr>
<tr><td>固定资产折旧</td></tr>
<tr><td>营业盈余</td></tr>
<tr><td>增加值合计</td></tr>
<tr><td colspan="2">总投入</td><td colspan="16"></td></tr>
</table>

4.2.2　竞争型投入产出表中的平衡关系

（1）行平衡关系。

中间使用 + 最终使用 = 总产出 + 进口

即：

$$\sum_{j=1}^{n} x_{ij} + Y_i = X_i + Y_{mi}(i = 1,2,\cdots,n) \tag{4-2}$$

其中，$\sum_{j=1}^{n} x_{ij}$ 为 i 产品部门生产的货物或服务分配给 j 产品部门中间使用的价值量；Y_i 为 i 产品部门的货物或服务的最终使用价值量；Y_{mi} 为 i 产品部门的进口价值量；X_i 为 i 产品部门的总产出价值量。

（2）列平衡关系。

中间投入 + 增加值（初始投入）= 总投入

即：

$$\sum_{i=1}^{n} x_{ij} + V_j + T_j + D_j + S_j = X_j(j = 1,2,\cdots,n) \tag{4-3}$$

其中，$\sum_{i=1}^{n} x_{ij}$ 为 j 产品部门中间投入价值量合计；V_j 为 j 产品部门劳动者报酬价值量；T_j 为 j 产品部门生产税净额价值量；D_j 为 j 产品部门固定资产折旧价值量；S_j 为 j 产品部门营业盈余价值量；X_j 为 j 产品部门的总投入价值量。

（3）总量平衡关系。

每个部门：总投入 = 总产出

所有部门：中间投入合计之和 = 中间使用合计之和

即：

$$\sum_{i=1}^{n} X_i = \sum_{j=1}^{n} X_j \tag{4-4}$$

（4）主要系数及计算方法。

进行投入产出分析时，需要计算投入产出表的各种系数。与本书有关的主要系数及计算方法如下：

①直接消耗系数。

直接消耗系数（也称投入系数），记为 a_{ij}，它是指在生产经营过程中第 j 产品（或产业）部门的单位总产出直接消耗的第 i 产品部门货物或服务的价值量。

所有的直接消耗系数组成直接消耗系数矩阵 A。

$$a_{ij} = \frac{x_{ij}}{X_j}(i,j = 1,2,\cdots,n) \tag{4-5}$$

②完全消耗系数。

完全消耗系数，通常记为 b_{ij}，是指第 j 产品部门每提供一个单位最终使用时，对第 i 产品部门货物或服务的直接消耗和间接消耗之和。

利用直接消耗系数矩阵 A 计算完全消耗系数矩阵的公式为：

$$B = (I - A)^{-1} - I \tag{4-6}$$

A 为直接消耗系数矩阵，I 为单位矩阵。

③完全需求系数。

$$\bar{B} = (I - A)^{-1} \tag{4-7}$$

在完全消耗系数矩阵 $B = (I - A)^{-1} - I$ 中 $(I - A)^{-1}$ 为完全需求系数，也称为列昂惕夫逆矩阵，记为 $\bar{B}$。其元素 $\bar{b}_{ij}$（i，j = 1，2，…，n）称为列昂惕夫逆系数，它表明第 j 部门增加一个单位最终使用时，对第 i 产品部门的完全需要量。

4.3　征收碳税后的非竞争型碳排放投入产出表的编制

4.3.1　非竞争型投入产出表基本表式

国家统计局提供的《中国 2017 年投入产出表》为竞争型投入产出表，表中的中间使用和最终使用既包括国产品也包括进口品。“中华人民共和国统计局：国家数据”提供的分行业化石能源消费的数据，仅涉及国内数据，需要非竞争型投入产出表与之相匹配。为了更准确研究碳税对中国经济及二氧化碳减排的影响，需要使用区分了国产品和进口品的非竞争型投入产出表。假设各行业对进口中间产品的使用比例和进口最终产品的使用比例，分别等于各行业对国内中间产品的使用比例和国外最终产品的使用比例，可以编制（进口）非竞争型投入产出模型[113]。

本书《中国 2017 年非竞争型投入产出表》的编制参考陈庆能（2019）的成果。结合《中国 2017 年投入产出表》绘制《中国 2017 年非竞争型投入产出表》。基本表式如表 4－4 所示。

表 4－4　　中国 2017 年非竞争型投入产出表

（按生产者价格计算）　　单位：万元

		中间使用	最终使用				国内总产出或进口
		1，2，…，n	消费	投资	出口	合计	
国产品中间投入	1，2，…，n	x_{ij}^{d}	y_{ic}^{d}	y_{in}^{d}	y_{ie}^{d}	Y_{i}^{d}	X_i
进口品中间投入	1，2，…，n	x_{ij}^{m}	y_{ic}^{m}	y_{in}^{m}		Y_{i}^{m}	M
	中间投入合计						
增加值	劳动者报酬 V 生产税净额 T 固定资产折旧 D 营业盈余 S						
	增加值合计						
总投入		X_j					

资料来源：参考陈庆能（2019）及《中国 2017 年投入产出表》的编制方法。

从表4-4可知，非竞争型投入产出表在水平方向上存在两组均衡方程式：

$$\sum_{j=1}^{n} x_{ij}^{d} + Y_i^{d} = X_i (i = 1,2,\cdots,n) \tag{4-8}$$

$$\sum_{j=1}^{n} x_{ij}^{m} + Y_i^{m} = M_i (i = 1,2,\cdots,n) \tag{4-9}$$

其中，x_{ij}^{d}、x_{ij}^{m}分别为行业j生产其产出而消耗行业i的国产中间投入和进口中间投入，Y_i^{d}、Y_i^{m}分别为行业i的国产最终需求和进口最终需求，X_i、M_i分别为行业i的国内总产出和进口。

写成矩阵形式，分别为：

$$A^{d}X + Y^{d} = X \tag{4-10}$$

$$A^{m}X + Y^{m} = M \tag{4-11}$$

进一步得到：

$$X = (I - A^{d})^{-1}Y^{d} \tag{4-12}$$

$$M = A^{m}(I - A^{d})^{-1}Y^{d} + Y^{m} \tag{4-13}$$

其中，A^{d}、A^{m}分别为国产品直接消耗系数矩阵和进口品直接消耗系数矩阵；Y^{d}、Y^{m}分别为国产最终需求和进口最终需求；X、M分别为国内总产出和进口。$(I - A^{d})^{-1}$为国产品列昂惕夫逆矩阵，其元素$(I - A^{d})_{ij}^{-1}$表示行业j因生产一单位国产最终需求而对行业i的国产品的完全需求。

本书以国家统计局提供的竞争型投入产出表为基础，采用比例等同法（陈庆能，2019），分解其中的进口数据便可获得非竞争型投入产出表。比例等同法假设进口品等比例用于中间投入和最终需求。则：

$$\frac{X_i^{m}}{Y_i^{m}} = \frac{X_i^{d}}{Y_i^{d}} \tag{4-14}$$

其中，X_i^{d}和X_i^{m}分别为行业i的国产中间投入和进口中间投入。

进一步推导：

$$\frac{X_i^{m}}{X_i^{d} + X_i^{m}} = \frac{Y_i^{m} + X_i^{m}}{Y_i^{d} + X_i^{d} + Y_i^{m} + X_i^{m}} = \frac{M_i}{X_i + M_i} \tag{4-15}$$

$$\frac{Y_i^{m}}{Y_i^{d} + Y_i^{m}} = \frac{Y_i^{m} + X_i^{m}}{Y_i^{d} + X_i^{d} + Y_i^{m} + X_i^{m}} = \frac{M_i}{X_i + M_i} \tag{4-16}$$

由假设可知，行业i的进口中间投入与中间投入之比、进口最终需求与最终需求之比均等于上述比例，得到：

$$x_{ij}^{m} = x_{ij} \cdot \frac{M_i}{X_i + M_i} \tag{4-17}$$

$$Y_i^{m} = Y_i \cdot \frac{M_i}{X_i + M_i} \tag{4-18}$$

$$x_{ij}^{d} = x_{ij} - x_{ij}^{m} = x_{ij} \cdot \frac{X_i}{X_i + M_i} \tag{4-19}$$

$$Y_i^{d} = Y_i - Y_i^{m} = Y_i \cdot \frac{X_i}{X_i + M_i} \tag{4-20}$$

其中，Y_i 为行业 i 的最终需求，根据式（4－19）和式（4－20）可分别计算出各行业的国产中间投入和国产最终需求，进而完成从竞争型投入产出表到非竞争型投入产出表的转换。

4.3.2　非竞争型碳排放投入产出表编制

在表 4－4 的《中国 2017 年非竞争型投入产出表》的基础上，将 30 个部门划分成 4 个能源部门和 26 个非能源部门，并计算 4 个能源部门和 26 个非能源部门消耗 4 个能源部门的能源所产生的二氧化碳排放。基本表式如表 4－5 所示。

表 4－5　　中国 2017 年非竞争型碳排放投入产出表

（按生产者价格计算）　　单位：万元

产出 投入			中间使用		最终使用	国内总产出或进口
			能源部门	非能源部门		
			1，2，3，4	5，6，…，30		
国产品中间投入	能源部门	1. 煤炭开采和洗选产品 CO_2 排放量（万吨）				
		2. 石油和天然气开采产品 CO_2 排放量（万吨）				
		3. 精炼石油和核燃料加工品 CO_2 排放量（万吨）				
		4. 燃气生产和供应 CO_2 排放量（万吨）				

续表

产出 投入			中间使用		最终使用	国内总产出或进口
			能源部门	非能源部门		
			1，2，3，4	5，6，…，30		
国产品中间投入	非能源部门	5. 农林牧渔产品和服务				
		6				
		…				
		30				
进口品中间投入	能源部门	1. 煤炭开采和洗选产品				
		2. 石油和天然气开采产品				
		3. 精炼石油和核燃料加工品				
		4. 燃气生产和供应				
	非能源部门	5. 农林牧渔产品和服务				
		6				
		…				
		30				
增加值	劳动者报酬 V					
	生产税净额 T					
	固定资产折旧 D					
	营业盈余 S					
	增加值合计（GDP）					
总投入						

资料来源：参考陈庆能（2019）及《中国 2017 年投入产出表》的编制方法。

4.3.3 征收碳税后的非竞争型碳排放投入产出表编制

根据表 4－5 的《中国 2017 年碳排放非竞争型投入产出表》，可以编制《征收碳税后的中国 2017 年非竞争型碳排放投入产出表》[114]。基本表式如表 4－6 所示。

表 4－6　　征收碳税后的中国 2017 年非竞争型碳排放投入产出表

（按生产者价格计算）　　单位：万元

<table>
<tr><td colspan="3" rowspan="3">产出
投入</td><td colspan="2">中间使用</td><td rowspan="3">最终使用＋碳税</td><td rowspan="3">国内总产出＋碳税或进口</td></tr>
<tr><td>能源部门</td><td>非能源部门</td></tr>
<tr><td>1，2，3，4</td><td>5，6，…，30</td></tr>
<tr><td rowspan="8">国产品中间投入</td><td rowspan="4">能源部门</td><td>1. 煤炭开采和洗选产品
CO_2 排放量（万吨）</td><td></td><td></td><td></td><td></td></tr>
<tr><td>2. 石油和天然气开采产品
CO_2 排放量（万吨）</td><td></td><td></td><td></td><td></td></tr>
<tr><td>3. 精炼石油和核燃料加工品
CO_2 排放量（万吨）</td><td></td><td></td><td></td><td></td></tr>
<tr><td>4. 燃气生产和供应
CO_2 排放量（万吨）</td><td></td><td></td><td></td><td></td></tr>
<tr><td rowspan="4">非能源部门</td><td>5. 农林牧渔产品和服务</td><td></td><td></td><td></td><td></td></tr>
<tr><td>6</td><td></td><td></td><td></td><td></td></tr>
<tr><td>…</td><td></td><td></td><td></td><td></td></tr>
<tr><td>30</td><td></td><td></td><td></td><td></td></tr>
<tr><td rowspan="8">进口品中间投入</td><td rowspan="4">能源部门</td><td>1. 煤炭开采和洗选产品</td><td></td><td></td><td></td><td></td></tr>
<tr><td>2. 石油和天然气开采产品</td><td></td><td></td><td></td><td></td></tr>
<tr><td>3. 精炼石油和核燃料加工品</td><td></td><td></td><td></td><td></td></tr>
<tr><td>4. 燃气生产和供应</td><td></td><td></td><td></td><td></td></tr>
<tr><td rowspan="4">非能源部门</td><td>5. 农林牧渔产品和服务</td><td></td><td></td><td></td><td></td></tr>
<tr><td>6</td><td></td><td></td><td></td><td></td></tr>
<tr><td>…</td><td></td><td></td><td></td><td></td></tr>
<tr><td>30</td><td></td><td></td><td></td><td></td></tr>
<tr><td rowspan="5">增加值</td><td colspan="2">劳动者报酬 V</td><td></td><td></td><td></td><td></td></tr>
<tr><td colspan="2">生产税净额 T</td><td></td><td></td><td></td><td></td></tr>
<tr><td colspan="2">碳税 T^*</td><td></td><td></td><td></td><td></td></tr>
<tr><td colspan="2">固定资产折旧 D</td><td></td><td></td><td></td><td></td></tr>
<tr><td colspan="2">营业盈余 S</td><td></td><td></td><td></td><td></td></tr>
<tr><td></td><td colspan="2">增加值合计＋碳税
（GDP＋碳税）</td><td></td><td></td><td></td><td></td></tr>
<tr><td colspan="3">总投入＋碳税</td><td></td><td></td><td></td><td></td></tr>
</table>

由表 4 -6 可知，征收碳税后的增加值合计（即新的 GDP）= 劳动者报酬 + 生产税净额 + 碳税 + 固定资产折旧 + 营业盈余，征收碳税后的总投入 = 原来的总投入 + 碳税，征收碳税后的国内最终使用 = 原来的国内最终使用 + 碳税，征收碳税后的总产出 = 原来的总产出 + 碳税。

4.4 本章小结

本章根据研究需要，将《中国 2017 年投入产出表（149 个部门）》中的部门与“中华人民共和国统计局：国家数据”中提供的分行业（53 个行业）能源消费中的部门分别进行合并，调整为口径基本相同的部门。

（1）部门调整与合并成 30 个部门，其中 4 个能源部门，26 个非能源部门；

（2）假设各行业对进口中间产品的使用比例和进口最终产品的使用比例，分别等于各行业对国内中间产品的使用比例和国外最终产品的使用比例，可以编制（进口）非竞争型投入产出模型。

（3）编制简化的《征收碳税后的中国 2017 年非竞争型投入产出表（30 个部门）》。

| 第 5 章 |

基于非竞争型碳排放投入产出表的碳排放研究

本章根据 8 种化石能源的二氧化碳排放系数，对中国 30 个行业 2000 ~ 2017 年的完全碳排放进行核算汇总并计算其增长速度，结合第 4 章编制的中国 2017 年非竞争型投入产出表（30 个部门），对中国 2017 年的完全碳排放进行分解，分析了直接碳排放系数和完全碳排放系数，分析了完全碳排放、直接碳排放和间接碳排放，分析了完全碳排放的行业特征。

5.1　完全碳排放核算

挪威国际气候与环境研究中心和英国廷德尔气候变化研究中心等机构参与的研究称，目前所产生的碳排放主要来自化石燃料燃烧、水泥生产、森林砍伐以及其他土地使用产生。IPCC 第四次评估报告称化石燃料燃烧所导致的二氧化碳排放在 2004 年占总碳排放将近 95.3%（不包括森林采伐及生物量减少所造成的二氧化碳增加）。本书主要研究化石能源使用所产生的二氧化碳，简称能源碳排放。

$$二氧化碳排放量 = 化石能源数量 \times 二氧化碳排放系数 \tag{5-1}$$

5.1.1　分行业完全碳排放核算

结合“中华人民共和国国家统计局：国家数据”提供的分行业化石能源

消费总量的数据，本章根据表（4－1）中8种化石能源的二氧化碳排放系数，分别计算了30个行业化石能源碳排放量（见表5－1）。

表5－1　　中国不同行业二氧化碳排放量（2000～2017年）　　单位：万吨

	年份 行业	2000年	2001年	2002年	2003年	2004年	2005年	2006年	2007年	2008年
1	煤炭开采和洗选产品	19232.89	18622.09	16443.10	21555.77	22642.32	28072.85	30108.37	34002.73	35359.88
2	石油和天然气开采产品	12676.66	12849.13	13531.25	15417.51	5619.98	5774.48	5153.40	5293.66	5698.43
3	精炼石油和核燃料加工品	2158.38	2179.52	2121.25	2386.30	2379.53	1670.00	1747.91	1670.13	1600.21
4	燃气生产和供应	112739.80	119149.38	136540.47	162623.02	186605.01	206951.02	234330.88	256941.16	262142.46
5	农、林、牧、渔产品和服务	4401.36	4482.06	4827.70	5514.00	6684.33	7514.40	7739.89	7336.57	6925.21
6	金属矿采选产品	681.21	695.76	777.69	854.35	852.13	942.98	1006.89	1061.67	1125.69
7	非金属矿和其他矿采选产品	1449.73	1637.19	1693.68	2410.37	1276.20	1519.07	1481.77	1591.40	1466.61
8	食品和烟草	6799.58	6978.61	6957.01	6977.28	6839.78	6918.82	7170.66	7423.75	7635.77
9	纺织品	3609.03	3642.61	3695.36	3877.63	5068.17	5187.12	5652.46	5778.74	5166.94
10	纺织服装鞋帽皮革毛皮、羽毛及其制品	616.32	663.99	653.39	689.02	848.84	891.89	958.43	968.37	905.22
11	木材加工品和家具	667.75	684.36	701.56	821.22	988.51	996.22	1044.80	1043.13	1050.57
12	造纸印刷和文教体育用品	4426.50	4400.86	4663.93	4766.64	6418.23	6984.36	7733.63	7727.29	7871.09
13	化学产品	33804.40	34054.54	35500.48	38490.88	37819.56	43757.00	45348.58	47581.19	50482.49
14	非金属矿物制品	29435.93	28219.75	25218.72	30101.36	40239.98	41190.17	42722.51	42196.54	47567.31
15	金属冶炼和压延加工品	51863.46	54759.52	56535.75	71339.95	84080.02	108948.84	118445.77	121951.78	127809.85

续表

	年份 行业	2000 年	2001 年	2002 年	2003 年	2004 年	2005 年	2006 年	2007 年	2008 年
16	金属制品、机械和设备修理服务	1107.23	1193.12	1230.73	1127.32	1136.61	1140.09	1180.27	1206.03	1289.09
17	通用设备	1583.23	1649.68	1694.81	1758.21	1906.09	2385.99	2627.80	2761.92	2580.69
18	专用设备	1110.99	1081.56	1011.74	1207.80	1435.35	1410.71	1486.24	1504.62	1527.96
19	交通运输设备	1952.87	2038.07	2127.01	1952.54	2344.41	2303.91	2397.62	2434.82	2582.29
20	电气机械和器材	626.78	621.97	623.56	636.62	668.96	637.49	661.78	662.01	754.89
21	计算机、通信设备和其他电子设备	347.48	372.04	444.34	433.23	578.36	574.25	591.00	589.57	747.71
22	仪器仪表	125.65	124.80	131.44	177.38	103.60	96.50	101.77	104.30	123.42
23	其他制造产品	938.07	827.08	834.43	741.98	1235.39	1148.12	1141.98	1064.92	1023.46
24	废弃资源和废旧材料回收加工品	0.00	0.00	0.00	192.89	30.99	27.43	27.71	28.42	41.82
25	电力、热力生产和供应	2341.76	2225.19	2237.70	2350.32	2572.95	2766.45	2922.72	3086.50	2316.42
26	水的生产和供应	111.46	108.02	99.18	103.28	90.54	89.45	94.08	92.41	90.64
27	建筑	2126.08	2133.21	2194.80	2318.46	2693.07	2947.31	3202.08	3186.17	3049.03
28	交通运输、仓储和邮政	21237.76	21740.54	23120.52	25964.26	30692.77	34218.05	37645.51	40860.52	41784.08
29	批发零售住宿餐饮	3186.76	3100.21	3162.83	3362.30	3741.77	4217.95	4453.71	4673.32	4404.76
30	其他	25038.23	8919.79	9246.29	10067.90	11867.86	31467.57	32441.22	33521.87	32618.57

	年份 行业	2009 年	2010 年	2011 年	2012 年	2013 年	2014 年	2015 年	2016 年	2017 年
1	煤炭开采和洗选产品	38981.79	44569.06	47632.38	50640.32	70830.18	68599.27	54896.15	45011.97	44861.94
2	石油和天然气开采产品	5380.77	5109.54	5032.94	4551.31	4544.07	3993.91	3827.23	3073.90	2857.28
3	精炼石油和核燃料加工品	1512.50	3809.67	4332.00	4696.01	4916.74	6092.13	6406.31	5307.28	6357.34

续表

	行业＼年份	2009 年	2010 年	2011 年	2012 年	2013 年	2014 年	2015 年	2016 年	2017 年
4	燃气生产和供应	277048.86	288488.39	325302.46	331911.84	361564.15	335502.04	315211.31	322983.14	341810.13
5	农、林、牧、渔产品和服务	7142.90	7623.11	7983.95	8230.16	9909.96	10260.28	10436.06	10730.35	10966.33
6	金属矿采选产品	1045.10	1321.01	1692.99	1496.19	2343.44	2289.75	1962.55	1548.16	1290.46
7	非金属矿和其他矿采选产品	1588.85	1500.22	1431.95	1534.63	2246.72	2203.75	1865.57	2290.92	2073.55
8	食品和烟草	7561.06	7866.29	7830.65	7854.13	13492.12	11835.89	11165.30	11018.11	9812.56
9	纺织品	4929.35	5282.01	4529.18	4077.59	5638.96	4804.22	9112.40	8129.49	6395.14
10	纺织服装鞋帽皮革毛皮、羽毛及其制品	866.40	861.53	757.23	783.07	1110.55	1008.87	911.46	780.59	534.85
11	木材加工品和家具	1043.27	1053.02	1012.89	986.27	1430.93	1477.49	1183.76	793.33	507.26
12	造纸印刷和文教体育用品	8092.35	8603.09	8816.89	8945.29	10670.67	9826.69	9499.86	9363.11	9163.82
13	化学产品	49727.25	49534.80	55288.14	55904.53	75244.83	80116.54	86661.43	84257.42	77438.61
14	非金属矿物制品	48731.81	47982.55	51124.95	51099.80	64890.15	67465.19	63657.17	59563.50	56010.21
15	金属冶炼和压延加工品	137145.99	151433.42	165443.70	168617.42	198352.18	204800.08	200342.64	199596.22	197152.89
16	金属制品、机械和设备修理服务	1290.29	1168.01	978.01	1208.29	1862.17	1484.91	1368.02	1170.82	865.39
17	通用设备	3125.26	3139.88	3944.16	3243.36	3028.58	2897.23	2761.19	2631.04	1804.44
18	专用设备	1627.19	1809.38	1499.73	1142.73	1167.38	1120.36	976.18	805.07	595.53
19	交通运输设备	2618.16	2683.14	2591.04	1906.82	1888.97	1619.71	1443.21	1592.40	1436.73
20	电气机械和器材	1148.68	921.74	1290.89	1190.08	1592.69	1471.10	1592.59	1242.07	346.80

续表

	年份 行业	2009 年	2010 年	2011 年	2012 年	2013 年	2014 年	2015 年	2016 年	2017 年
21	计算机、通信设备和其他电子设备	721.27	694.10	476.18	596.74	447.67	422.50	428.36	393.44	341.36
22	仪器仪表	133.54	133.99	93.88	103.21	126.64	99.73	80.66	71.34	50.33
23	其他制造产品	962.69	978.03	929.87	1046.32	1634.49	2242.48	1322.52	944.31	720.00
24	废弃资源和废旧材料回收加工品	48.39	75.97	80.80	102.08	212.38	221.15	207.41	198.28	158.24
25	电力、热力生产和供应	2494.30	2633.58	1982.30	2093.42	1824.09	1405.02	1025.38	760.64	1133.04
26	水的生产和供应	83.65	155.06	100.31	136.96	123.74	101.00	115.40	61.39	61.31
27	建筑	3334.89	3829.83	4063.92	4004.23	4469.36	4616.81	4814.19	4765.03	4824.91
28	交通运输、仓储和邮政	43506.43	46667.98	50252.47	55764.35	59115.59	60803.74	63663.10	64957.53	67906.24
29	批发零售住宿餐饮	4933.00	5034.22	5584.19	5976.16	9170.43	8802.88	9141.33	8982.75	8387.13
30	其他	33366.60	35297.98	37723.19	39505.35	44663.20	44532.42	47894.77	48011.49	47254.23

5.1.2　完全碳排放总量核算

将表 5 - 1 的数据进行汇总，见表 5 - 2。

表 5 - 2　　中国二氧化碳排放总量（2000 ~ 2017 年）　　单位：万吨

年份	2000 年	2001 年	2002 年	2003 年	2004 年	2005 年	2006 年	2007 年	2008 年
二氧化碳排放总量	346397	339157	358041	420220	469461	552750	601621	638345	657743
增速	—	-2.09%	5.57%	17.37%	11.72%	17.74%	8.84%	6.10%	3.04%
年份	2009 年	2010 年	2011 年	2012 年	2013 年	2014 年	2015 年	2016 年	2017 年
二氧化碳排放总量	690196	730261	799803	819349	958513	942117	913974	901035	903118
增速	4.93%	5.80%	9.52%	2.44%	16.98%	-1.71%	-2.99%	-1.42%	0.23%

从表 5 - 2 可以看出，2000 ~ 2017 年，大部分年份碳排放在增加，2000 ~ 2001 年、2013 ~ 2016 年碳排放在减少。2017 年碳排放总量为 903118

万吨二氧化碳，2017 年的二氧化碳排放总量为后面的碳税分析提供了数据支持。

表 5－3 为 8 种化石能源碳排放的占比。

表 5－3　　中国 8 种不同能源碳排放占比（2000～2017 年）

类型/占比/年份	煤炭碳排放	焦炭碳排放	Σ	原油碳排放	汽油碳排放	煤油碳排放	柴油碳排放	燃料油碳排放	Σ	天然气碳排放
2000 年	72.421%	8.952%	81.373%	5.167%	2.959%	0.763%	6.083%	3.545%	18.517%	0.110%
2001 年	70.559%	10.063%	80.622%	5.307%	3.103%	0.729%	6.534%	3.599%	19.272%	0.106%
2002 年	70.914%	9.861%	80.775%	5.251%	3.063%	0.744%	6.629%	3.430%	19.118%	0.106%
2003 年	71.654%	10.414%	82.068%	4.969%	2.834%	0.639%	6.196%	3.184%	17.822%	0.110%
2004 年	73.430%	11.008%	84.438%	2.103%	2.926%	0.668%	6.526%	3.231%	15.453%	0.109%
2005 年	72.917%	12.992%	85.909%	2.221%	2.569%	0.591%	6.145%	2.433%	13.960%	0.131%
2006 年	73.319%	13.262%	86.580%	1.767%	2.549%	0.567%	6.090%	2.302%	13.275%	0.145%
2007 年	73.752%	13.070%	86.822%	1.761%	2.529%	0.591%	6.061%	2.065%	13.007%	0.171%
2008 年	73.574%	13.003%	86.577%	1.971%	2.733%	0.597%	6.370%	1.560%	13.231%	0.192%
2009 年	73.961%	13.200%	87.160%	1.786%	2.616%	0.767%	6.171%	1.299%	12.638%	0.201%
2010 年	73.501%	13.195%	86.697%	1.758%	2.758%	0.725%	6.204%	1.632%	13.076%	0.227%
2011 年	73.385%	13.649%	87.033%	1.816%	2.705%	0.689%	6.052%	1.452%	12.714%	0.253%
2012 年	73.069%	13.735%	86.805%	1.564%	2.891%	0.721%	6.331%	1.417%	12.923%	0.272%
2013 年	74.375%	13.680%	88.055%	1.359%	2.846%	0.681%	5.485%	1.301%	11.673%	0.272%
2014 年	73.109%	14.231%	87.340%	1.519%	3.024%	0.751%	5.586%	1.476%	12.356%	0.304%
2015 年	72.427%	13.786%	86.214%	1.507%	3.628%	0.883%	5.832%	1.613%	13.463%	0.324%
2016 年	71.369%	14.432%	85.801%	1.574%	3.852%	1.000%	5.786%	1.630%	13.841%	0.358%
2017 年	71.726%	13.854%	85.580%	1.328%	4.021%	1.117%	5.826%	1.716%	14.009%	0.411%
均值	72.748%	12.577%	85.325%	2.485%	2.978%	0.735%	6.106%	2.160%	14.464%	0.211%

从表 5－3 可以看出，2000～2017 年，煤炭碳排放和焦炭碳排放之和占比均高于 80%，均值为 85.325%，2013 年更是高达 88% 以上，原油碳排放、汽油碳排放、煤油碳排放、柴油碳排放、燃料油碳排放之和占比低于 20%，均值为 14.464%，天然气碳排放虽然近年来略有提高，但低于 0.5%，均值为 0.211%，这与我国“富煤、贫油、少气”的能源结构有关系。

5.2　完全碳排放分解框架

5.2.1　直接碳排放系数、完全碳排放系数和完全碳排放

为了进一步深入研究各部门碳排放情况，本章设计了直接碳排放系数和完全碳排放系数[116]，并推导出完全碳排放公式。

$$d_j = \frac{\sum_{i=1}^{k}(CO_2)_{ij}}{X_j} \tag{5-2}$$

其中，$\sum_{i=1}^{k}(CO_2)_{ij}$ 表示第 j 个部门消耗 k 个能源产品所排放的二氧化碳总量，k 为能源部门数量，n 为部门总数。X_j 表示第 j 个生产部门的总产出，d_j 表示第 j 个部门生产单位总产出而直接消耗 k 个能源部门产品所排放的二氧化碳总量。

在直接碳排放系数的基础上，利用非竞争型投入产出法，可以推算出完全碳排放和完全碳排放系数。根据 $X=(I-A^d)^{-1}Y^d$ 可知，总产出可视为最终需求的函数，将其代入式（5－2）可得：

$$\sum_{i=1}^{k}(CO_2)_j = d_j \cdot X_j = d_j \cdot (I-A^d)^{-1}Y_j^d \tag{5-3}$$

$$\bar{B}^d = (I-A^d)^{-1} \tag{5-4}$$

$$e_j = d_j \cdot (I-A^d)^{-1} \tag{5-5}$$

其中，$\sum_{i=1}^{k}(CO_2)_{ij}$ 为行业完全碳排放总和，表示行业 j 的完全碳排放，可视为因生产国内最终需求 Y_j^d 而引致的隐含碳，$\bar{B}^d=(I-A^d)^{-1}$ 为国产品的列昂惕夫逆阵。$e_j=d_j \cdot (I-A^d)^{-1}$ 为行业 j 的完全碳排放系数，即行业 j 因生产 1 单位最终需求而拉动的完全碳排放量。

5.2.2　完全碳排放：直接碳排放和间接碳排放

某行业在生产本行业产品过程中，不仅需要消耗化石能源，还需要使用

中间投入，生产这些中间投入同样需要消耗化石能源。因而行业完全碳排放可分为两部分：一部分来自行业在自身生产过程中消耗化石能源产生的碳排放（直接碳排放）；另一部分来自中间投入消耗化石能源所产生的碳排放（间接碳排放）。

对国产品的列昂惕夫逆阵 $\bar{B}^d=(I-A^d)^{-1}$ 使用泰勒展开，可得：

$$\bar{B}^d=(I-A^d)^{-1}=I+A^d+(A^d)^2+(A^d)^3+(A^d)^4+\cdots \tag{5-6}$$

将式（5-6）代入 $X=(I-A^d)^{-1}Y^d$，可得：

$$\begin{aligned} X &= (I-A^d)^{-1}Y^d=\bar{B}^dY^d \\ &= Y^d+A^dY^d+(A^d)^2Y^d+\cdots+(A^d)^tY^d+\cdots \end{aligned} \tag{5-7}$$

式（5-7）意味着总产出可以分解为国产最终需求 Y^d 和国产品直接消耗系数 A^d 组成的多项式之和。其中，等号右边第一项表示由国产最终需求 Y^d 引致的效应，为直接效应。其余项为间接效应，表示为生产国产最终需求 Y^d 而必须生产的产出。其中，A^dY^d 表示为生产国产最终需求 Y^d 而必须生产的产出，为第一轮间接效应；$(A^d)^tY^d+(A^d)[(A^d)^{t-1}Y^d]$ 表示为生产 $(A^d)^{t-1}Y^d$ 而必须生产的产出，为第 t 轮间接效应；总的间接效应是第一轮、第二轮的加总，为 $A^dY^d+(A^d)^2Y^d+\cdots+(A^d)^tY^d+\cdots$。

将式（5-7）代入式（5-3），可将行业完全碳排放分解为：

$$\begin{aligned} (CO_2)_j &= \hat{d}_j\cdot X_j=\hat{d}_j\cdot[Y^d+A^dY^d+(A^d)^2Y^d+\cdots+(A^d)^tY^d+\cdots] \\ &= \hat{d}_j\cdot Y^d+\hat{d}_j\cdot A^dY^d+\hat{d}_j\cdot(A^d)^2Y^d+\cdots+\hat{d}_j\cdot(A^d)^tY^d+\cdots \end{aligned} \tag{5-8}$$

其中，等号右边第一项为直接碳排放，表示由国产最终需求 Y^d 引致的碳排放；等号右边除第一项外其余项为间接碳排放，表示由生产国产最终需求 Y^d 所必须的产出（中间投入）而导致的碳排放。

5.3　完全碳排放分解的实证研究

5.3.1　直接碳排放系数和完全碳排放系数分析

根据式（5-2）和式（5-5）可以计算出中国 2017 年二氧化碳排放的

直接排放系数和完全碳排放系数，见表 5－4。

表 5－4　中国 2017 年直接碳排放系数、完全碳排放系数及排序　单位：吨/万元

行业	直接碳排放系数	排序	行业	完全碳排放系数	排序
电力、热力生产和供应	6.1495	1	电力、热力生产和供应	9.5006	1
煤炭开采和洗选产品	2.0437	2	金属冶炼和压延加工品	3.7689	2
金属冶炼和压延加工品	1.8856	3	煤炭开采和洗选产品	3.1956	3
非金属矿物制品	0.8624	4	非金属矿物制品	2.4763	4
交通运输、仓储和邮政	0.6622	5	金属制品、机械和设备修理服务	2.0168	5
化学产品	0.5020	6	化学产品	1.8242	6
石油和天然气开采产品	0.2457	7	水的生产和供应	1.6741	7
造纸印刷和文教体育用品	0.2327	8	电气机械和器材	1.5740	8
非金属矿和其他矿采选产品	0.2303	9	其他制造产品	1.4690	9
燃气生产和供应	0.2089	10	非金属矿和其他矿采选产品	1.4227	10
精炼石油和核燃料加工品	0.1962	11	建筑	1.4028	11
其他制造产品	0.1923	12	金属矿采选产品	1.3630	12
纺织品	0.1686	13	通用设备	1.3607	13
金属矿采选产品	0.1112	14	造纸印刷和文教体育用品	1.3521	14
农、林、牧、渔产品和服务	0.0996	15	专用设备	1.2035	15
其他	0.0882	16	交通运输、仓储和邮政	1.1991	16
食品和烟草	0.0777	17	纺织品	1.1318	17
批发零售住宿餐饮	0.0545	18	交通运输设备	1.0957	18
通用设备	0.0400	19	仪器仪表	0.9168	19
水的生产和供应	0.0246	20	木材加工品和家具	0.9118	20
废弃资源和废旧材料回收加工品	0.0240	21	燃气生产和供应	0.9012	21
建筑	0.0211	22	纺织服装鞋帽皮革毛皮、羽毛及其制品	0.8742	22
木材加工品和家具	0.0198	23	石油和天然气开采产品	0.8442	23
金属制品、机械和设备修理服务	0.0195	24	计算机、通信设备和其他电子设备	0.8156	24
专用设备	0.0171	25	精炼石油和核燃料加工品	0.7254	25
交通运输设备	0.0166	26	食品和烟草	0.6131	26

续表

行业	直接碳排放系数	排序	行业	完全碳排放系数	排序
纺织服装鞋帽皮革毛皮、羽毛及其制品	0.0141	27	其他	0.5060	27
仪器仪表	0.0059	28	农、林、牧、渔产品和服务	0.5054	28
电气机械和器材	0.0058	29	批发零售住宿餐饮	0.4063	29
计算机、通信设备和其他电子设备	0.0036	30	废弃资源和废旧材料回收加工品	0.1422	30

从表 5－4 可知，直接碳排放系数最多的是电力、热力生产和供应业（6.1495 吨/万元），第二是煤炭开采和洗选产品业（2.0437），第三是金属冶炼和压延加工品业（1.8856），第四是非金属矿物制品业（0.8624），第五是交通运输、仓储和邮政业（0.6622），第六是化学产品业（0.5020），第七是石油和天然气开采产品业（0.2457），第八是造纸印刷和文教体育用品业（0.2327），第九是非金属矿和其他矿采选产品业（0.2303），第十是燃气生产和供应业（0.2089）。

从表 5－4 可知，完全碳排放系数最多的是电力、热力生产和供应业（9.5006 吨/万元），第二是金属冶炼和压延加工品业（3.7689），第三是煤炭开采和洗选产品业（3.1956），第四是非金属矿物制品业（2.4763），第五是金属制品、机械和设备修理服务业（2.0168）。第六是化学产品业（1.8242），第七是水的生产和供应业（1.6741），第八是电气机械和器材业（1.5740），第九是其他制造产品业（1.4690），第十是非金属矿和其他矿采选产品业（1.4227）。

无论是直接碳排放系数还是完全碳排放系数，电力、热力生产和供应业始终是第一位，远高于其他行业。

5.3.2 完全碳排放、直接碳排放和间接碳排放分析

根据式（5－8），可以计算出各行业的直接碳排放、间接碳排放、完全碳排放、直接碳排放率、间接碳排放率和完全碳排放率。其中某行业的直接

碳排放率 + 间接碳排放率 = 1，所有行业的完全碳排放率之和 = 1。见表 5 – 5。

表 5 – 5　　中国 2017 年完全碳排放、直接碳排放和间接碳排放分析

碳排放单位：万吨

行业	直接碳排放	直接碳排放率	间接碳排放	间接碳排放率	完全碳排放	完全碳排放率	排名
电力、热力生产和供应	21288.61	6.23%	320521.52	93.77%	341810.13	37.85%	1
金属冶炼和压延加工品	9215.79	4.67%	187937.10	95.33%	197152.89	21.83%	2
化学产品	9708.65	12.54%	67729.96	87.46%	77438.61	8.57%	3
交通运输、仓储和邮政	18643.19	27.45%	49263.06	72.55%	67906.24	7.52%	4
非金属矿物制品	2941.82	5.25%	53068.39	94.75%	56010.21	6.20%	5
其他	25143.02	53.21%	22111.21	46.79%	47254.23	5.23%	6
煤炭开采和洗选产品	682.96	1.52%	44178.98	98.48%	44861.94	4.97%	7
农、林、牧、渔产品和服务	2934.02	26.75%	8032.31	73.25%	10966.33	1.21%	8
食品和烟草	5015.61	51.11%	4796.94	48.89%	9812.56	1.09%	9
造纸印刷和文教体育用品	2231.15	24.35%	6932.67	75.65%	9163.82	1.01%	10
批发零售住宿餐饮	3030.50	36.13%	5356.63	63.87%	8387.13	0.93%	11
纺织品	1168.40	18.27%	5226.74	81.73%	6395.14	0.71%	12
精炼石油和核燃料加工品	783.24	12.32%	5574.10	87.68%	6357.34	0.70%	13
建筑	4604.04	95.42%	220.88	4.58%	4824.91	0.53%	14
石油和天然气开采产品	39.06	1.37%	2818.22	98.63%	2857.28	0.32%	15
非金属矿和其他矿采选产品	30.33	1.46%	2043.22	98.54%	2073.55	0.23%	16
通用设备	728.71	40.38%	1075.73	59.62%	1804.44	0.20%	17
交通运输设备	767.72	53.44%	669.01	46.56%	1436.73	0.16%	18
金属矿采选产品	7.27	0.56%	1283.18	99.44%	1290.46	0.14%	19
燃气生产和供应	394.29	34.80%	738.75	65.20%	1133.04	0.13%	20
金属制品、机械和设备修理服务	165.30	19.10%	700.10	80.90%	865.39	0.10%	21
其他制造产品	224.10	31.12%	495.90	68.88%	720.00	0.08%	22
专用设备	346.70	58.22%	248.84	41.78%	595.53	0.07%	23
纺织服装鞋帽皮革毛皮、羽毛及其制品	342.56	64.05%	192.29	35.95%	534.85	0.06%	24
木材加工品和家具	178.21	35.13%	329.05	64.87%	507.26	0.06%	25
电气机械和器材	130.47	37.62%	216.33	62.38%	346.80	0.04%	26

续表

行业	直接碳排放	直接碳排放率	间接碳排放	间接碳排放率	完全碳排放	完全碳排放率	排名
计算机、通信设备和其他电子设备	140.27	41.09%	201.09	58.91%	341.36	0.04%	27
废弃资源和废旧材料回收加工品	3.20	2.02%	155.04	97.98%	158.24	0.02%	28
水的生产和供应	25.03	40.83%	36.28	59.17%	61.31	0.01%	29
仪器仪表	14.83	29.46%	35.50	70.54%	50.33	0.01%	30
Σ	110929.04	12.28%	792189.01	87.72%	903118.05	100%	

从表 5 – 5 可知，完全碳排放率最高的是电力、热力生产和供应业（完全碳排放率为 37.85%），其中，间接碳排放率（为 93.77%）>直接碳排放率（为 6.23%）；第二是金属冶炼和压延加工品业（完全碳排放率为 21.83%），其中，间接碳排放率（为 95.33%）>直接碳排放率（为 4.67%）；第三是化学产品业（完全碳排放率为 8.57%），其中，间接碳排放率（为 87.46%）>直接碳排放率（为 12.54%）；第四是交通运输、仓储和邮政业（完全碳排放率为 7.52%），其中，间接碳排放率（为 72.55%）>直接碳排放率（为 27.45%）；第五是非金属矿物制品业（完全碳排放率为 6.20%），其中，间接碳排放率（为 94.75%）>直接碳排放率（为 5.25%）；第六是其他行业（完全碳排放率为 5.23%），其中，间接碳排放率（为 46.79%）<直接碳排放率（为 53.21%）；第七是煤炭开采和洗选产品业（完全碳排放率为 4.97%），其中，间接碳排放率（为 98.48%）>直接碳排放率（为 1.52%）；第八是农、林、牧、渔产品和服务业（完全碳排放率为 1.21%），其中，间接碳排放率（为 73.25%）>直接碳排放率（为 26.75%）；第九是食品和烟草业（完全碳排放率为 1.09%），其中，间接碳排放率(为 48.89%）<直接碳排放率（为 51.11%）；第十是造纸印刷和文教体育用品业（完全碳排放为 1.01%），其中，间接碳排放率（为 75.65%）>直接碳排放率（为 24.35%）。

在这 10 个行业中，有 8 个行业的间接碳排放率高于直接碳排放率，这 8 个行业均为能源密集型行业。其中，间接碳排放率最大的是煤炭开采和洗选产品业，其次是金属冶炼和压延加工品业，再次是非金属矿物制品，最后是电力、热力生产和供应业，以上四个行业的间接碳排放率均超高 90%。

从 30 个行业来看，有 24 个行业的间接碳排放率高于直接碳排放率，30 个行业间接碳排放（之和）占 30 个行业完全碳排放（之和）的比重为 87.72%，远高于 30 个行业直接碳排放（之和）占 30 个行业完全碳排放（之和）的比重 12.28%。这说明 80% 的行业中由中间投入引起的间接碳排放远高于由最终需求引起的直接碳排放。

5.3.3　完全碳排放行业特征分析

根据中国 2017 年 30 个行业的直接碳排放系数、完全碳排放系数、完全碳排放量及间接碳排放率四个指标，参考陈庆能（2017）的分类方法并进行改进，将 30 个行业分为 5 种类型，分别见表 5－6、表 5－7 和表 5－8。

表 5－6　中国 2017 年行业类型

类型	指标	程度	指标	程度
类型Ⅰ	完全碳排放量	较多	直接碳排放系数	较低
	间接碳排放率	较高	完全碳排放系数	较高
类型Ⅱ	完全碳排放量	较多	直接碳排放系数	较低
	间接碳排放率	较高	完全碳排放系数	较低
类型Ⅲ	完全碳排放量	较多	直接碳排放系数	较高
	间接碳排放率	较高	完全碳排放系数	较高
类型Ⅳ	完全碳排放量	较多	直接碳排放系数	较低
	间接碳排放率	较低	完全碳排放系数	较低
类型Ⅴ	完全碳排放量	较少	直接碳排放系数	—
	间接碳排放率	—	完全碳排放系数	—

表 5－7　中国 2017 年 5 种行业类型的完全碳排放　　碳排放单位：万吨

行业类型	行业	直接碳排放系数（吨/万元）	完全碳排放系数（吨/万元）	直接碳排放（率）	间接碳排放（率）	完全碳排放（率）
Ⅰ	化学产品	0.50 较低	1.82 较高	9708.65（12.54%）	67729.96（87.46%）	77438.61 较多 8.57% 较高
Ⅰ	非金属矿物制品	0.86 较低	2.48 较高	2941.82（5.25%）	53068.39（94.75%）	56010.21 较多 6.20% 较高

续表

行业类型	行业	直接碳排放系数（吨/万元）	完全碳排放系数（吨/万元）	直接碳排放（率）	间接碳排放（率）	完全碳排放（率）
小计		1.36	4.30			14.78%
Ⅱ	交通运输、仓储和邮政	0.66 较低	1.20 较低	18643.19（27.45%）	49263.06（72.55%）	67906.24 较多 7.52% 较高
小计		0.66	1.20			7.52%
Ⅲ	金属冶炼和压延加工品	1.89 较高	3.77 较高	9215.79（4.67%）	187937.10（95.33%）	197152.89 较多 21.83% 较高
Ⅲ	煤炭开采和洗选产品	2.04 较高	3.20 较高	682.96（1.52%）	44178.98（98.48%）	44861.94 较多 4.97% 较高
Ⅲ	电力、热力生产和供应	6.15 较高	9.50 较高	21288.61（6.23%）	320521.52（93.77%）	341810.13 较多 37.85% 较高
小计		10.08	16.47			64.65%
Ⅳ	其他	0.09 较低	0.51 较低	25143.02（53.21%）	22111.21（46.79%）	47254.23 较多 5.23% 较高
小计		0.09	0.51			5.23%
Ⅴ	农、林、牧、渔产品和服务	0.10	0.51	2934.02（26.75%）	8032.31（73.25%）	10966.33 较少 1.21% 较低
Ⅴ	食品和烟草	0.08	0.61	5015.61（51.11%）	4796.94（48.89%）	9812.56 较少 1.09% 较低
Ⅴ	造纸印刷和文教体育用品	0.23	1.35	2231.15（24.35%）	6932.67（75.65%）	9163.82 较少 1.01% 较低
Ⅴ	批发零售住宿餐饮	0.05	0.41	3030.50（36.13%）	5356.63（63.87%）	8387.13 较少 0.93% 较低
Ⅴ	纺织品	0.17	1.13	1168.40（18.27%）	5226.74（81.73%）	6395.14 较少 0.71% 较低
Ⅴ	精炼石油和核燃料加工品	0.20	0.73	783.24（12.32%）	5574.10（87.68%）	6357.34 较少 0.70% 较低
Ⅴ	建筑	0.02	1.40	4604.04（95.42%）	220.88（4.58%）	4824.91 较少 0.53% 较低
Ⅴ	石油和天然气开采产品	0.25	0.84	39.06（1.37%）	2818.22（98.63%）	2857.28 较少 0.32% 较低
Ⅴ	非金属矿和其他矿采选产品	0.23	1.42	30.33（1.46%）	2043.22（98.54%）	2073.55 较少 0.23% 较低

续表

行业类型	行业	直接碳排放系数（吨/万元）	完全碳排放系数（吨/万元）	直接碳排放（率）	间接碳排放（率）	完全碳排放（率）
V	通用设备	0.04	1.36	728.71（40.38%）	1075.73（59.62%）	1804.44 较少 0.20% 较低
V	交通运输设备	0.02	1.10	767.72（53.44%）	669.01（46.56%）	1436.73 较少 0.16% 较低
V	金属矿采选产品	0.11	1.36	7.27（0.56%）	1283.18（99.44%）	1290.46 较少 0.14% 较低
V	燃气生产和供应	0.21	0.90	394.29（34.80%）	738.75（65.20%）	1133.04 较少 0.13% 较低
V	金属制品、机械和设备修理服务	0.02	2.02	165.30（19.10%）	700.10（80.90%）	865.39 较少 0.10% 较低
V	其他制造产品	0.19	1.47	224.10（31.12%）	495.90（68.88%）	720.00 较少 0.08% 较低
V	专用设备	0.02	1.20	346.70（58.22%）	248.84（41.78%）	595.53 较少 0.07% 较低
V	纺织服装鞋帽皮革毛皮、羽毛及其制品	0.01	0.87	342.56（64.05%）	192.29（35.95%）	534.85 较少 0.06% 较低
V	木材加工品和家具	0.02	0.91	178.21（35.13%）	329.05（64.87%）	507.26 较少 0.06% 较低
V	电气机械和器材	0.01	1.57	130.47（37.62%）	216.33（62.38%）	346.80 较少 0.04% 较低
V	计算机、通信设备和其他电子设备	0.00	0.82	140.27（41.09%）	201.09（58.91%）	341.36 较少 0.04% 较低
V	废弃资源和废旧材料回收加工品	0.02	0.14	3.20（2.02%）	155.04（97.98%）	158.24 较少 0.02% 较低
V	水的生产和供应	0.02	1.67	25.03（40.83%）	36.28（59.17%）	61.31 较少 0.01% 较低
V	仪器仪表	0.01	0.92	14.83（29.46%）	35.50（70.54%）	50.33 较少 0.01% 较低
小计		2.03	24.72			7.82%

表 5－8　　中国 2017 年 5 种行业类型完全碳排放特征分析

类型	行业	特征
类型Ⅰ	化学产品业、非金属矿物制品业两个行业	完全碳排放特征主要体现在以下方面：直接碳排放系数较低而完全碳排放系数较高，两者差异最大，间接碳排放率远高于直接碳排放率，说明所使用的中间投入中高碳产品所占比重较大，属于高碳投入，为隐蔽性高碳行业
类型Ⅱ	交通运输、仓储和邮政业	完全碳排放特征主要体现在以下方面：直接碳排放系数较低且完全碳排放系数较低，间接碳排放率高于直接碳排放率，说明在生产过程中每单位产品导致的碳排放低，属于低碳生产，消耗的中间投入中低碳产品所占比重较大，属于低碳投入，是典型的低碳行业
类型Ⅲ	金属冶炼和压延加工品业、煤炭开采和洗选产品业和电力、热力生产和供应业	完全碳排放特征主要体现在以下方面：直接碳排放系数较高且完全碳排放系数较高，两者是五中类型中最高的，说明不仅在生产过程中每单位产品导致的碳排放高，属于高碳生产，而且消耗的中间投入中高碳产品所占比重大，属于高碳投入，属于明显性高碳行业
类型Ⅳ	其他行业	完全碳排放特征主要体现在以下方面：直接碳排放系数较低且完全碳排放系数较低，间接碳排放率低于直接碳排放率，说明在生产过程中每单位产品导致的碳排放较低，属于低碳生产，消耗的中间投入中低碳产品所占比重较大，属于低碳投入，属于典型低碳行业
类型Ⅴ	农、林、牧、渔产品和服务业等单个完全碳排放量较少的 23 个行业	完全碳排放特征和类型Ⅳ类似，均为直接碳排放系数较低且完全碳排放系数较低，区别在于类型Ⅳ所含行业的完全碳排放率相对较高，而类型Ⅴ所含行业的完全碳排放率相对较低。属于低碳行业

从表 5－8 可知，类型Ⅰ和类型Ⅲ属于高碳行业，类型Ⅱ、类型Ⅳ和类型Ⅴ属于低碳行业。

5.4　本章小结

本章对 2000～2017 年的中国 30 个行业的完全碳排放进行核算汇总并计算其增长速度，结合第 4 章编制的《中国 2017 年非竞争型投入产出表（30 个部门）》，将 2017 年 30 个行业的完全碳排放通过泰勒展开式分解成直接碳排放和间接碳排放，并对 2017 年 30 个行业的完全碳排放进行行业特征分析，得到以下结论：

（1）2000～2017 年，大部分年份碳排放在增加，2000～2001 年、2013～2016 年碳排放在减少。2017 年碳排放总量为 903118 万吨二氧化碳，2017 年的二氧化碳排放总量为后面的碳税分析提供了数据支持。

（2）行业完全碳排放分解为直接碳排放和间接碳排放，直接碳排放是由国产最终需求引致的碳排放，间接碳排放是由生产国产最终需求所必需的产出（中间投入）而导致的碳排放。

（3）无论是直接碳排放系数还是完全碳排放系数，电力、热力生产和供应业始终是第一位，远高于其他行业。

（4）根据直接碳排放系数、完全碳排放系数、完全碳排放量及间接碳排放率四个指标，将 30 个行业分为 5 种类型，其特征如下：

类型Ⅰ的直接碳排放系数较低而完全碳排放系数较高，间接碳排放率远高于直接碳排放率，属于高碳投入，为隐蔽性高碳行业。

类型Ⅱ的直接碳排放系数较低且完全碳排放系数较低，属于低碳生产和低碳投入，属于典型的低碳行业。

类型Ⅲ的直接碳排放系数较高且完全碳排放系数较高，属于高碳生产和高碳投入，属于明显性高碳行业。

类型Ⅳ的直接碳排放系数较低且完全碳排放系数较低，间接碳排放率低于直接碳排放率，属于低碳生产和低碳投入，属于典型低碳行业。

类型Ⅴ的为直接碳排放系数较低且完全碳排放系数较低，完全碳排放率相对较低，属于低碳行业。

| 第 6 章 |

不同碳税税率对宏观经济和二氧化碳减排影响的研究

本章模拟了碳税税率 $T^*=10$ 元/吨至 $T^*=200$ 元/吨对宏观经济及二氧化碳减排的影响，通过 Excel 散点图，结合趋势线分析以及 EViews 软件，分别拟合出自变量 T^*（碳税税率）与各因变量（价格变动、居民消费变化率、投资变化率、出口变化率、GDP 变化率、产出变化率、劳动力人数变化率及碳排放变化率）之间的线性关系，为第 7 章的研究奠定基础。

6.1 碳税对价格影响的研究

6.1.1 相关模型

在价值型投入产出表中，由“列”模型可以计算出部门 j 的价格指数表达式[108]：

$$\sum_{i=1}^{n} a_{ij}p_i + a_{vj} + a_{tj} + a_{dj} + a_{sj} = p_j (j = 1,2,\cdots,n) \tag{6-1}$$

其中，p_j——部门 j 的价格指数；

$a_{vj}=\frac{v_j}{X_j}$——部门 j 的劳动者报酬系数；

$a_{tj}=\frac{t_j}{X_j}$——部门 j 的生产税净额酬系数；

$a_{dj}=\frac{d_j}{X_j}$——部门 j 的固定资产折旧系数；

$a_{sj}=\frac{s_j}{X_j}$——部门 j 的营业盈余系数。

式（6－1）可写成矩阵形式：

$$A^TP+A_v^T+A_t^T+A_d^T+A_s^T=P \quad (6-2)$$

其中，A^T——直接消耗系数矩阵 A 的转置；

$P=(p_1,p_2,\cdots,p_n)^T$——产品价格列向量；

$A_v=(a_{v1},a_{v2},\cdots,a_{vn})$——劳动者报酬系数行向量；

$A_t=(a_{t1},a_{t2},\cdots,a_{tn})$——生产税净额系数行向量；

$A_d=(a_{d1},a_{d2},\cdots,a_{dn})$——固定资产折旧系数行向量；

$A_s=(a_{s1},a_{s2},\cdots,a_{sn})$——营业盈余系数行向量。

由式（6－2）可得：

$$P=[(I-A)^{-1}]^T\cdot(A_v^T+A_t^T+A_d^T+A_s^T) \quad (6-3)$$

式（6－3）为产品理论价格模型或一般价格模型。

征收碳税后，部门 j 的生产税净额系数由 a_{tj} 变为 a_{tj}^*，则价格指数变为：

$$\sum_{i=1}^{n}a_{ij}p_i^*+a_{vj}+a_{tj}^*+a_{dj}+a_{sj}=p_j^*(j=1,2,\cdots,n) \quad (6-4)$$

式（6－4）写成矩阵形式：

$$P^*=[(I-A)^{-1}]^T\cdot(A_v^T+A_t^{*T}+A_d^T+A_s^T) \quad (6-5)$$

由式（6－1）和式（6－4）可知，征收碳税后，由于生产税净额系数从 a_{tj} 变为 a_{tj}^*，各部门国产品价格也会发生相应变化，产品价格改变量列向量 ΔP 为：

$$\Delta P_t=[(I-A)^{-1}]^T\cdot(A_t^{*T}-A_t^T)=[(I-A)^{-1}]^T\cdot\Delta A_t^T \quad (6-6)$$

式（6－6）为产品价格变动模型。

对于非竞争型投入产出表，则式（6－6）变为：

$$\Delta P_t=[(I-A^d)^{-1}]^T\cdot(A^{*T}-A_t^T)=[(I-A^d)^{-1}]^T\cdot\Delta A_t^T \quad (6-7)$$

其中，$\Delta P_t=(\Delta p_{t1},\Delta p_{t2},\cdots,\Delta p_{tn})^T$——因生产税净额改变各部门产品价格改变量列向量；

$\Delta A_t=(\Delta a_{t1},\Delta a_{t2},\cdots,\Delta a_{tn})$——生产税净额系数改变量行向量。

6.1.2 碳税对价格影响的实证研究

结合式（6－7），通过 Excel 软件和 MATLAB 软件，模拟碳税税率$T^*=10$元/吨至$T^*=200$元/吨时，对 30 个部门国产品价格变动的影响（见表 6－1）。

表 6－1　　不同碳税税率对 30 个部门价格变动的影响

	碳税税率（元/吨） 部门产品价格变动 部门	$T^*=10$	$T^*=20$	$T^*=30$	$T^*=40$	$T^*=50$	$T^*=60$	$T^*=70$	$T^*=80$	$T^*=90$	$T^*=100$
1	煤炭开采和洗选产品	0.288%	0.568%	0.847%	1.125%	1.401%	1.676%	1.949%	2.221%	2.491%	2.760%
2	石油和天然气开采产品	0.076%	0.150%	0.223%	0.296%	0.368%	0.440%	0.511%	0.582%	0.653%	0.723%
3	精炼石油和核燃料加工品	0.061%	0.125%	0.189%	0.252%	0.316%	0.378%	0.441%	0.503%	0.565%	0.626%
4	燃气生产和供应	0.088%	0.171%	0.254%	0.337%	0.419%	0.500%	0.581%	0.662%	0.742%	0.822%
5	农、林、牧、渔产品和服务	0.052%	0.100%	0.149%	0.197%	0.244%	0.292%	0.339%	0.386%	0.433%	0.480%
6	金属矿采选产品	0.121%	0.247%	0.372%	0.495%	0.618%	0.739%	0.860%	0.979%	1.098%	1.215%
7	非金属矿和其他矿采选产品	0.132%	0.265%	0.396%	0.527%	0.656%	0.785%	0.913%	1.040%	1.166%	1.291%
8	食品和烟草	0.057%	0.115%	0.172%	0.230%	0.287%	0.344%	0.400%	0.456%	0.512%	0.568%
9	纺织品	0.108%	0.216%	0.323%	0.429%	0.535%	0.640%	0.745%	0.850%	0.953%	1.057%
10	纺织服装鞋帽皮革毛皮、羽毛及其制品	0.087%	0.170%	0.252%	0.334%	0.415%	0.496%	0.577%	0.657%	0.737%	0.816%
11	木材加工品和家具	0.085%	0.171%	0.257%	0.341%	0.425%	0.509%	0.592%	0.675%	0.757%	0.838%
12	造纸印刷和文教体育用品	0.135%	0.263%	0.391%	0.517%	0.644%	0.769%	0.894%	1.019%	1.142%	1.266%
13	化学产品	0.170%	0.341%	0.511%	0.680%	0.848%	1.015%	1.181%	1.347%	1.511%	1.675%
14	非金属矿物制品	0.231%	0.465%	0.697%	0.928%	1.158%	1.386%	1.614%	1.840%	2.065%	2.289%
15	金属冶炼和压延加工品	0.362%	0.720%	1.075%	1.429%	1.781%	2.131%	2.480%	2.826%	3.171%	3.514%
16	金属制品、机械和设备修理服务	0.192%	0.383%	0.572%	0.759%	0.946%	1.132%	1.316%	1.499%	1.680%	1.861%

续表

部门	碳税税率（元/吨） 部门产品价格变动	T* =10	T* =20	T* =30	T* =40	T* =50	T* =60	T* =70	T* =80	T* =90	T* =100
17	通用设备	0.124%	0.253%	0.381%	0.508%	0.634%	0.760%	0.885%	1.009%	1.132%	1.254%
18	专用设备	0.113%	0.227%	0.340%	0.452%	0.564%	0.674%	0.785%	0.894%	1.003%	1.111%
19	交通运输设备	0.099%	0.203%	0.305%	0.408%	0.509%	0.610%	0.711%	0.811%	0.910%	1.009%
20	电气机械和器材	0.146%	0.295%	0.443%	0.590%	0.736%	0.881%	1.026%	1.170%	1.312%	1.455%
21	计算机、通信设备和其他电子设备	0.081%	0.158%	0.235%	0.311%	0.386%	0.461%	0.535%	0.609%	0.683%	0.756%
22	仪器仪表	0.093%	0.179%	0.265%	0.350%	0.435%	0.520%	0.603%	0.686%	0.769%	0.851%
23	其他制造产品	0.143%	0.280%	0.416%	0.552%	0.687%	0.821%	0.954%	1.086%	1.218%	1.350%
24	废弃资源和废旧材料回收加工品	0.017%	0.030%	0.043%	0.056%	0.069%	0.082%	0.094%	0.107%	0.120%	0.132%
25	电力、热力生产和供应	0.892%	1.776%	2.650%	3.514%	4.368%	5.213%	6.048%	6.874%	7.691%	8.499%
26	水的生产和供应	0.160%	0.316%	0.470%	0.623%	0.775%	0.925%	1.074%	1.221%	1.367%	1.511%
27	建筑	0.132%	0.264%	0.396%	0.527%	0.657%	0.786%	0.915%	1.042%	1.170%	1.296%
28	交通运输、仓储和邮政	0.117%	0.233%	0.348%	0.463%	0.578%	0.692%	0.806%	0.920%	1.033%	1.146%
29	批发零售住宿餐饮	0.037%	0.075%	0.113%	0.151%	0.189%	0.226%	0.264%	0.301%	0.338%	0.374%
30	其他	0.051%	0.098%	0.146%	0.193%	0.240%	0.287%	0.334%	0.380%	0.426%	0.472%

部门	碳税税率（元/吨） 部门产品价格变动	T* =110	T* =120	T* =130	T* =140	T* =150	T* =160	T* =170	T* =180	T* =190	T* =200
1	煤炭开采和洗选产品	3.028%	3.295%	3.560%	3.823%	4.086%	4.347%	4.607%	4.865%	5.123%	5.379%
2	石油和天然气开采产品	0.792%	0.862%	0.930%	0.999%	1.067%	1.135%	1.202%	1.269%	1.336%	1.402%
3	精炼石油和核燃料加工品	0.687%	0.748%	0.809%	0.869%	0.929%	0.989%	1.048%	1.107%	1.166%	1.225%
4	燃气生产和供应	0.901%	0.980%	1.059%	1.137%	1.215%	1.292%	1.369%	1.446%	1.522%	1.598%
5	农、林、牧、渔产品和服务	0.526%	0.572%	0.618%	0.664%	0.709%	0.755%	0.800%	0.845%	0.889%	0.934%
6	金属矿采选产品	1.331%	1.447%	1.562%	1.675%	1.788%	1.900%	2.011%	2.121%	2.230%	2.339%

续表

部门	碳税税率（元/吨） 部门产品价格变动	T* = 110	T* = 120	T* = 130	T* = 140	T* = 150	T* = 160	T* = 170	T* = 180	T* = 190	T* = 200
7	非金属矿和其他矿采选产品	1.415%	1.539%	1.662%	1.784%	1.905%	2.026%	2.145%	2.264%	2.382%	2.500%
8	食品和烟草	0.623%	0.679%	0.734%	0.788%	0.843%	0.897%	0.951%	1.004%	1.058%	1.111%
9	纺织品	1.160%	1.262%	1.364%	1.465%	1.566%	1.666%	1.766%	1.865%	1.964%	2.063%
10	纺织服装鞋帽皮革毛皮、羽毛及其制品	0.895%	0.973%	1.051%	1.129%	1.206%	1.283%	1.359%	1.435%	1.511%	1.586%
11	木材加工品和家具	0.919%	1.000%	1.080%	1.159%	1.238%	1.317%	1.395%	1.473%	1.550%	1.627%
12	造纸印刷和文教体育用品	1.388%	1.510%	1.631%	1.752%	1.873%	1.992%	2.112%	2.230%	2.348%	2.466%
13	化学产品	1.838%	2.001%	2.162%	2.323%	2.483%	2.642%	2.801%	2.959%	3.116%	3.273%
14	非金属矿物制品	2.512%	2.734%	2.955%	3.175%	3.393%	3.611%	3.828%	4.043%	4.258%	4.472%
15	金属冶炼和压延加工品	3.855%	4.194%	4.532%	4.867%	5.202%	5.534%	5.865%	6.194%	6.522%	6.848%
16	金属制品、机械和设备修理服务	2.041%	2.219%	2.396%	2.572%	2.748%	2.922%	3.095%	3.266%	3.437%	3.607%
17	通用设备	1.376%	1.497%	1.618%	1.738%	1.857%	1.975%	2.093%	2.210%	2.327%	2.443%
18	专用设备	1.219%	1.325%	1.432%	1.537%	1.642%	1.747%	1.851%	1.954%	2.057%	2.159%
19	交通运输设备	1.107%	1.205%	1.302%	1.398%	1.494%	1.590%	1.685%	1.779%	1.873%	1.967%
20	电气机械和器材	1.596%	1.736%	1.876%	2.015%	2.153%	2.291%	2.428%	2.564%	2.699%	2.834%
21	计算机、通信设备和其他电子设备	0.829%	0.901%	0.973%	1.044%	1.115%	1.186%	1.256%	1.325%	1.395%	1.464%
22	仪器仪表	0.933%	1.014%	1.095%	1.175%	1.255%	1.334%	1.413%	1.491%	1.569%	1.647%
23	其他制造产品	1.480%	1.610%	1.739%	1.867%	1.995%	2.122%	2.249%	2.375%	2.500%	2.625%
24	废弃资源和废旧材料回收加工品	0.145%	0.157%	0.169%	0.181%	0.194%	0.206%	0.218%	0.230%	0.241%	0.253%
25	电力、热力生产和供应	9.298%	10.088%	10.870%	11.643%	12.409%	13.166%	13.915%	14.656%	15.390%	16.116%
26	水的生产和供应	1.654%	1.796%	1.937%	2.076%	2.214%	2.350%	2.486%	2.620%	2.753%	2.885%
27	建筑	1.422%	1.547%	1.671%	1.795%	1.918%	2.040%	2.162%	2.283%	2.404%	2.524%
28	交通运输、仓储和邮政	1.258%	1.370%	1.482%	1.593%	1.704%	1.815%	1.925%	2.035%	2.145%	2.254%
29	批发零售住宿餐饮	0.411%	0.447%	0.483%	0.519%	0.555%	0.591%	0.626%	0.661%	0.696%	0.731%
30	其他	0.518%	0.563%	0.609%	0.654%	0.699%	0.743%	0.788%	0.832%	0.876%	0.920%

从表 6-1 可以看出，当征收碳税时，30 个部门的产品价格有不同程度的上涨，原因是对二氧化碳征税，导致能源密集型部门的产品价格上涨，成本上升，通过生产部门之间的投入产出关系将价格上涨传导至其他部门，造成成本推动型通货膨胀。

随着碳税税率从 10 元/吨提高到 200 元/吨，各部门的价格也随之上涨。当碳税税率 $T^* = 200$ 元/吨时，电力、热力的生产和供应业部门价格上涨 16.116%，金属冶炼和压延加工品业部门价格上涨 6.848%，煤炭开采和洗选产品业部门价格上涨 5.379%，非金属矿物制品业部门价格上涨 4.472%，金属制品、机械和设备修理服务业部门价格上涨 3.607%，化学产品业部门价格上涨 3.273%，水的生产和供应业部门价格上涨 2.885%，电气机械和器材业部门价格上涨 2.834%，其他制造产品业部门价格上涨 2.625%，造纸印刷和文教体育用品业部门价格上涨 2.466%。可以看出，征收碳税后对产品价格变动影响较大的前 10 个部门有 9 个部门是第二产业中的重工业，与我国当前经济所处的重化工阶段有关。征收碳税后对第一产业和第三产业的价格影响较小。

根据本书 2.3.1 的分析可知，征收碳税之所以会造成各个部门价格提高，是因为无论对生产者征税还是对消费者征税，由于存在税负转嫁，税负最终是由生产者和消费者共同承担。至于各承担多少，取决于商品的需求弹性和供给弹性。征收碳税后，消费者支付的价格要提高，生产者的生产成本也要提高，而生产成本的提高又会造成成本推动型通货膨胀，造成所有部门的价格均有不同程度的提高。

6.2　碳税对居民消费影响的研究

6.2.1　相关模型

征收碳税后，居民消费价格指数为 CPI^*：

$$CPI^* = \frac{(P^*)^T \cdot Y_{CP}^*}{P^T \cdot Y_{CP}} \tag{6-8}$$

其中，Y_{CP}——征收碳税前的居民最终消费需求列向量；

Y_{CP}^{*}——征收碳税后的居民最终消费需求列向量；

P——征收碳税前的价格列向量；

P^{*}——征收碳税后的价格列向量。

居民消费价格指数是最能充分、全面反映通货膨胀率的价格指数。征收碳税后居民消费价格指数的增长率即通货膨胀率 IR，可表示为[44]：

$$IR = \frac{CPI^{*} - CPI}{CPI} = CPI^{*} - 1 = \frac{(P^{*})^{T} \cdot Y_{CP}^{*}}{P^{T} \cdot Y_{CP}} - 1 \tag{6-9}$$

通货膨胀率 $= CPI^{*} - 1$。

由于征收碳税，各部门的价格指数均会随着碳税税率的提高而增加，从而导致总消费价格指数 >1，通货膨胀压力加大。因此，需要通过膨胀率加以约束。

$$0 < IR \leqslant \alpha \tag{6-10}$$

参考中国近年来通货膨胀率及其他学者的研究成果，本书中 α 设定为 1.5%、3%、4.5% 和 6%。

假设征收碳税前后，居民最终消费占 GDP 的比重不变。即：

$$\frac{I^{T} \cdot Y_{CP}}{GDP \cdot I} = \frac{I^{T} \cdot Y_{CP}^{*}}{GDP^{*} \cdot I} = \frac{I^{T} \cdot Y_{CP}^{*'}}{GDP^{*'} \cdot I} \tag{6-11}$$

其中，$I^{T} = (1, 1, \cdots, 1)$ ——n 阶行向量；

Y_{CP}——列向量；

GDP——行向量；

GDP——征收碳税前的国内生产总值；

GDP^{*}——征收碳税后的国内生产总值；

$GDP^{*'}$——征收碳税后考虑通货膨胀的国内生产总值。

根据价值型投入产出表可知：国内生产总值（GDP）有三种计算方法：生产法、收入法（分配法）和支出法。

（1）生产法国内生产总值的表达式为：

国内生产总值 = 总增加值之和

总增加值 = 总产出 - 中间投入

（2）收入法国内生产总值的表达式为：

国内生产总值 = 劳动者报酬 + 生产税净额 + 固定资产折旧 + 营业盈余

即：GDP = V + T + D + S

（3）支出法国内生产总值的表达式为：

国内生产总值 = 最终消费 + 资本形成总额 + 净出口

这三种计算方法，理论上应该是相等的。本书把生产法和收入法结合起来，GDP = 增加值合计。

征收碳税前：

$$GDP = V + T + D + S \tag{6-12}$$

征收碳税后：

$$(GDP)^{*} = V + T + T^{*} + D + S \tag{6-13}$$

考虑通货膨胀，征收碳税后的国内生产总值为：

$$GDP^{*'} = \frac{GDP^{*} \cdot I}{I^{T} \cdot CPI^{*}} \tag{6-14}$$

考虑通货膨胀，征收碳税后居民最终消费变化率为：

$$\Delta Y_{CP}^{*'} = \frac{I^{T} \cdot Y_{CP}^{*'} - I^{T} \cdot Y_{CP}}{I^{T} \cdot Y_{CP}} \tag{6-15}$$

其中，$Y_{CP}^{*'}$——考虑通货膨胀，征收碳税后的居民最终消费需求；

$\Delta Y_{CP}^{*'}$——考虑通货膨胀，征收碳税后的居民最终消费需求变化率。

参考杨超（2011）和徐盈之（2014）的研究方法及假设，本章假设征收碳税后居民最终消费需求会下降，但是当前政府提倡拉动内需（即拉动国内消费需求）来促进经济发展，因此居民最终消费需求变化率（绝对值）应当实现最小化。即：

$$\min\left|\Delta Y_{CP}^{*'}\right| = \left|\frac{I^{T} \cdot Y_{CP}^{*'} - I^{T} \cdot Y_{CP}}{I^{T} \cdot Y_{CP}}\right| \tag{6-16}$$

6.2.2　碳税对价格指数及通货膨胀影响的实证研究

结合式（6-8）和式（6-9），通过 Excel 软件和 MATLAB 软件，模拟

碳税税率 $T^*=10$ 元/吨至 $T^*=200$ 元/吨时，对 30 个部门产品价格指数变化的影响（见表 6－2）。

表 6－2　　不同碳税税率对 30 个部门价格指数变化的影响

	碳税税率（元/吨） 部门产品价格指数变化 部门	$T^*=10$	$T^*=20$	$T^*=30$	$T^*=40$	$T^*=50$	$T^*=60$	$T^*=70$	$T^*=80$	$T^*=90$	$T^*=100$
1	煤炭开采和洗选产品	1.0029	1.0057	2.0057	1.0112	1.0140	1.0168	1.0195	2.0195	1.0249	1.0276
2	石油和天然气开采产品	1.0008	1.0015	2.0015	1.0030	1.0037	1.0044	1.0051	2.0051	1.0065	1.0072
3	精炼石油和核燃料加工品	1.0006	1.0013	2.0013	1.0025	1.0032	1.0038	1.0044	2.0044	1.0056	1.0063
4	燃气生产和供应	1.0009	1.0017	2.0017	1.0034	1.0042	1.0050	1.0058	2.0058	1.0074	1.0082
5	农、林、牧、渔产品和服务	1.0005	1.0010	2.0010	1.0020	1.0024	1.0029	1.0034	2.0034	1.0043	1.0048
6	金属矿采选产品	1.0012	1.0025	2.0025	1.0050	1.0062	1.0074	1.0086	2.0086	1.0110	1.0121
7	非金属矿和其他矿采选产品	1.0013	1.0026	2.0026	1.0053	1.0066	1.0078	1.0091	2.0091	1.0117	1.0129
8	食品和烟草	1.0006	1.0011	2.0011	1.0023	1.0029	1.0034	1.0040	2.0040	1.0051	1.0057
9	纺织品	1.0011	1.0022	2.0022	1.0043	1.0054	1.0064	1.0075	2.0075	1.0095	1.0106
10	纺织服装鞋帽皮革毛皮、羽毛及其制品	1.0009	1.0017	2.0017	1.0033	1.0042	1.0050	1.0058	2.0058	1.0074	1.0082
11	木材加工品和家具	1.0009	1.0017	2.0017	1.0034	1.0043	1.0051	1.0059	2.0059	1.0076	1.0084
12	造纸印刷和文教体育用品	1.0013	1.0026	2.0026	1.0052	1.0064	1.0077	1.0089	2.0089	1.0114	1.0127
13	化学产品	1.0017	1.0034	2.0034	1.0068	1.0085	1.0101	1.0118	2.0118	1.0151	1.0168
14	非金属矿物制品	1.0023	1.0046	2.0046	1.0093	1.0116	1.0139	1.0161	2.0161	1.0207	1.0229
15	金属冶炼和压延加工品	1.0036	1.0072	2.0072	1.0143	1.0178	1.0213	1.0248	2.0248	1.0317	1.0351
16	金属制品、机械和设备修理服务	1.0019	1.0038	2.0038	1.0076	1.0095	1.0113	1.0132	2.0132	1.0168	1.0186
17	通用设备	1.0012	1.0025	2.0025	1.0051	1.0063	1.0076	1.0088	2.0088	1.0113	1.0125
18	专用设备	1.0011	1.0023	2.0023	1.0045	1.0056	1.0067	1.0078	2.0078	1.0100	1.0111
19	交通运输设备	1.0010	1.0020	2.0020	1.0041	1.0051	1.0061	1.0071	2.0071	1.0091	1.0101

续表

	碳税税率（元/吨） 部门产品价格指数变化 部门	T* =10	T* =20	T* =30	T* =40	T* =50	T* =60	T* =70	T* =80	T* =90	T* =100
20	电气机械和器材	1.0015	1.0029	2.0029	1.0059	1.0074	1.0088	1.0103	2.0103	1.0131	1.0145
21	计算机、通信设备和其他电子设备	1.0008	1.0016	2.0016	1.0031	1.0039	1.0046	1.0054	2.0054	1.0068	1.0076
22	仪器仪表	1.0009	1.0018	2.0018	1.0035	1.0044	1.0052	1.0060	2.0060	1.0077	1.0085
23	其他制造产品	1.0014	1.0028	2.0028	1.0055	1.0069	1.0082	1.0095	2.0095	1.0122	1.0135
24	废弃资源和废旧材料回收加工品	1.0002	1.0003	2.0003	1.0006	1.0007	1.0008	1.0009	2.0009	1.0012	1.0013
25	电力、热力生产和供应	1.0089	1.0178	2.0178	1.0351	1.0437	1.0521	1.0605	2.0605	1.0769	1.0850
26	水的生产和供应	1.0016	1.0032	2.0032	1.0062	1.0078	1.0093	1.0107	2.0107	1.0137	1.0151
27	建筑	1.0013	1.0026	2.0026	1.0053	1.0066	1.0079	1.0091	2.0091	1.0117	1.0130
28	交通运输、仓储和邮政	1.0012	1.0023	2.0023	1.0046	1.0058	1.0069	1.0081	2.0081	1.0103	1.0115
29	批发零售住宿餐饮	1.0004	1.0008	2.0008	1.0015	1.0019	1.0023	1.0026	2.0026	1.0034	1.0037
30	其他	1.0005	1.0010	2.0010	1.0019	1.0024	1.0029	1.0033	2.0033	1.0043	1.0047

	碳税税率（元/吨） 部门产品价格指数变化 部门	T* =110	T* =120	T* =130	T* =140	T* =150	T* =160	T* =170	T* =180	T* =190	T* =200
1	煤炭开采和洗选产品	1.0303	1.0329	1.0356	1.0382	1.0409	1.0435	1.0461	1.0487	1.0512	2.0512
2	石油和天然气开采产品	1.0079	1.0086	1.0093	1.0100	1.0107	1.0113	1.0120	1.0127	1.0134	2.0134
3	精炼石油和核燃料加工品	1.0069	1.0075	1.0081	1.0087	1.0093	1.0099	1.0105	1.0111	1.0117	2.0117
4	燃气生产和供应	1.0090	1.0098	1.0106	1.0114	1.0121	1.0129	1.0137	1.0145	1.0152	2.0152
5	农、林、牧、渔产品和服务	1.0053	1.0057	1.0062	1.0066	1.0071	1.0075	1.0080	1.0084	1.0089	2.0089
6	金属矿采选产品	1.0133	1.0145	1.0156	1.0168	1.0179	1.0190	1.0201	1.0212	1.0223	2.0223
7	非金属矿和其他矿采选产品	1.0142	1.0154	1.0166	1.0178	1.0191	1.0203	1.0215	1.0226	1.0238	2.0238
8	食品和烟草	1.0062	1.0068	1.0073	1.0079	1.0084	1.0090	1.0095	1.0100	1.0106	2.0106

续表

部门 \ 部门产品价格指数变化 \ 碳税税率（元/吨）		T* =10	T* =20	T* =30	T* =40	T* =50	T* =60	T* =70	T* =80	T* =90	T* =100
9	纺织品	1.0116	1.0126	1.0136	1.0146	1.0157	1.0167	1.0177	1.0187	1.0196	2.0196
10	纺织服装鞋帽皮革毛皮、羽毛及其制品	1.0089	1.0097	1.0105	1.0113	1.0121	1.0128	1.0136	1.0144	1.0151	2.0151
11	木材加工品和家具	1.0092	1.0100	1.0108	1.0116	1.0124	1.0132	1.0140	1.0147	1.0155	2.0155
12	造纸印刷和文教体育用品	1.0139	1.0151	1.0163	1.0175	1.0187	1.0199	1.0211	1.0223	1.0235	2.0235
13	化学产品	1.0184	1.0200	1.0216	1.0232	1.0248	1.0264	1.0280	1.0296	1.0312	2.0312
14	非金属矿物制品	1.0251	1.0273	1.0295	1.0317	1.0339	1.0361	1.0383	1.0404	1.0426	2.0426
15	金属冶炼和压延加工品	1.0385	1.0419	1.0453	1.0487	1.0520	1.0553	1.0586	1.0619	1.0652	2.0652
16	金属制品、机械和设备修理服务	1.0204	1.0222	1.0240	1.0257	1.0275	1.0292	1.0309	1.0327	1.0344	2.0344
17	通用设备	1.0138	1.0150	1.0162	1.0174	1.0186	1.0198	1.0209	1.0221	1.0233	2.0233
18	专用设备	1.0122	1.0133	1.0143	1.0154	1.0164	1.0175	1.0185	1.0195	1.0206	2.0206
19	交通运输设备	1.0111	1.0120	1.0130	1.0140	1.0149	1.0159	1.0168	1.0178	1.0187	2.0187
20	电气机械和器材	1.0160	1.0174	1.0188	1.0202	1.0215	1.0229	1.0243	1.0256	1.0270	2.0270
21	计算机、通信设备和其他电子设备	1.0083	1.0090	1.0097	1.0104	1.0112	1.0119	1.0126	1.0133	1.0139	2.0139
22	仪器仪表	1.0093	1.0101	1.0109	1.0118	1.0125	1.0133	1.0141	1.0149	1.0157	2.0157
23	其他制造产品	1.0148	1.0161	1.0174	1.0187	1.0200	1.0212	1.0225	1.0237	1.0250	2.0250
24	废弃资源和废旧材料回收加工品	1.0014	1.0016	1.0017	1.0018	1.0019	1.0021	1.0022	1.0023	1.0024	2.0024
25	电力、热力生产和供应	1.0930	1.1009	1.1087	1.1164	1.1241	1.1317	1.1392	1.1466	1.1539	2.1539
26	水的生产和供应	1.0165	1.0180	1.0194	1.0208	1.0221	1.0235	1.0249	1.0262	1.0275	2.0275
27	建筑	1.0142	1.0155	1.0167	1.0179	1.0192	1.0204	1.0216	1.0228	1.0240	2.0240
28	交通运输、仓储和邮政	1.0126	1.0137	1.0148	1.0159	1.0170	1.0181	1.0193	1.0203	1.0214	2.0214
29	批发零售住宿餐饮	1.0041	1.0045	1.0048	1.0052	1.0055	1.0059	1.0063	1.0066	1.0070	2.0070
30	其他	1.0052	1.0056	1.0061	1.0065	1.0070	1.0074	1.0079	1.0083	1.0088	2.0088

从表 6－2 可以看出，当征收碳税时，30 个部门的产品价格指数有不同程度的上涨，对价格指数影响最大的是电力、热力的生产和供应业，其次是

金属冶炼和压延加工品业，最后是煤炭开采和洗选业。

结合式（6-8）和式（6-9），可以计算出不同碳税税率对通货膨胀的影响（见表6-3）。

表6-3 不同碳税税率对通货膨胀的影响

碳税税率（T^*）（元/吨）	$T^*=10$	$T^*=20$	$T^*=30$	$T^*=40$	$T^*=50$	$T^*=60$	$T^*=70$	$T^*=80$	$T^*=90$	$T^*=100$
通货膨胀率（IR）	0.307%	0.614%	0.921%	1.228%	1.536%	1.844%	2.152%	2.460%	2.768%	3.077%
碳税税率（T^*）（元/吨）	$T^*=110$	$T^*=120$	$T^*=130$	$T^*=140$	$T^*=150$	$T^*=160$	$T^*=170$	$T^*=180$	$T^*=190$	$T^*=200$
通货膨胀率（IR）	3.385%	3.694%	4.004%	4.313%	4.622%	4.932%	5.242%	5.552%	5.862%	6.172%

开征碳税后，对于高碳部门来说，由于其碳排放量比较大，其碳税税负较高，厂商会把碳税通过税负转嫁到其产品成本中，造成成本推动型通货膨胀，导致产品价格上涨，这些产品若是生活用品涨价，则直接推动CPI上涨；若是工业用品（尤其是能源产品和原材料）涨价，则会推动PPI上涨，最终推动生活用品涨价，间接推动CPI上涨。

从表6-3可知，随着碳税税率不断提高，通货膨胀率也随之不断增长。当碳税税率 $T^*=10$ 元/吨时，通货膨胀率为0.307%；当碳税税率 $T^*=100$ 元/吨，通货膨胀率为3.077%；当碳税税率 $T^*=200$ 元/吨时，通货膨胀率为6.172%。

假设碳税税率（T^*）为自变量、通货膨胀率（$IR^{*'}$），为了便于说明问题，绘出两者的Excel散点图，可以看出两者的线性关系（见图6-1）。

通过Excel散点图，结合趋势线分析以及EViews软件，可以拟合出碳税税率（T^*）与因变量通货膨胀率（IR）之间的关系：

$$IR = 0.000309T^* - 0.0000724$$
$$\bar{R}^2 = 0.999997 \tag{6-17}$$

式（6-17）表明，随着碳税税率的提高，通货膨胀率也在不断提高，两者呈正相关关系。

6.2.3 碳税对居民消费影响的实证研究

根据式（6-11），由于假设征收碳税前后，居民最终消费占GDP的比

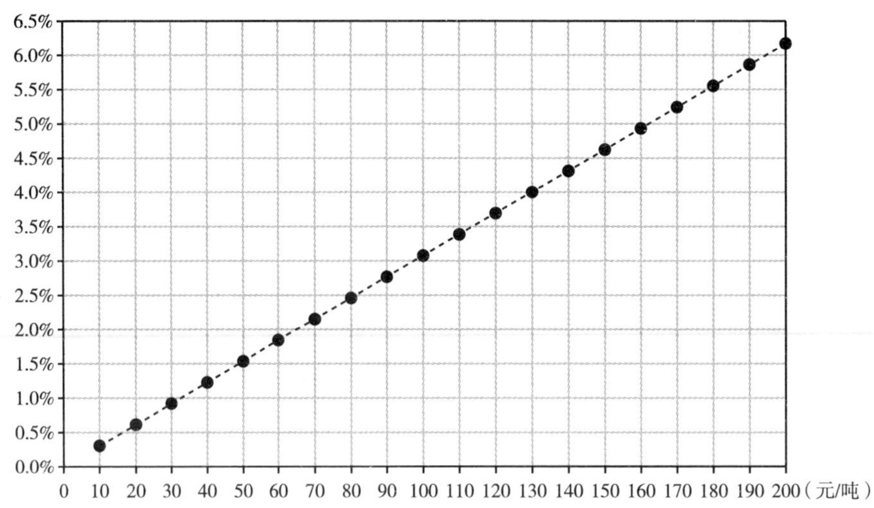

图 6－1　不同碳税税率与通货膨胀率

重不变，根据式（6－7）和式（6－15），通过 Excel 软件和 MATLAB 软件，结合不同碳税税率下的通货膨胀率，模拟碳税税率 T^*＝10 元/吨至 T^*＝200 元/吨时，对 30 个部门居民消费变化的影响（见表 6－4）。

表 6－4　　不同碳税税率对 30 个部门居民消费影响

	碳税税率（元/吨） 部门居民消费变化率 部门	$T^*=10$	$T^*=20$	$T^*=30$	$T^*=40$	$T^*=50$	$T^*=60$	$T^*=70$	$T^*=80$	$T^*=90$	$T^*=100$
1	煤炭开采和洗选产品	－0.287%	－0.565%	－0.84%	－1.112%	－1.382%	－1.648%	－1.912%	－2.173%	－2.431%	－2.69%
2	石油和天然气开采产品	0.000%	0.000%	0.00%	0.000%	0.000%	0.000%	0.000%	0.000%	0.000%	0.00%
3	精炼石油和核燃料加工品	－0.061%	－0.125%	－0.19%	－0.252%	－0.315%	－0.377%	－0.439%	－0.500%	－0.562%	－0.62%
4	燃气生产和供应	－0.088%	－0.171%	－0.25%	－0.336%	－0.417%	－0.498%	－0.578%	－0.658%	－0.737%	－0.82%
5	农、林、牧、渔产品和服务	－0.052%	－0.100%	－0.15%	－0.196%	－0.244%	－0.291%	－0.338%	－0.385%	－0.431%	－0.48%
6	金属矿采选产品	0.000%	0.000%	0.00%	0.000%	0.000%	0.000%	0.000%	0.000%	0.000%	0.00%
7	非金属矿和其他矿采选产品	0.000%	0.000%	0.00%	0.000%	0.000%	0.000%	0.000%	0.000%	0.000%	0.00%

续表

	碳税税率（元/吨） 部门居民消费变化率 部门	T * =10	T * =20	T * =30	T * =40	T * =50	T * =60	T * =70	T * =80	T * =90	T * =100
8	食品和烟草	-0.057%	-0.115%	-0.17%	-0.229%	-0.286%	-0.343%	-0.399%	-0.454%	-0.510%	-0.56%
9	纺织品	-0.108%	-0.215%	-0.32%	-0.427%	-0.532%	-0.636%	-0.740%	-0.842%	-0.944%	-1.05%
10	纺织服装鞋帽皮革毛皮、羽毛及其制品	-0.087%	-0.169%	-0.25%	-0.333%	-0.414%	-0.494%	-0.574%	-0.653%	-0.731%	-0.81%
11	木材加工品和家具	-0.085%	-0.171%	-0.26%	-0.340%	-0.424%	-0.507%	-0.589%	-0.670%	-0.751%	-0.83%
12	造纸印刷和文教体育用品	-0.135%	-0.262%	-0.39%	-0.515%	-0.640%	-0.763%	-0.886%	-1.008%	-1.129%	-1.25%
13	化学产品	-0.170%	-0.340%	-0.51%	-0.675%	-0.840%	-1.005%	-1.167%	-1.329%	-1.489%	-1.65%
14	非金属矿物制品	-0.231%	-0.462%	-0.69%	-0.919%	-1.144%	-1.367%	-1.588%	-1.807%	-2.023%	-2.24%
15	金属冶炼和压延加工品	0.000%	0.000%	0.00%	0.000%	0.000%	0.000%	0.000%	0.000%	0.000%	0.00%
16	金属制品、机械和设备修理服务	-0.192%	-0.381%	-0.57%	-0.754%	-0.937%	-1.119%	-1.299%	-1.477%	-1.653%	-1.83%
17	通用设备	-0.124%	-0.252%	-0.38%	-0.505%	-0.630%	-0.754%	-0.877%	-0.998%	-1.119%	-1.24%
18	专用设备	-0.113%	-0.226%	-0.34%	-0.450%	-0.560%	-0.670%	-0.778%	-0.886%	-0.993%	-1.10%
19	交通运输设备	-0.099%	-0.202%	-0.30%	-0.406%	-0.507%	-0.607%	-0.706%	-0.804%	-0.902%	-1.00%
20	电气机械和器材	-0.146%	-0.294%	-0.44%	-0.586%	-0.731%	-0.874%	-1.015%	-1.156%	-1.295%	-1.43%
21	计算机、通信设备和其他电子设备	-0.081%	-0.158%	-0.23%	-0.310%	-0.385%	-0.459%	-0.533%	-0.606%	-0.678%	-0.75%
22	仪器仪表	-0.093%	-0.179%	-0.26%	-0.349%	-0.433%	-0.517%	-0.600%	-0.682%	-0.763%	-0.84%
23	其他制造产品	-0.143%	-0.279%	-0.41%	-0.549%	-0.682%	-0.814%	-0.945%	-1.075%	-1.204%	-1.33%
24	废弃资源和废旧材料回收加工品	0.000%	0.000%	0.00%	0.000%	0.000%	0.000%	0.000%	0.000%	0.000%	0.00%
25	电力、热力生产和供应	-0.884%	-1.745%	-2.58%	-3.395%	-4.185%	-4.954%	-5.703%	-6.432%	-7.142	-7.83%
26	水的生产和供应	-0.159%	-0.315%	-0.47%	-0.620%	-0.769%	-0.917%	-1.062%	-1.206%	-1.348%	-1.49%
27	建筑	0.000%	0.000%	0.00%	0.000%	0.000%	0.000%	0.000%	0.000%	0.000%	0.00%
28	交通运输、仓储和邮政	-0.117%	-0.232%	-0.35%	-0.461%	-0.575%	-0.688%	-0.800%	-0.911%	-1.022%	-1.13%
29	批发零售住宿餐饮	-0.037%	-0.075%	-0.11%	-0.151%	-0.189%	-0.226%	-0.263%	-0.300%	-0.337%	-0.37%
30	其他	-0.051%	-0.098%	-0.15%	-0.193%	-0.240%	-0.286%	-0.333%	-0.379%	-0.425%	-0.47%

续表

	碳税税率（元/吨） 部门居民消费变化率 部门	T * =10	T * =20	T * =30	T * =40	T * =50	T * =60	T * =70	T * =80	T * =90	T * =100
1	煤炭开采和洗选产品	-2.939%	-3.190%	-3.437%	-3.683%	-3.925%	-4.17%	-4.404%	-4.640%	-4.873%	-5.104%
2	石油和天然气开采产品	0.000%	0.000%	0.000%	0.000%	0.000%	0.00%	0.000%	0.000%	0.000%	0.000%
3	精炼石油和核燃料加工品	-0.683%	-0.743%	-0.802%	-0.862%	-0.921%	-0.98%	-1.037%	-1.095%	-1.153%	-1.210%
4	燃气生产和供应	-0.893%	-0.971%	-1.048%	-1.124%	-1.200%	-1.28%	-1.351%	-1.425%	-1.499%	-1.572%
5	农、林、牧、渔产品和服务	-0.523%	-0.569%	-0.614%	-0.659%	-0.704%	-0.75%	-0.793%	-0.838%	-0.882%	-0.925%
6	金属矿采选产品	0.000%	0.000%	0.000%	0.000%	0.000%	0.00%	0.000%	0.000%	0.000%	0.000%
7	非金属矿和其他矿采选产品	0.000%	0.000%	0.000%	0.000%	0.000%	0.00%	0.000%	0.000%	0.000%	0.000%
8	食品和烟草	-0.620%	-0.674%	-0.728%	-0.782%	-0.835%	-0.89%	-0.942%	-0.994%	-1.046%	-1.099%
9	纺织品	-1.146%	-1.246%	-1.345%	-1.444%	-1.542%	-1.64%	-1.735%	-1.831%	-1.927%	-2.021%
10	纺织服装鞋帽皮革毛皮、羽毛及其制品	-0.887%	-0.964%	-1.040%	-1.116%	-1.191%	-1.27%	-1.341%	-1.415%	-1.488%	-1.561%
11	木材加工品和家具	-0.911%	-0.990%	-1.068%	-1.146%	-1.223%	-1.30%	-1.376%	-1.451%	-1.526%	-1.601%
12	造纸印刷和文教体育用品	-1.369%	-1.488%	-1.605%	-1.722%	-1.838%	-1.95%	-2.068%	-2.182%	-2.295%	-2.407%
13	化学产品	-1.805%	-1.961%	-2.116%	-2.270%	-2.423%	-2.57%	-2.725%	-2.874%	-3.022%	-3.169%
14	非金属矿物制品	-2.451%	-2.661%	-2.870%	-3.077%	-3.282%	-3.49%	-3.687%	-3.886%	-4.084%	-4.280%
15	金属冶炼和压延加工品	0.000%	0.000%	0.000%	0.000%	0.000%	0.00%	0.000%	0.000%	0.000%	0.000%
16	金属制品、机械和设备修理服务	-2.000%	-2.171%	-2.340%	-2.508%	-2.674%	-2.84%	-3.002%	-3.163%	-3.323%	-3.482%
17	通用设备	-1.358%	-1.475%	-1.592%	-1.708%	-1.823%	-1.94%	-2.050%	-2.163%	-2.274%	-2.385%
18	专用设备	-1.204%	-1.308%	-1.411%	-1.514%	-1.616%	-1.72%	-1.817%	-1.917%	-2.015%	-2.113%
19	交通运输设备	-1.095%	-1.190%	-1.285%	-1.379%	-1.472%	-1.56%	-1.657%	-1.748%	-1.839%	-1.929%
20	电气机械和器材	-1.571%	-1.707%	-1.842%	-1.975%	-2.108%	-2.24%	-2.370%	-2.500%	-2.628%	-2.755%
21	计算机、通信设备和其他电子设备	-0.822%	-0.893%	-0.963%	-1.033%	-1.103%	-1.17%	-1.240%	-1.308%	-1.376%	-1.443%

续表

	碳税税率（元/吨） 部门居民消费变化率 部门	T* =10	T* =20	T* =30	T* =40	T* =50	T* =60	T* =70	T* =80	T* =90	T* =100
22	仪器仪表	-0.924%	-1.004%	-1.083%	-1.161%	-1.239%	-1.32%	-1.393%	-1.469%	-1.545%	-1.620%
23	其他制造产品	-1.458%	-1.584%	-1.709%	-1.833%	-1.956%	-2.08%	-2.200%	-2.320%	-2.439%	-2.558%
24	废弃资源和废旧材料回收加工品	0.000%	0.000%	0.000%	0.000%	0.000%	0.00%	0.000%	0.000%	0.000%	0.000%
25	电力、热力生产和供应	-8.507%	-9.164%	-9.804%	-10.429%	-11.039%	-11.63%	-12.215%	-12.783%	-13.337%	-13.879%
26	水的生产和供应	-1.627%	-1.764%	-1.900%	-2.033%	-2.166%	-2.30%	-2.425%	-2.553%	-2.679%	-2.804%
27	建筑	0.000%	0.000%	0.000%	0.000%	0.000%	0.00%	0.000%	0.000%	0.000%	0.000%
28	交通运输、仓储和邮政	-1.242%	-1.352%	-1.460%	-1.568%	-1.676%	-1.78%	-1.889%	-1.994%	-2.100%	-2.204%
29	批发零售住宿餐饮	-0.409%	-0.445%	-0.481%	-0.517%	-0.552%	-0.59%	-0.622%	-0.657%	-0.691%	-0.726%
30	其他	-0.515%	-0.560%	-0.605%	-0.650%	-0.694%	-0.74%	-0.782%	-0.825%	-0.868%	-0.912%

从表6-4可以看出，当征收碳税时，30个部门的居民消费均有不同程度的下降。对于生产者来讲，对二氧化碳征税将导致含碳产品价格上升，提高了生产成本，生产可能性曲线向内移动，产生了收入效应。对于消费者来讲，由于产品的价格提高，在预算收入不变的情况下，相当于纳税人收入水平下降，进而减少含碳税商品的购买量，使消费水平下降，产生了收入效应。

随着碳税税率从T* =10元/吨提高到T* =200元/吨，各部门的居民消费也随之下降。当碳税税率T* =200元/吨时，电力、热力的生产和供应业部门的居民消费变化率为-13.879%，煤炭开采和洗选产品业部门的居民消费变化率为-5.104%，非金属矿物制品业部门的居民消费变化率为-4.280%，金属制品、机械和设备修理服务业部门的居民消费变化率为-3.482%，化学产品业部门的居民消费变化率为-3.169%，水的生产和供应业部门的居民消费变化率为-2.804%，电气机械和器材业部门的居民消费变化率为-2.755%，其他制造产品业部门的居民消费变化率为-2.558%，造纸印刷和文教体育用品业部门的居民消费变化率为-2.407%。通用设备业部门的居民消费变化率为-2.385%。

结合式（6－7）、式（6－11）和式（6－15）可以计算出不同碳税税率对居民总消费变化的影响（见表6－5）。

表6－5　　不同碳税税率对居民总消费变化的影响

碳税税率（T^*）（元/吨）	$T^*=10$	$T^*=20$	$T^*=30$	$T^*=40$	$T^*=50$	$T^*=60$	$T^*=70$	$T^*=80$	$T^*=90$	$T^*=100$
居民总消费变化率（$\triangle YCP^{*\prime}$）	－0.073%	－0.145%	－0.216%	－0.286%	－0.356%	－0.425%	－0.493%	－0.561%	－0.628%	－0.69%
碳税税率（T^*）（元/吨）	$T^*=110$	$T^*=120$	$T^*=130$	$T^*=140$	$T^*=150$	$T^*=160$	$T^*=170$	$T^*=180$	$T^*=190$	$T^*=200$
居民总消费变化率（$\triangle YCP^{*\prime}$）	－0.761%	－0.826%	－0.891%	－0.956%	－1.020%	－1.08%	－1.146%	－1.208%	－1.270%	－1.332%

假设碳税税率（T^*）为自变量、居民消费变化率（$\triangle YCP^{*\prime}$）为因变量，为了便于说明问题，绘出两者的Excel散点图，从散点图可以看出两者的线性关系（见图6－2）。

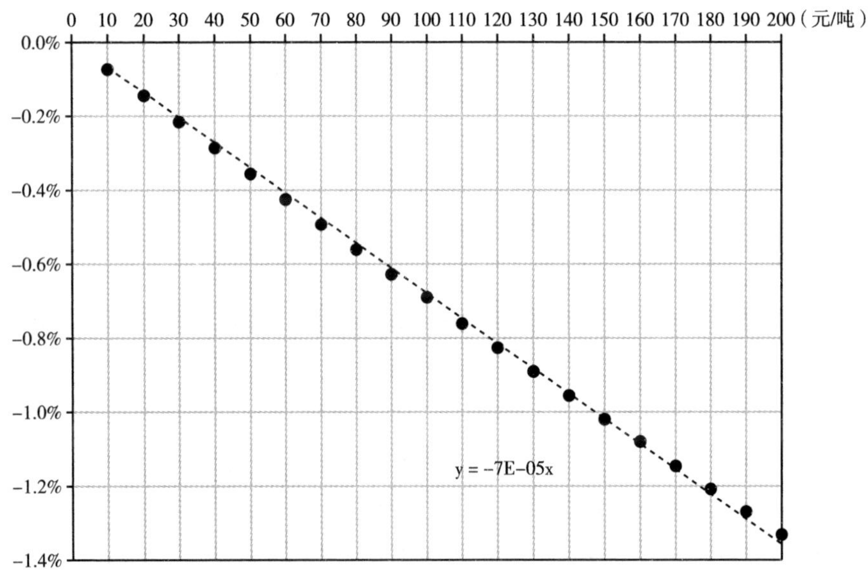

图6－2　不同碳税税率与居民消费变化率

通过Excel散点图，结合趋势线分析，以及EViews软件，可以拟合出碳税税率（T^*）与因变量居民总消费变化率（$\triangle YCP^{*\prime}$）之间的关系：

$$\Delta Y_{CP}^{*\prime} = -0.0000662T^{*} - 0.000236 \qquad (6-18)$$

$$\bar{R}^{2} = 0.9995$$

上述公式表明，随着碳税税率的提高，居民总消费变化率在不断降低，两者呈负相关关系。

6.3　碳税对投资影响的研究

6.3.1　相关模型

假设征收碳税前后，投资占 GDP 的比重不变。即：

$$\frac{I^{T} \cdot Y_{I}}{GDP \cdot I} = \frac{I^{T} \cdot Y_{I}^{*}}{GDP^{*} \cdot I} = \frac{I^{T} \cdot Y_{I}^{*\prime}}{GDP^{*\prime} \cdot I} \qquad (6-19)$$

其中，$I^{T} = (1, 1, \cdots, 1)$——n 阶行向量，

Y_{I}——列向量，

GDP——行向量。

考虑通货膨胀，征收碳税后投资变化率为：

$$\Delta Y_{I}^{*\prime} = \frac{I^{T} \cdot Y_{I}^{*\prime} - I^{T} \cdot Y_{I}}{I^{T} \cdot Y_{I}} \qquad (6-20)$$

其中，Y_{I}——征收碳税前的投资需求；

Y_{I}^{*}——征收碳税后的投资需求；

$Y_{I}^{*\prime}$——征收碳税后考虑通货膨胀的投资需求；

$\Delta Y_{I}^{*\prime}$——考虑通货膨胀，征收碳税后投资的变化率。

6.3.2　碳税对投资影响的实证研究

结合式（6－7）、式（6－19）和式 6－20），通过 Excel 软件和 MATLAB 软件，模拟碳税税率 $T^{*}=10$ 元/吨至 $T^{*}=200$ 元/吨时，对 30 个部门产品投资变化的影响（见表 6－6）。

表 6-6　　　　　不同碳税税率对30个部门投资变化的影响

部门 \ 碳税税率（元/吨） 部门投资变化率		T* =10	T* =30	T* =40	T* =50	T* =60	T* =70	T* =80	T* =90	T* =100
1	煤炭开采和洗选产品	-0.287%	-0.840%	-1.112%	-1.382%	-1.648%	-1.912%	-2.173%	-2.431%	-2.686%
2	石油和天然气开采产品	-0.145%	-0.423%	-0.559%	-0.694%	-0.828%	-0.961%	-1.092%	-1.222%	-1.350%
3	精炼石油和核燃料加工品	-0.061%	-0.189%	-0.252%	-0.315%	-0.377%	-0.439%	-0.500%	-0.562%	-0.622%
4	燃气生产和供应	-0.088%	-0.254%	-0.336%	-0.417%	-0.498%	-0.578%	-0.658%	-0.737%	-0.815%
5	农、林、牧、渔产品和服务	-0.052%	-0.148%	-0.196%	-0.244%	-0.291%	-0.338%	-0.385%	-0.431%	-0.477%
6	金属矿采选产品	-0.266%	-0.814%	-1.083%	-1.348%	-1.609%	-1.867%	-2.122%	-2.373%	-2.621%
7	非金属矿和其他矿采选产品	-0.265%	-0.790%	-1.048%	-1.302%	-1.554%	-1.802%	-2.047%	-2.290%	-2.529%
8	食品和烟草	-0.057%	-0.172%	-0.229%	-0.286%	-0.343%	-0.399%	-0.454%	-0.510%	-0.565%
9	纺织品	-0.108%	-0.322%	-0.427%	-0.532%	-0.636%	-0.740%	-0.842%	-0.944%	-1.046%
10	纺织服装鞋帽皮革毛皮、羽毛及其制品	-0.087%	-0.251%	-0.333%	-0.414%	-0.494%	-0.574%	-0.653%	-0.731%	-0.809%
11	木材加工品和家具	-0.085%	-0.256%	-0.340%	-0.424%	-0.507%	-0.589%	-0.670%	-0.751%	-0.831%
12	造纸印刷和文教体育用品	-0.135%	-0.389%	-0.515%	-0.640%	-0.763%	-0.886%	-1.008%	-1.129%	-1.250%
13	化学产品	-0.170%	-0.508%	-0.675%	-0.840%	-1.005%	-1.167%	-1.329%	-1.489%	-1.648%
14	非金属矿物制品	-0.231%	-0.692%	-0.919%	-1.144%	-1.367%	-1.588%	-1.807%	-2.023%	-2.238%
15	金属冶炼和压延加工品	-0.032%	-0.084%	-0.109%	-0.133%	-0.156%	-0.179%	-0.200%	-0.221%	-0.241%
16	金属制品、机械和设备修理服务	-0.192%	-0.568%	-0.754%	-0.937%	-1.119%	-1.299%	-1.477%	-1.653%	-1.827%
17	通用设备	-0.124%	-0.379%	-0.505%	-0.630%	-0.754%	-0.877%	-0.998%	-1.119%	-1.239%
18	专用设备	-0.113%	-0.339%	-0.450%	-0.560%	-0.670%	-0.778%	-0.886%	-0.993%	-1.099%
19	交通运输设备	-0.099%	-0.304%	-0.406%	-0.507%	-0.607%	-0.706%	-0.804%	-0.902%	-0.999%
20	电气机械和器材	-0.146%	-0.441%	-0.586%	-0.731%	-0.874%	-1.015%	-1.156%	-1.295%	-1.434%
21	计算机、通信设备和其他电子设备	-0.081%	-0.234%	-0.310%	-0.385%	-0.459%	-0.533%	-0.606%	-0.678%	-0.750%
22	仪器仪表	-0.093%	-0.264%	-0.349%	-0.433%	-0.517%	-0.600%	-0.682%	-0.763%	-0.844%

续表

	碳税税率（元/吨） 部门投资变化率 部门	T* =10	T* =30	T* =40	T* =50	T* =60	T* =70	T* =80	T* =90	T* =100
23	其他制造产品	-0.143%	-0.414%	-0.549%	-0.682%	-0.814%	-0.945%	-1.075%	-1.204%	-1.332%
24	废弃资源和废旧材料回收加工品	-0.037%	-0.094%	-0.123%	-0.151%	-0.179%	-0.206%	-0.234%	-0.261%	-0.288%
25	电力、热力生产和供应	0.000%	0.000%	0.000%	0.000%	0.000%	0.000%	0.000%	0.000%	0.000%
26	水的生产和供应	-0.159%	-0.468%	-0.620%	-0.769%	-0.917%	-1.062%	-1.206%	-1.348%	-1.489%
27	建筑	-0.307%	-0.917%	-1.218%	-1.515%	-1.810%	-2.102%	-2.390%	-2.676%	-2.959%
28	交通运输、仓储和邮政	-0.117%	-0.347%	-0.461%	-0.575%	-0.688%	-0.800%	-0.911%	-1.022%	-1.133%
29	批发零售住宿餐饮	-0.037%	-0.113%	-0.151%	-0.189%	-0.226%	-0.263%	-0.300%	-0.337%	-0.373%
30	其他	-0.051%	-0.146%	-0.193%	-0.240%	-0.286%	-0.333%	-0.379%	-0.425%	-0.470%

	碳税税率（元/吨） 部门投资变化率 部门	T* =110	T* =130	T* =140	T* =150	T* =160	T* =170	T* =180	T* =190	T* =200
1	煤炭开采和洗选产品	-2.939%	-3.437%	-3.683%	-3.925%	-4.166%	-4.404%	-4.640%	-4.873%	-5.104%
2	石油和天然气开采产品	-1.478%	-1.729%	-1.853%	-1.975%	-2.097%	-2.217%	-2.336%	-2.455%	-2.572%
3	精炼石油和核燃料加工品	-0.683%	-0.802%	-0.862%	-0.921%	-0.979%	-1.037%	-1.095%	-1.153%	-1.210%
4	燃气生产和供应	-0.893%	-1.048%	-1.124%	-1.200%	-1.276%	-1.351%	-1.425%	-1.499%	-1.572%
5	农、林、牧、渔产品和服务	-0.523%	-0.614%	-0.659%	-0.704%	-0.749%	-0.793%	-0.838%	-0.882%	-0.925%
6	金属矿采选产品	-2.866%	-3.347%	-3.582%	-3.815%	-4.045%	-4.273%	-4.497%	-4.719%	-4.938%
7	非金属矿和其他矿采选产品	-2.766%	-3.231%	-3.459%	-3.685%	-3.908%	-4.129%	-4.348%	-4.563%	-4.777%
8	食品和烟草	-0.620%	-0.728%	-0.782%	-0.835%	-0.889%	-0.942%	0.994%	-1.046%	-1.099%
9	纺织品	-1.146%	-1.345%	-1.444%	-1.542%	-1.639%	-1.735%	-1.831%	-1.927%	-2.021%
10	纺织服装鞋帽皮革毛皮、羽毛及其制品	-0.887%	-1.040%	-1.116%	-1.191%	-1.266%	-1.341%	-1.415%	-1.488%	-1.561%
11	木材加工品和家具	-0.911%	-1.068%	-1.146%	-1.223%	-1.300%	-1.376%	-1.451%	-1.526%	-1.601%
12	造纸印刷和文教体育用品	-1.369%	-1.605%	-1.722%	-1.838%	-1.953%	-2.068%	-2.182%	-2.295%	-2.407%

续表

	部门＼部门投资变化率＼碳税税率（元/吨）	$T^*=110$	$T^*=130$	$T^*=140$	$T^*=150$	$T^*=160$	$T^*=170$	$T^*=180$	$T^*=190$	$T^*=200$
13	化学产品	-1.805%	-2.116%	-2.270%	-2.423%	-2.574%	-2.725%	-2.874%	-3.022%	-3.169%
14	非金属矿物制品	-2.451%	-2.870%	-3.077%	-3.282%	-3.485%	-3.687%	-3.886%	-4.084%	-4.280%
15	金属冶炼和压延加工品	-0.260%	-0.297%	-0.314%	-0.330%	-0.346%	-0.361%	-0.375%	-0.389%	-0.402%
16	金属制品、机械和设备修理服务	-2.000%	-2.340%	-2.508%	-2.674%	-2.839%	-3.002%	-3.163%	-3.323%	-3.482%
17	通用设备	-1.358%	-1.592%	-1.708%	-1.823%	-1.937%	-2.050%	-2.163%	-2.274%	-2.385%
18	专用设备	-1.204%	-1.411%	-1.514%	-1.616%	-1.717%	-1.817%	-1.917%	-2.015%	-2.113%
19	交通运输设备	-1.095%	-1.285%	-1.379%	-1.472%	-1.565%	-1.657%	-1.748%	-1.839%	-1.929%
20	电气机械和器材	-1.571%	-1.842%	-1.975%	-2.108%	-2.240%	-2.370%	-2.500%	-2.628%	-2.755%
21	计算机、通信设备和其他电子设备	-0.822%	-0.963%	-1.033%	-1.103%	-1.172%	-1.240%	-1.308%	-1.376%	-1.443%
22	仪器仪表	-0.924%	-1.083%	-1.161%	-1.239%	-1.317%	-1.393%	-1.469%	-1.545%	-1.620%
23	其他制造产品	-1.458%	-1.709%	-1.833%	-1.956%	-2.078%	-2.200%	-2.320%	-2.439%	-2.558%
24	废弃资源和废旧材料回收加工品	-0.315%	-0.368%	-0.394%	-0.420%	-0.446%	-0.472%	-0.497%	-0.523%	-0.548%
25	电力、热力生产和供应	0.000%	0.000%	0.000%	0.000%	0.000%	0.000%	0.000%	0.000%	0.000%
26	水的生产和供应	-1.627%	-1.900%	-2.033%	-2.166%	-2.296%	-2.425%	-2.553%	-2.679%	-2.804%
27	建筑	-3.239%	-3.791%	-4.063%	-4.332%	-4.599%	-4.864%	-5.125%	-5.385%	-5.642%
28	交通运输、仓储和邮政	-1.242%	-1.460%	-1.568%	-1.676%	-1.782%	-1.889%	-1.994%	-2.100%	-2.204%
29	批发零售住宿餐饮	-0.409%	-0.481%	-0.517%	-0.552%	-0.587%	-0.622%	-0.657%	-0.691%	-0.726%
30	其他	-0.515%	-0.605%	-0.650%	-0.694%	-0.738%	-0.782%	-0.825%	-0.868%	-0.912%

从表6-6可以看出，当征收碳税时，30个部门的投资均有不同程度的下降。由于开征碳税，能源价格提高，能源将成为一种更昂贵的生产要素，造成生产者成本提高，降低企业投资的积极性，影响资本投入的积极性和资本积累速度，导致各部门的投资及总投资的减少。

随着碳税税率从 $T^*=10$ 元/吨提高到 $T^*=200$ 元/吨，各部门的投资也随之下降。当碳税税率 T^* = 200 元/吨时，建筑业部门的投资变化率为 -5.642%，煤炭开采和洗选产品业部门的投资变化率为 -5.104%，金属矿采选产品业部门的投资变化率为 -4.938%，非金属矿和其他矿采选产品业部门的投资变化率为 -4.777%，非金属矿物制品业部门的投资变化率为 -4.280%，金属制品、机械和设备修理服务业部门的投资变化率为 -3.482%，化学产品业部门的投资变化率为 -3.169%，水的生产和供应业部门的投资变化率为 -2.804%，电气机械和器材业部门的投资变化率为 -2.755%，石油和天然气开采产品业部门的投资变化率为 -2.572%。

结合式（6-7）、式（6-19）和式（6-20），可以计算出不同碳税税率对总投资变化影响（见表 6-7）。

表 6-7　不同碳税税率对总投资变化的影响

碳税税率（T^*）（元/吨）	$T^*=10$	$T^*=20$	$T^*=30$	$T^*=40$	$T^*=50$	$T^*=60$	$T^*=70$	$T^*=80$	$T^*=90$	$T^*=100$
总投资变化率（$\Delta I^{*'}$）	-0.222%	-0.444%	-0.664%	-0.882%	-1.098%	-1.311%	-1.523%	-1.732%	-1.939%	-2.145%
碳税税率（T^*）（元/吨）	$T^*=110$	$T^*=120$	$T^*=130$	$T^*=140$	$T^*=150$	$T^*=160$	$T^*=170$	$T^*=180$	$T^*=190$	$T^*=200$
总投资变化率（$\Delta I^{*'}$）	-2.348%	-2.550%	-2.750%	-2.947%	-3.143%	-3.338%	-3.530%	-3.721%	-3.910%	-4.097%

假设碳税税率（T^*）为自变量、总投资变化率（$\Delta I^{*'}$）为因变量，为了便于说明问题，绘出两者的 Excel 散点图，可以看出两者的线性关系（见图 6-3）。

通过 Excel 散点图，结合趋势线分析以及 EViews 软件，可以拟合出碳税税率（T^*）与因变量总投资变化率（$\Delta I^{*'}$）之间的关系：

$$\Delta I^{*'} = -0.000204T^* - 0.000748$$
$$\bar{R}^2 = 0.9994 \qquad (6-21)$$

上述公式表明，随着碳税税率的提高，总投资变化率在不断降低，两者呈负相关关系。

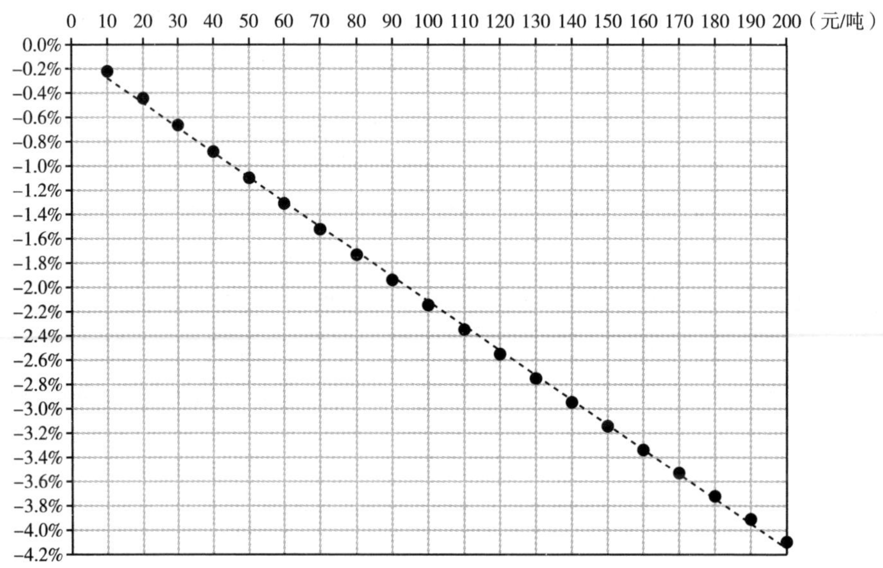

图 6－3　不同碳税税率与总投资变化率

6.4　碳税对出口影响的研究

6.4.1　相关模型

假设征收碳税前后，出口占 GDP 的比重不变。即：

$$\frac{I^T \cdot Y_E}{GDP \cdot I}=\frac{I^T \cdot Y_E^*}{GDP^* \cdot I}=\frac{I^T \cdot Y_E^{*'}}{GDP^{*'} \cdot I} \tag{6-22}$$

其中，$I^T=(1, 1, \cdots, 1)$ ——n 阶行向量；

Y_E——列向量；

GDP——行向量。

考虑通货膨胀，征收碳税后投资变化率为：

$$\Delta Y_E^{*'}=\frac{I^T \cdot Y_E^{*'}-I^T \cdot Y_E}{I^T \cdot Y_E} \tag{6-23}$$

其中，Y_E——征收碳税前的出口需求；

Y_E^*——征收碳税后的出口需求；

$Y_E^{*'}$——征收碳税后考虑通货膨胀的出口需求；

$\Delta Y_E^{*'}$——考虑通货膨胀，征收碳税后出口的变化率。

6.4.2　碳税对出口影响的实证研究

结合式（6-7）、式（6-22）和式（6-23），通过 Excel 和 MATLAB 软件，模拟碳税税率 $T^*=10$ 元/吨至 $T^*=200$ 元/吨时，对 30 个部门产品出口变化的影响（见表 6-8）。

表 6-8　　　不同碳税税率对 30 个部门产品出口变化影响

部门	碳税税率（元/吨） 部门出口变化率	T* = 10	T* = 20	T* = 30	T* = 40	T* = 50	T* = 60	T* = 70	T* = 80	T* = 90	T* = 100
1	煤炭开采和洗选产品	-0.287%	-0.565%	-0.840%	-1.112%	-1.382%	-1.648%	-1.912%	-2.173%	-2.431%	-2.686%
2	石油和天然气开采产品	-0.145%	-0.285%	-0.423%	-0.559%	-0.694%	-0.828%	-0.961%	-1.092%	-1.222%	-1.350%
3	精炼石油和核燃料加工品	-0.061%	-0.125%	-0.189%	-0.252%	-0.315%	-0.377%	-0.439%	-0.500%	-0.562%	-0.622%
4	燃气生产和供应	-0.088%	-0.171%	-0.254%	-0.336%	-0.417%	-0.498%	-0.578%	-0.658%	-0.737%	-0.815%
5	农、林、牧、渔产品和服务	-0.052%	-0.100%	-0.148%	-0.196%	-0.244%	-0.291%	-0.338%	-0.385%	-0.431%	-0.477%
6	金属矿采选产品	-0.266%	-0.542%	-0.814%	-1.083%	-1.348%	-1.609%	-1.867%	-2.122%	-2.373%	-2.621%
7	非金属矿和其他矿采选产品	-0.265%	-0.529%	-0.790%	-1.048%	-1.302%	-1.554%	-1.802%	-2.047%	-2.290%	-2.529%
8	食品和烟草	-0.057%	-0.115%	-0.172%	-0.229%	-0.286%	-0.343%	-0.399%	-0.454%	-0.510%	-0.565%
9	纺织品	-0.108%	-0.215%	-0.322%	-0.427%	-0.532%	-0.636%	-0.740%	-0.842%	-0.944%	-1.046%
10	纺织服装鞋帽皮革毛皮、羽毛及其制品	-0.087%	-0.169%	-0.251%	-0.333%	-0.414%	-0.494%	-0.574%	-0.653%	-0.731%	-0.809%
11	木材加工品和家具	-0.085%	-0.171%	-0.256%	-0.340%	-0.424%	-0.507%	-0.589%	-0.670%	-0.751%	-0.831%
12	造纸印刷和文教体育用品	-0.135%	-0.262%	-0.389%	-0.515%	-0.640%	-0.763%	-0.886%	-1.008%	-1.129%	-1.250%
13	化学产品	-0.170%	-0.340%	-0.508%	-0.675%	-0.840%	-1.005%	-1.167%	-1.329%	-1.489%	-1.648%
14	非金属矿物制品	-0.231%	-0.462%	-0.692%	-0.919%	-1.144%	-1.367%	-1.588%	-1.807%	-2.023%	-2.238%

续表

	碳税税率（元/吨） 部门 部门 出口变化率	T* =10	T* =20	T* =30	T* =40	T* =50	T* =60	T* =70	T* =80	T* =90	T* =100
15	金属冶炼和压延加工品	-0.032%	-0.059%	-0.084%	-0.109%	-0.133%	-0.156%	-0.179%	-0.200%	-0.221%	-0.241%
16	金属制品、机械和设备修理服务	-0.192%	-0.381%	-0.568%	-0.754%	-0.937%	-1.119%	-1.299%	-1.477%	-1.653%	-1.827%
17	通用设备	-0.124%	-0.252%	-0.379%	-0.505%	-0.630%	-0.754%	-0.877%	-0.998%	-1.119%	-1.239%
18	专用设备	-0.113%	-0.226%	-0.339%	-0.450%	-0.560%	-0.670%	-0.778%	-0.886%	-0.993%	-1.099%
19	交通运输设备	-0.099%	-0.202%	-0.304%	-0.406%	-0.507%	-0.607%	-0.706%	-0.804%	-0.902%	-0.999%
20	电气机械和器材	-0.146%	-0.294%	-0.441%	-0.586%	-0.731%	-0.874%	-1.015%	-1.156%	-1.295%	-1.434%
21	计算机、通信设备和其他电子设备	-0.081%	-0.158%	-0.234%	-0.310%	-0.385%	-0.459%	-0.533%	-0.606%	-0.678%	-0.750%
22	仪器仪表	-0.093%	-0.179%	-0.264%	-0.349%	-0.433%	-0.517%	-0.600%	-0.682%	-0.763%	-0.844%
23	其他制造产品	-0.143%	-0.279%	-0.414%	-0.549%	-0.682%	-0.814%	-0.945%	-1.075%	-1.204%	-1.332%
24	废弃资源和废旧材料回收加工品	-0.037%	-0.066%	-0.094%	-0.123%	-0.151%	-0.179%	-0.206%	-0.234%	-0.261%	-0.288%
25	电力、热力生产和供应	-0.884%	-1.745%	-2.581%	-3.395%	-4.185%	-4.954%	-5.703%	-6.432%	-7.142%	-7.833%
26	水的生产和供应	0.000%	0.000%	0.000%	0.000%	0.000%	0.000%	0.000%	0.000%	0.000%	0.000%
27	建筑	-0.307%	-0.614%	-0.917%	-1.218%	-1.515%	-1.810%	-2.102%	-2.390%	-2.676%	-2.959%
28	交通运输、仓储和邮政	-0.117%	-0.232%	-0.347%	-0.461%	-0.575%	-0.688%	-0.800%	-0.911%	-1.022%	-1.133%
29	批发零售住宿餐饮	-0.037%	-0.075%	-0.113%	-0.151%	-0.189%	-0.226%	-0.263%	-0.300%	-0.337%	-0.373%
30	其他	-0.051%	-0.098%	-0.146%	-0.193%	-0.240%	-0.286%	-0.333%	-0.379%	-0.425%	-0.470%

	碳税税率（元/吨） 部门 部门 出口变化率	T* =110	T* =120	T* =130	T* =140	T* =150	T* =160	T* =170	T* =180	T* =190	T* =200
1	煤炭开采和洗选产品	-2.939%	-3.190%	-3.437%	-3.683%	-3.925%	-4.166%	-4.404%	-4.640%	-4.873%	-5.104%
2	石油和天然气开采产品	-1.478%	-1.604%	-1.729%	-1.853%	-1.975%	-2.097%	-2.217%	-2.336%	-2.455%	-2.572%
3	精炼石油和核燃料加工品	-0.683%	-0.743%	-0.802%	-0.862%	-0.921%	-0.979%	-1.037%	-1.095%	-1.153%	-1.210%
4	燃气生产和供应	-0.893%	-0.971%	-1.048%	-1.124%	-1.200%	-1.276%	-1.351%	-1.425%	-1.499%	-1.572%

续表

	碳税税率（元/吨） 部门 出口变化率 部门	T* =110	T* =120	T* =130	T* =140	T* =150	T* =160	T* =170	T* =180	T* =190	T* =200
5	农、林、牧、渔产品和服务	-0.523%	-0.569%	-0.614%	-0.659%	-0.704%	-0.749%	-0.793%	-0.838%	-0.882%	-0.925%
6	金属矿采选产品	-2.866%	-3.108%	-3.347%	-3.582%	-3.815%	-4.045%	-4.273%	-4.497%	-4.719%	-4.938%
7	非金属矿和其他矿采选产品	-2.766%	-3.000%	-3.231%	-3.459%	-3.685%	-3.908%	-4.129%	-4.348%	-4.563%	-4.777%
8	食品和烟草	-0.620%	-0.674%	-0.728%	-0.782%	-0.835%	-0.889%	-0.942%	-0.994%	-1.046%	-1.099%
9	纺织品	-1.146%	-1.246%	-1.345%	-1.444%	-1.542%	-1.639%	-1.735%	-1.831%	-1.927%	-2.021%
10	纺织服装鞋帽皮革毛皮、羽毛及其制品	-0.887%	-0.964%	-1.040%	-1.116%	-1.191%	-1.266%	-1.341%	-1.415%	-1.488%	-1.561%
11	木材加工品和家具	-0.911%	-0.990%	-1.068%	-1.146%	-1.223%	-1.300%	-1.376%	-1.451%	-1.526%	-1.601%
12	造纸印刷和文教体育用品	-1.369%	-1.488%	-1.605%	-1.722%	-1.838%	-1.953%	-2.068%	-2.182%	-2.295%	-2.407%
13	化学产品	-1.805%	-1.961%	-2.116%	-2.270%	-2.423%	-2.574%	-2.725%	-2.874%	-3.022%	-3.169%
14	非金属矿物制品	-2.451%	-2.661%	-2.870%	-3.077%	-3.282%	-3.485%	-3.687%	-3.886%	-4.084%	-4.280%
15	金属冶炼和压延加工品	-0.260%	-0.279%	-0.297%	-0.314%	-0.330%	-0.346%	-0.361%	-0.375%	-0.389%	-0.402%
16	金属制品、机械和设备修理服务	-2.000%	-2.171%	-2.340%	-2.508%	-2.674%	-2.839%	-3.002%	-3.163%	-3.323%	-3.482%
17	通用设备	-1.358%	-1.475%	-1.592%	-1.708%	-1.823%	-1.937%	-2.050%	-2.163%	-2.274%	-2.385%
18	专用设备	-1.204%	-1.308%	-1.411%	-1.514%	-1.616%	-1.717%	-1.817%	-1.917%	-2.015%	-2.113%
19	交通运输设备	-1.095%	-1.190%	-1.285%	-1.379%	-1.472%	-1.565%	-1.657%	-1.748%	-1.839%	-1.929%
20	电气机械和器材	-1.571%	-1.707%	-1.842%	-1.975%	-2.108%	-2.240%	-2.370%	-2.500%	-2.628%	-2.755%
21	计算机、通信设备和其他电子设备	-0.822%	-0.893%	-0.963%	-1.033%	-1.103%	-1.172%	-1.240%	-1.308%	-1.376%	-1.443%
22	仪器仪表	-0.924%	-1.004%	-1.083%	-1.161%	-1.239%	-1.317%	-1.393%	-1.469%	-1.545%	-1.620%
23	其他制造产品	-1.458%	-1.584%	-1.709%	-1.833%	-1.956%	-2.078%	-2.200%	-2.320%	-2.439%	-2.558%
24	废弃资源和废旧材料回收加工品	-0.315%	-0.341%	-0.368%	-0.394%	-0.420%	-0.446%	-0.472%	-0.497%	-0.523%	-0.548%
25	电力、热力生产和供应	-8.507%	-9.164%	-9.804%	-10.429%	-11.039%	-11.634%	-12.215%	-12.783%	-13.337%	-13.879%
26	水的生产和供应	0.000%	0.000%	0.000%	0.000%	0.000%	0.000%	0.000%	0.000%	0.000%	0.000%

续表

	部门 \ 碳税税率（元/吨）部门出口变化率	T* =110	T* =120	T* =130	T* =140	T* =150	T* =160	T* =170	T* =180	T* =190	T* =200
27	建筑	-3.239%	-3.516%	-3.791%	-4.063%	-4.332%	-4.599%	-4.864%	-5.125%	-5.385%	-5.642%
28	交通运输、仓储和邮政	-1.242%	-1.352%	-1.460%	-1.568%	-1.676%	-1.782%	-1.889%	-1.994%	-2.100%	-2.204%
29	批发零售住宿餐饮	-0.409%	-0.445%	-0.481%	-0.517%	-0.552%	-0.587%	-0.622%	-0.657%	-0.691%	-0.726%
30	其他	-0.515%	-0.560%	-0.605%	-0.650%	-0.694%	-0.738%	-0.782%	-0.825%	-0.868%	-0.912%

从表6－8可以看出，当征收碳税时，30个部门的出口均有不同程度的下降。

从税收对出口的影响来看，碳税的开征收必然增加生产者生产成本，会引起成本推动型通货膨胀，导致相关产品价格上涨，出口产品价格提高，出口产品的需求量也会降低，从而导致部门出口量和总出口量的降低。

随着碳税税率从 $T^*=10$ 元/吨提高到 $T^*=200$ 元/吨，各部门的出口变化率也随之下降。当碳税税率 $T^*=200$ 元/吨时，电力、热力生产和供应业部门的出口变化率为－13.879%，建筑业部门的出口变化率为－5.642%，煤炭开采和洗选产品业部门的出口变化率为－5.104%，金属矿采选产品业部门的出口变化率为－4.938%，非金属矿和其他矿采选产品业部门的出口变化率为－4.777%，非金属矿物制品业部门的出口变化率为－4.280%，金属制品、机械和设备修理服务业部门的出口变化率为－3.482%，化学产品业部门的出口变化率为－3.169%，电气机械和器材业部门的出口变化率为－2.755%，石油和天然气开采产品业部门的出口变化率为－2.572%。

结合式（6－7）、式（6－22）和式（6－23），可以计算出不同碳税税率对总出口变化的影响（见表6－9）。

表6－9　　不同碳税税率对总出口变化的影响

碳税税率（T*）（元/吨）	T* =10	T* =20	T* =30	T* =40	T* =50	T* =60	T* =70	T* =80	T* =90	T* =100
总出口变化率（ΔE*′）	-0.104%	-0.207%	-0.308%	-0.409%	-0.509%	-0.609%	-0.707%	-0.805%	-0.901%	-0.998%
碳税税率（T*）（元/吨）	T* =110	T* =120	T* =130	T* =140	T* =150	T* =160	T* =170	T* =180	T* =190	T* =200
总出口变化率（ΔE*′）	-1.093%	-1.187%	-1.281%	-1.374%	-1.466%	-1.558%	-1.649%	-1.739%	-1.829%	-1.918%

假设碳税税率（T^*）为自变量、居民总出口变化率（$\Delta E^{*'}$）为因变量，为了便于说明问题，绘出两者的 Excel 散点图，可以看出两者的线性关系（见图 6－4）。

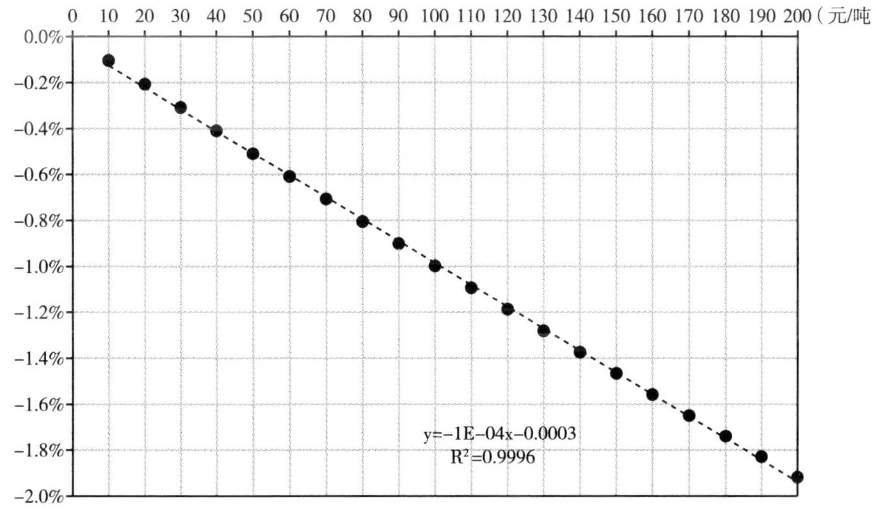

图 6－4　不同碳税税率与总出口变化率

通过 Excel 散点图，结合趋势线分析以及 EViews 软件，可以拟合出碳税税率（T^*）与因变量总出口变化率（$\Delta E^{*'}$）之间的关系：

$$\Delta E^{*'} = -0.0000954T^* - 0.000309 \quad (6-24)$$

$$\bar{R}^2 = 0.9996$$

上述公式表明，随着碳税税率的提高，总出口变化率在不断降低，两者呈负相关关系。

6.5　碳税对 GDP 影响的研究

6.5.1　相关模型

结合式（6－12）、式（6－13）和式（6－14），考虑通货膨胀，征收碳税后 GDP 变化率为：

$$(\Delta GDP)^{*'}=\frac{GDP^{*'}\cdot I-GDP\cdot I}{GDP\cdot I} \tag{6-25}$$

其中，I——全部元素为 1 的 n 维列向量；

GDP——征收碳税前的国内生产总值，行向量；

GDP^*——征收碳税后的国内生产总值，行向量；

$GDP^{*'}$——考虑通货膨胀，征收碳税后国内生产总值，行向量。

由于征收碳税，各部门的 GDP 均会随着碳税税率的提高而减少，从而导致 GDP 总量减少，但是通过征收碳税来减排不能以 GDP 总量的大幅下降为代价。因此，征收碳税后 GDP 的变化率（$\Delta GDP^{*'}$）应满足以下约束条件：

$$0<\left|(\Delta GDP)^{*'}\right|\leqslant\beta \tag{6-26}$$

参考其他学者的研究成果，本书 β 设定为 0.5%、1%、1.5% 和 2%。

6.5.2 碳税对 GDP 影响的实证研究

结合式（6-7）、式（6-12）、式（6-13）、式（6-14）、式（6-15）和式（6-25），通过 Excel 软件和 MATLAB 软件，模拟碳税税率 T^* = 10 元/吨至 T^* = 200 元/吨时，对 30 个部门 GDP 变化的影响（见表 6-10）。

表 6-10　不同碳税税率对 30 个部门 GDP 变化的影响

	部门 \ 部门GDP变化率 \ 碳税税率（元/吨）	T* =10	T* =20	T* =30	T* =40	T* =50	T* =60	T* =70	T* =80	T* =90	T* =100
1	煤炭开采和洗选产品	-0.287%	-0.565%	-0.840%	-1.112%	-1.382%	-1.648%	-1.912%	-2.173%	-2.431%	-2.686%
2	石油和天然气开采产品	-0.145%	-0.285%	-0.423%	-0.559%	-0.694%	-0.828%	-0.961%	-1.092%	-1.222%	-1.350%
3	精炼石油和核燃料加工品	-0.061%	-0.125%	-0.189%	-0.252%	-0.315%	-0.377%	-0.439%	-0.500%	-0.562%	-0.622%
4	燃气生产和供应	-0.088%	-0.171%	-0.254%	-0.336%	-0.417%	-0.498%	-0.578%	-0.658%	-0.737%	-0.815%
5	农、林、牧、渔产品和服务	-0.052%	-0.100%	-0.148%	-0.196%	-0.244%	-0.291%	-0.338%	-0.385%	-0.431%	-0.477%

续表

	碳税税率（元/吨） 部门 部门 GDP变化率	T*=10	T*=20	T*=30	T*=40	T*=50	T*=60	T*=70	T*=80	T*=90	T*=100
6	金属矿采选产品	-0.266%	-0.542%	-0.814%	-1.083%	-1.348%	-1.609%	-1.867%	-2.122%	-2.373%	-2.621%
7	非金属矿和其他矿采选产品	-0.265%	-0.529%	-0.790%	-1.048%	-1.302%	-1.554%	-1.802%	-2.047%	-2.290%	-2.529%
8	食品和烟草	-0.057%	-0.115%	-0.172%	-0.229%	-0.286%	-0.343%	-0.399%	-0.454%	-0.510%	-0.565%
9	纺织品	-0.108%	-0.215%	-0.322%	-0.427%	-0.532%	-0.636%	-0.740%	-0.842%	-0.944%	-1.046%
10	纺织服装鞋帽皮革毛皮、羽毛及其制品	-0.087%	-0.169%	-0.251%	-0.333%	-0.414%	-0.494%	-0.574%	-0.653%	-0.731%	-0.809%
11	木材加工品和家具	-0.085%	-0.171%	-0.256%	-0.340%	-0.424%	-0.507%	-0.589%	-0.670%	-0.751%	-0.831%
12	造纸印刷和文教体育用品	-0.135%	-0.262%	-0.389%	-0.515%	-0.640%	-0.763%	-0.886%	-1.008%	-1.129%	-1.250%
13	化学产品	-0.170%	-0.340%	-0.508%	-0.675%	-0.840%	-1.005%	-1.167%	-1.329%	-1.489%	-1.648%
14	非金属矿物制品	-0.231%	-0.462%	-0.692%	-0.919%	-1.144%	-1.367%	-1.588%	-1.807%	-2.023%	-2.238%
15	金属冶炼和压延加工品	-0.032%	-0.059%	-0.084%	-0.109%	-0.133%	-0.156%	-0.179%	-0.200%	-0.221%	-0.241%
16	金属制品、机械和设备修理服务	-0.192%	-0.381%	-0.568%	-0.754%	-0.937%	-1.119%	-1.299%	-1.477%	-1.653%	-1.827%
17	通用设备	-0.124%	-0.252%	-0.379%	-0.505%	-0.630%	-0.754%	-0.877%	-0.998%	-1.119%	-1.239%
18	专用设备	-0.113%	-0.226%	-0.339%	-0.450%	-0.560%	-0.670%	-0.778%	-0.886%	-0.993%	-1.099%
19	交通运输设备	-0.099%	-0.202%	-0.304%	-0.406%	-0.507%	-0.607%	-0.706%	-0.804%	-0.902%	-0.999%
20	电气机械和器材	-0.146%	-0.294%	-0.441%	-0.586%	-0.731%	-0.874%	-1.015%	-1.156%	-1.295%	-1.434%
21	计算机、通信设备和其他电子设备	-0.081%	-0.158%	-0.234%	-0.310%	-0.385%	-0.459%	-0.533%	-0.606%	-0.678%	-0.750%
22	仪器仪表	-0.093%	-0.179%	-0.264%	-0.349%	-0.433%	-0.517%	-0.600%	-0.682%	-0.763%	-0.844%
23	其他制造产品	-0.143%	-0.279%	-0.414%	-0.549%	-0.682%	-0.814%	-0.945%	-1.075%	-1.204%	-1.332%
24	废弃资源和废旧材料回收加工品	-0.037%	-0.066%	-0.094%	-0.123%	-0.151%	-0.179%	-0.206%	-0.234%	-0.261%	-0.288%
25	电力、热力生产和供应	-0.884%	-1.745%	-2.581%	-3.395%	-4.185%	-4.954%	-5.703%	-6.432%	-7.142%	-7.833%
26	水的生产和供应	-0.159%	-0.315%	-0.468%	-0.620%	-0.769%	-0.917%	-1.062%	-1.206%	-1.348%	-1.489%
27	建筑	-0.307%	-0.614%	-0.917%	-1.218%	-1.515%	-1.810%	-2.102%	-2.390%	-2.676%	-2.959%
28	交通运输、仓储和邮政	-0.117%	-0.232%	-0.347%	-0.461%	-0.575%	-0.688%	-0.800%	-0.911%	-1.022%	-1.133%
29	批发零售住宿餐饮	-0.037%	-0.075%	-0.113%	-0.151%	-0.189%	-0.226%	-0.263%	-0.300%	-0.337%	-0.373%
30	其他	-0.051%	-0.098%	-0.146%	-0.193%	-0.240%	-0.286%	-0.333%	-0.379%	-0.425%	-0.470%

续表

	碳税税率（元/吨） 部门GDP变化率 部门	T* =110	T* =120	T* =130	T* =140	T* =150	T* =160	T* =170	T* =180	T* =190	T* =200
1	煤炭开采和洗选产品	-2.939%	-3.190%	-3.437%	-3.683%	-3.925%	-4.166%	-4.404%	-4.640%	-4.873%	-5.104%
2	石油和天然气开采产品	-1.478%	-1.604%	-1.729%	-1.853%	-1.975%	-2.097%	-2.217%	-2.336%	-2.455%	-2.572%
3	精炼石油和核燃料加工品	-0.683%	-0.743%	-0.802%	-0.862%	-0.921%	-0.979%	-1.037%	-1.095%	-1.153%	-1.210%
4	燃气生产和供应	-0.893%	-0.971%	-1.048%	-1.124%	-1.200%	-1.276%	-1.351%	-1.425%	-1.499%	-1.572%
5	农、林、牧、渔产品和服务	-0.523%	-0.569%	-0.614%	-0.659%	-0.704%	-0.749%	-0.793%	-0.838%	-0.882%	-0.925%
6	金属矿采选产品	-2.866%	-3.108%	-3.347%	-3.582%	-3.815%	-4.045%	-4.273%	-4.497%	-4.719%	-4.938%
7	非金属矿和其他矿采选产品	-2.766%	-3.000%	-3.231%	-3.459%	-3.685%	-3.908%	-4.129%	-4.348%	-4.563%	-4.777%
8	食品和烟草	-0.620%	-0.674%	-0.728%	-0.782%	-0.835%	-0.889%	-0.942%	-0.994%	-1.046%	-1.099%
9	纺织品	-1.146%	-1.246%	-1.345%	-1.444%	-1.542%	-1.639%	-1.735%	-1.831%	-1.927%	-2.021%
10	纺织服装鞋帽皮革毛皮、羽毛及其制品	-0.887%	-0.964%	-1.040%	-1.116%	-1.191%	-1.266%	-1.341%	-1.415%	-1.488%	-1.561%
11	木材加工品和家具	-0.911%	-0.990%	-1.068%	-1.146%	-1.223%	-1.300%	-1.376%	-1.451%	-1.526%	-1.601%
12	造纸印刷和文教体育用品	-1.369%	-1.488%	-1.605%	-1.722%	-1.838%	-1.953%	-2.068%	-2.182%	-2.295%	-2.407%
13	化学产品	-1.805%	-1.961%	-2.116%	-2.270%	-2.423%	-2.574%	-2.725%	-2.874%	-3.022%	-3.169%
14	非金属矿物制品	-2.451%	-2.661%	-2.870%	-3.077%	-3.282%	-3.485%	-3.687%	-3.886%	-4.084%	-4.280%
15	金属冶炼和压延加工品	-0.260%	-0.279%	-0.297%	-0.314%	-0.330%	-0.346%	-0.361%	-0.375%	-0.389%	-0.402%
16	金属制品、机械和设备修理服务	-2.000%	-2.171%	-2.340%	-2.508%	-2.674%	-2.839%	-3.002%	-3.163%	-3.323%	-3.482%
17	通用设备	-1.358%	-1.475%	-1.592%	-1.708%	-1.823%	-1.937%	-2.050%	-2.163%	-2.274%	-2.385%
18	专用设备	-1.204%	-1.308%	-1.411%	-1.514%	-1.616%	-1.717%	-1.817%	-1.917%	-2.015%	-2.113%
19	交通运输设备	-1.095%	-1.190%	-1.285%	-1.379%	-1.472%	-1.565%	-1.657%	-1.748%	-1.839%	-1.929%
20	电气机械和器材	-1.571%	-1.707%	-1.842%	-1.975%	-2.108%	-2.240%	-2.370%	-2.500%	-2.628%	-2.755%
21	计算机、通信设备和其他电子设备	-0.822%	-0.893%	-0.963%	-1.033%	-1.103%	-1.172%	-1.240%	-1.308%	-1.376%	-1.443%
22	仪器仪表	-0.924%	-1.004%	-1.083%	-1.161%	-1.239%	-1.317%	-1.393%	-1.469%	-1.545%	-1.620%
23	其他制造产品	-1.458%	-1.584%	-1.709%	-1.833%	-1.956%	-2.078%	-2.200%	-2.320%	-2.439%	-2.558%
24	废弃资源和废旧材料回收加工品	-0.315%	-0.341%	-0.368%	-0.394%	-0.420%	-0.446%	-0.472%	-0.497%	-0.523%	-0.548%

续表

	碳税税率（元/吨） 部门 部门　GDP 变化率	T* =110	T* =120	T* =130	T* =140	T* =150	T* =160	T* =170	T* =180	T* =190	T* =200
25	电力、热力生产和供应	-8.507%	-9.164%	-9.804%	-10.429%	-11.039%	-11.634%	-12.215%	-12.783%	-13.337%	-13.879%
26	水的生产和供应	-1.627%	-1.764%	-1.900%	-2.033%	-2.166%	-2.296%	-2.425%	-2.553%	-2.679%	-2.804%
27	建筑	-3.239%	-3.516%	-3.791%	-4.063%	-4.332%	-4.599%	-4.864%	-5.125%	-5.385%	-5.642%
28	交通运输、仓储和邮政	-1.242%	-1.352%	-1.460%	-1.568%	-1.676%	-1.782%	-1.889%	-1.994%	-2.100%	-2.204%
29	批发零售住宿餐饮	-0.409%	-0.445%	-0.481%	-0.517%	-0.552%	-0.587%	-0.622%	-0.657%	-0.691%	-0.726%
30	其他	-0.515%	-0.560%	-0.605%	-0.650%	-0.694%	-0.738%	-0.782%	-0.825%	-0.868%	-0.912%

从表 6-10 可以看出，当征收碳税时，30 个部门的 GDP 均有不同程度的下降。这是因为征收碳税之后，无论对生产者还是对消费者来讲都产生了收入效应。对生产者来讲，由于存在税负转嫁，能源成为一种更昂贵的生产要素，提高了生产成本，生产可能性曲线向内移动，减少了生产；对于消费者来讲，由于存在税负转嫁，消费者将要支付更高的价格，导致需求量降低。由于生产和消费的减少，必然导致 GDP 的降低。

随着碳税税率从 $T^*=10$ 元/吨提高到 $T^*=200$ 元/吨，各部门的 GDP 变化率也随之下降。当碳税税率 $T^*=200$ 元/吨时，电力、热力生产和供应业部门的 GDP 变化率为 -13.879%，建筑业部门的 GDP 变化率为 -5.642%，煤炭开采和洗选产品业部门的 GDP 变化率为 -5.104%，金属矿采选产品业部门的 GDP 变化率为 -4.938%，非金属矿和其他矿采选产品业部门的 GDP 变化率为 -4.777%，非金属矿物制品业部门的 GDP 变化率为 -4.280%，金属制品、机械和设备修理服务业部门的 GDP 变化率为 -3.482%，化学产品业部门的 GDP 变化率为 -3.169%，水的生产和供应业部门的 GDP 变化率为 -2.804%，电气机械和器材业部门的 GDP 变化率为 -2.755%。

结合式（6-7）、式（6-12）、式（6-13）、式（6-14）和式（6-25），可以计算出不同碳税税率对 GDP 总量变化的影响（见表 6-11）。

表 6－11　不同碳税税率对 GDP 总量变化的影响

碳税税率（T^*）（元/吨）	$T^*=10$	$T^*=20$	$T^*=30$	$T^*=40$	$T^*=50$	$T^*=60$	$T^*=70$	$T^*=80$	$T^*=90$	$T^*=100$
GDP 总量变化率（$\Delta GDP^{*'}$）	-0.113%	-0.223%	-0.332%	-0.440%	-0.547%	-0.653%	-0.757%	-0.860%	-0.962%	-1.063%
碳税税率（T^*）（元/吨）	$T^*=110$	$T^*=120$	$T^*=130$	$T^*=140$	$T^*=150$	$T^*=160$	$T^*=170$	$T^*=180$	$T^*=190$	$T^*=200$
GDP 总量变化率（$\Delta GDP^{*'}$）	-1.163%	-1.261%	-1.359%	-1.456%	-1.552%	-1.647%	-1.740%	-1.833%	-1.926%	-2.017%

假设碳税税率（T^*）为自变量、GDP 总量变化率（$\Delta GDP^{*'}$）为因变量，为了便于说明问题，绘出两者的 Excel 散点图，可以看出两者的线性关系（见图 6－5）。

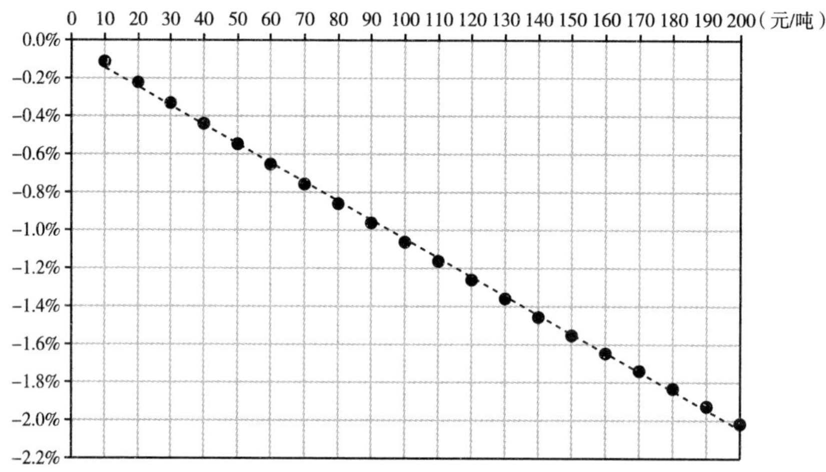

图 6－5　不同碳税税率与 GDP 总量变化率

通过 Excel 散点图，结合趋势线分析以及 EViews 软件，可以拟合出碳税税率（T^*）与因变量 GDP 总量变化率（$\Delta GDP^{*'}$）之间的关系：

$$\Delta GDP^{*'} = -0.0001T^* - 0.000443 \qquad (6-27)$$

$$\bar{R}^2 = 0.9992$$

上述公式表明，随着碳税税率的提高，GDP 总量变化率在不断降低，两者呈负相关关系。

6.6　碳税对产出影响的研究

6.6.1　相关模型

根据价值型投入产出表可知：

总产出 = 总投入 = 中间投入合计 + 增加值合计

征收碳税前：

$$X_i = X_j = X = \sum_{i=1}^{n} x_{ij} + V + T + D + S \tag{6-28}$$

其中，X_i——征收碳税前的总产出向量；

V——征收碳税前的劳动者报酬向量；

T——征收碳税前的生产税净额向量；

D——征收碳税前的固定资产折旧向量；

S——征收碳税前的营业盈余向量。

征收碳税后：

$$X^* = \sum_{i=1}^{n} x_{ij} + V + T + T^* + D + S \tag{6-29}$$

其中，X^*——征收碳税后的总产出向量；

T^*——征收的碳税。

考虑通货膨胀，征收碳税后的总产出为：

$$X^{*'} = \frac{X^* \cdot I}{I^T \cdot PI} \tag{6-30}$$

其中，I^T——全部元素为 1 的 n 维行向量

X^* 和 $X^{*'}$——行向量；

PI——各部门的价格指数，列向量。

考虑通货膨胀，征收碳税后总产出的变化率：

$$\Delta X^{*'} = \frac{X^{*'} \cdot I - X \cdot I}{X \cdot I} \tag{6-31}$$

其中，X——征收碳税前的总产出；

X^*——征收碳税后的总产出；

$X^{*'}$——考虑通货膨胀，征收碳税后的总产出；

$\Delta X^{*'}$——考虑通货膨胀，征收碳税后总产出的变化率。

由于征收碳税，各部门的产出均会随着碳税税率的提高而减少，从而导致总产出减少，但是通过征收碳税来减排不能以总产出的大幅下降为代价。因此，征收碳税后总产出的下降幅度 $\Delta X^{*'}$ 应满足以下约束条件：

$$0 < |\Delta X^{*'}| \leqslant \gamma \tag{6-32}$$

参考其他学者的研究成果，本书 γ 设定为 1%、2%、3%和 4%。

6.6.2 碳税对产出影响的实证研究

结合式（6-7）、式（6-28）、式（6-29）、式（6-30）和式（6-31），通过 Excel 软件和 MATLAB 软件，模拟碳税税率 $T^*=10$ 元/吨至 $T^*=200$ 元/吨时，对 30 个部门总产出变化的影响（见表 6-12）。

表 6-12　　不同碳税税率对 30 个部门产出变化的影响

	部门　　碳税税率（元/吨） 部门产出变化率	$T^*=10$	$T^*=20$	$T^*=30$	$T^*=40$	$T^*=50$	$T^*=60$	$T^*=70$	$T^*=80$	$T^*=90$	$T^*=100$
1	煤炭开采和洗选产品	-0.480%	-0.949%	-1.412%	-1.870%	-2.323%	-2.770%	-3.212%	-3.649%	-4.081%	-4.508%
2	石油和天然气开采产品	-0.158%	-0.309%	-0.460%	-0.608%	-0.756%	-0.902%	-1.046%	-1.189%	-1.331%	-1.472%
3	精炼石油和核燃料加工品	-0.124%	-0.250%	-0.376%	-0.502%	-0.626%	-0.751%	-0.874%	-0.997%	-1.120%	-1.242%
4	燃气生产和供应	-0.148%	-0.292%	-0.434%	-0.576%	-0.717%	-0.857%	-0.997%	-1.135%	-1.273%	-1.410%
5	农、林、牧、渔产品和服务	-0.059%	-0.114%	-0.169%	-0.223%	-0.278%	-0.332%	-0.385%	-0.439%	-0.492%	-0.545%
6	金属矿采选产品	-0.280%	-0.568%	-0.853%	-1.135%	-1.413%	-1.687%	-1.957%	-2.224%	-2.488%	-2.749%
7	非金属矿和其他矿采选产品	-0.294%	-0.586%	-0.876%	-1.162%	-1.444%	-1.723%	-1.999%	-2.272%	-2.542%	-2.808%
8	食品和烟草	-0.082%	-0.165%	-0.247%	-0.329%	-0.411%	-0.492%	-0.573%	-0.654%	-0.734%	-0.814%
9	纺织品	-0.187%	-0.373%	-0.558%	-0.741%	-0.924%	-1.106%	-1.286%	-1.466%	-1.644%	-1.821%
10	纺织服装鞋帽皮革毛皮、羽毛及其制品	-0.093%	-0.181%	-0.269%	-0.356%	-0.443%	-0.529%	-0.615%	-0.700%	-0.784%	-0.868%

续表

	碳税税率（元/吨） 部门产出变化率 部门	T＊=10	T＊=20	T＊=30	T＊=40	T＊=50	T＊=60	T＊=70	T＊=80	T＊=90	T＊=100
11	木材加工品和家具	-0.093%	-0.185%	-0.278%	-0.369%	-0.460%	-0.550%	-0.639%	-0.728%	-0.816%	-0.904%
12	造纸印刷和文教体育用品	-0.211%	-0.415%	-0.618%	-0.820%	-1.020%	-1.219%	-1.416%	-1.613%	-1.808%	-2.002%
13	化学产品	-0.332%	-0.663%	-0.991%	-1.317%	-1.640%	-1.960%	-2.278%	-2.593%	-2.906%	-3.216%
14	非金属矿物制品	-0.444%	-0.887%	-1.326%	-1.760%	-2.190%	-2.615%	-3.037%	-3.454%	-3.867%	-4.276%
15	金属冶炼和压延加工品	-0.676%	-1.335%	-1.983%	-2.620%	-3.245%	-3.860%	-4.465%	-5.059%	-5.643%	-6.218%
16	金属制品、机械和设备修理服务	-0.198%	-0.393%	-0.587%	-0.778%	-0.967%	-1.155%	-1.341%	-1.525%	-1.707%	-1.887%
17	通用设备	-0.138%	-0.279%	-0.420%	-0.559%	-0.697%	-0.834%	-0.970%	-1.105%	-1.239%	-1.371%
18	专用设备	-0.119%	-0.237%	-0.355%	-0.472%	-0.588%	-0.703%	-0.817%	-0.930%	-1.043%	-1.154%
19	交通运输设备	-0.105%	-0.214%	-0.322%	-0.429%	-0.536%	-0.642%	-0.746%	-0.851%	-0.954%	-1.057%
20	电气机械和器材	-0.148%	-0.299%	-0.448%	-0.596%	-0.743%	-0.888%	-1.032%	-1.175%	-1.317%	-1.458%
21	计算机、通信设备和其他电子设备	-0.083%	-0.162%	-0.240%	-0.317%	-0.394%	-0.470%	-0.545%	-0.620%	-0.695%	-0.769%
22	仪器仪表	-0.094%	-0.182%	-0.270%	-0.356%	-0.442%	-0.527%	-0.612%	-0.696%	-0.779%	-0.861%
23	其他制造产品	-0.205%	-0.404%	-0.601%	-0.797%	-0.992%	-1.185%	-1.377%	-1.568%	-1.758%	-1.946%
24	废弃资源和废旧材料回收加工品	-0.038%	-0.067%	-0.096%	-0.125%	-0.153%	-0.181%	-0.210%	-0.237%	-0.265%	-0.293%
25	电力、热力生产和供应	-2.150%	-4.209%	-6.179%	-8.067%	-9.877%	-11.613%	-13.280%	-14.881%	-16.421%	-17.902%
26	水的生产和供应	-0.162%	-0.320%	-0.477%	-0.631%	-0.783%	-0.933%	-1.082%	-1.228%	-1.373%	-1.516%
27	建筑	-0.313%	-0.627%	-0.937%	-1.244%	-1.548%	-1.849%	-2.147%	-2.442%	-2.734%	-3.023%
28	交通运输、仓储和邮政	-0.196%	-0.391%	-0.585%	-0.778%	-0.969%	-1.160%	-1.349%	-1.538%	-1.725%	-1.912%
29	批发零售住宿餐饮	-0.041%	-0.083%	-0.125%	-0.166%	-0.207%	-0.249%	-0.289%	-0.330%	-0.370%	-0.411%
30	其他	-0.058%	-0.114%	-0.169%	-0.223%	-0.278%	-0.332%	-0.386%	-0.439%	-0.493%	-0.546%

	碳税税率（元/吨） 部门产出变化率 部门	T＊=110	T＊=120	T＊=130	T＊=140	T＊=150	T＊=160	T＊=170	T＊=180	T＊=190	T＊=200
1	煤炭开采和洗选产品	-4.930%	-5.348%	-5.760%	-6.169%	-6.572%	-6.972%	-7.367%	-7.757%	-8.144%	-5.104%
2	石油和天然气开采产品	-1.611%	-1.749%	-1.886%	-2.021%	-2.156%	-2.289%	-2.421%	-2.552%	-2.682%	-2.572%
3	精炼石油和核燃料加工品	-1.363%	-1.484%	-1.604%	-1.724%	-1.843%	-1.962%	-2.080%	-2.197%	-2.315%	-1.210%

续表

部门 \ 碳税税率（元/吨） 部门产出变化率		T* = 110	T* = 120	T* = 130	T* = 140	T* = 150	T* = 160	T* = 170	T* = 180	T* = 190	T* = 200
4	燃气生产和供应	-1.547%	-1.683%	-1.818%	-1.952%	-2.086%	-2.219%	-2.351%	-2.483%	-2.614%	-1.572%
5	农、林、牧、渔产品和服务	-0.597%	-0.650%	-0.702%	-0.754%	-0.805%	-0.857%	-0.908%	-0.959%	-1.009%	-0.925%
6	金属矿采选产品	-3.006%	-3.260%	-3.511%	-3.759%	-4.004%	-4.247%	-4.486%	-4.722%	-4.956%	-4.938%
7	非金属矿和其他矿采选产品	-3.072%	-3.333%	-3.591%	-3.846%	-4.098%	-4.348%	-4.595%	-4.839%	-5.081%	-4.777%
8	食品和烟草	-0.893%	-0.972%	-1.051%	-1.129%	-1.207%	-1.285%	-1.362%	-1.439%	-1.516%	-1.099%
9	纺织品	-1.998%	-2.173%	-2.348%	-2.521%	-2.694%	-2.865%	-3.036%	-3.206%	-3.375%	-2.021%
10	纺织服装鞋帽皮革毛皮、羽毛及其制品	-0.951%	-1.034%	-1.116%	-1.198%	-1.279%	-1.360%	-1.440%	-1.520%	-1.599%	-1.561%
11	木材加工品和家具	-0.990%	-1.076%	-1.162%	-1.247%	-1.331%	-1.415%	-1.498%	-1.580%	-1.662%	-1.601%
12	造纸印刷和文教体育用品	-2.195%	-2.386%	-2.577%	-2.766%	-2.954%	-3.142%	-3.328%	-3.512%	-3.696%	-2.407%
13	化学产品	-3.524%	-3.830%	-4.133%	-4.434%	-4.733%	-5.030%	-5.324%	-5.616%	-5.906%	-3.169%
14	非金属矿物制品	-4.681%	-5.082%	-5.479%	-5.873%	-6.262%	-6.648%	-7.031%	-7.410%	-7.785%	-4.280%
15	金属冶炼和压延加工品	-6.783%	-7.339%	-7.886%	-8.425%	-8.954%	-9.476%	-9.989%	-10.494%	-10.991%	-0.402%
16	金属制品、机械和设备修理服务	-2.066%	-2.242%	-2.418%	-2.591%	-2.763%	-2.933%	-3.102%	-3.269%	-3.435%	-3.482%
17	通用设备	-1.503%	-1.634%	-1.764%	-1.893%	-2.021%	-2.148%	-2.274%	-2.399%	-2.523%	-2.385%
18	专用设备	-1.264%	-1.374%	-1.483%	-1.591%	-1.698%	-1.804%	-1.910%	-2.015%	-2.119%	-2.113%
19	交通运输设备	-1.158%	-1.260%	-1.360%	-1.460%	-1.559%	-1.657%	-1.755%	-1.852%	-1.948%	-1.929%
20	电气机械和器材	-1.597%	-1.735%	-1.873%	-2.009%	-2.144%	-2.278%	-2.410%	-2.542%	-2.673%	-2.755%
21	计算机、通信设备和其他电子设备	-0.842%	-0.915%	-0.987%	-1.059%	-1.130%	-1.201%	-1.271%	-1.341%	-1.410%	-1.443%
22	仪器仪表	-0.943%	-1.025%	-1.105%	-1.186%	-1.265%	-1.344%	-1.422%	-1.500%	-1.578%	-1.620%
23	其他制造产品	-2.133%	-2.318%	-2.503%	-2.686%	-2.868%	-3.049%	-3.228%	-3.407%	-3.585%	-2.558%
24	废弃资源和废旧材料回收加工品	-0.320%	-0.347%	-0.374%	-0.401%	-0.427%	-0.454%	-0.480%	-0.506%	-0.532%	-0.548%
25	电力、热力生产和供应	-19.328%	-20.701%	-22.024%	-23.301%	-24.532%	-25.721%	-26.869%	-27.978%	-29.051%	-13.879%
26	水的生产和供应	-1.658%	-1.797%	-1.935%	-2.072%	-2.207%	-2.340%	-2.472%	-2.602%	-2.731%	-2.804%
27	建筑	-3.309%	-3.593%	-3.873%	-4.152%	-4.427%	-4.700%	-4.970%	-5.238%	-5.504%	-5.642%

续表

	碳税税率（元/吨） 部门 部门　产出变化率	T^* = 110	T^* = 120	T^* = 130	T^* = 140	T^* = 150	T^* = 160	T^* = 170	T^* = 180	T^* = 190	T^* = 200
28	交通运输、仓储和邮政	-2.097%	-2.282%	-2.465%	-2.648%	-2.829%	-3.010%	-3.190%	-3.369%	-3.547%	-2.204%
29	批发零售住宿餐饮	-0.451%	-0.490%	-0.530%	-0.569%	-0.608%	-0.647%	-0.686%	-0.724%	-0.763%	-0.726%
30	其他	-0.598%	-0.651%	-0.703%	-0.755%	-0.807%	-0.858%	-0.909%	-0.960%	-1.011%	-0.912%

从表 6 - 12 可以看出，当征收碳税时，30 个部门的产出均有不同程度的下降。征收碳税造成各部门产出下降，可以从生产者和消费者的角度解释。对于生产者来说，由于存在税负转嫁，对高碳企业生产者来说，能源作为一种重要的生产要素变得更加昂贵，随着生产成本提高，生产能力会降低，生产可能性曲线向内移动，使生产处于较低水平；还有一些企业会从长远考虑，把用于扩大再生产的资金用于技术改造和技术创新，以达到节能减排的目的，短期内会造成产出的降低。对于消费者来说，由于存在税负转嫁，消费者需要支付更高的价格，部分消费者会改变消费行为，减少对高碳产品的消费，从而导致总需求的减少，进而导致总产出的下降。

随着碳税税率从 T^* = 10 元/吨提高到 T^* = 200 元/吨，各部门的产出变化率也随之下降。当碳税税率 T^* = 200 元/吨时，电力、热力生产和供应业部门的产出变化率为 -13.879%，建筑业部门的产出变化率为 -5.642%，煤炭开采和洗选产品业部门的产出变化率为 -5.104%，金属矿采选产品业部门的产出变化率为 -4.938%，非金属矿和其他矿采选产品业部门的产出变化率为 -4.777%，非金属矿物制品业部门的产出变化率为 -4.280%，金属制品、机械和设备修理服务业部门的产出变化率为 -3.482%，化学产品业部门的产出变化率为 -3.169%，水的生产和供应业部门的产出变化率为 -2.804%，电气机械和器材业部门的产出变化率为 -2.755%。

结合式（6 - 7）、式（6 - 28）、式（6 - 29）、式（6 - 30）和式（6 - 31），可以计算出不同碳税税率对总产出变化的影响（见表 6 - 13）。

表 6-13　　不同碳税税率对总产出变化的影响

碳税税率 T^*（元/吨）	$T^*=10$	$T^*=20$	$T^*=30$	$T^*=40$	$T^*=50$	$T^*=60$	$T^*=70$	$T^*=80$	$T^*=90$	$T^*=100$
总产出变化率（$\Delta X^{*'}$）	-0.225%	-0.446%	-0.663%	-0.876%	-1.086%	-1.292%	-1.495%	-1.695%	-1.892%	-2.086%
碳税税率 T^*（元/吨）	$T^*=110$	$T^*=120$	$T^*=130$	$T^*=140$	$T^*=150$	$T^*=160$	$T^*=170$	$T^*=180$	$T^*=190$	$T^*=200$
总产出变化率（$\Delta X^{*'}$）	-2.277%	-2.465%	-2.651%	-2.834%	-3.015%	-3.193%	-3.369%	-3.543%	-3.714%	-3.884%

假设碳税税率（T^*）为自变量、总产出变化率（$\Delta X^{*'}$）为因变量，为了便于说明问题，绘出两者的 Excel 散点图，可以看出两者的线性关系（见图 6-6）。

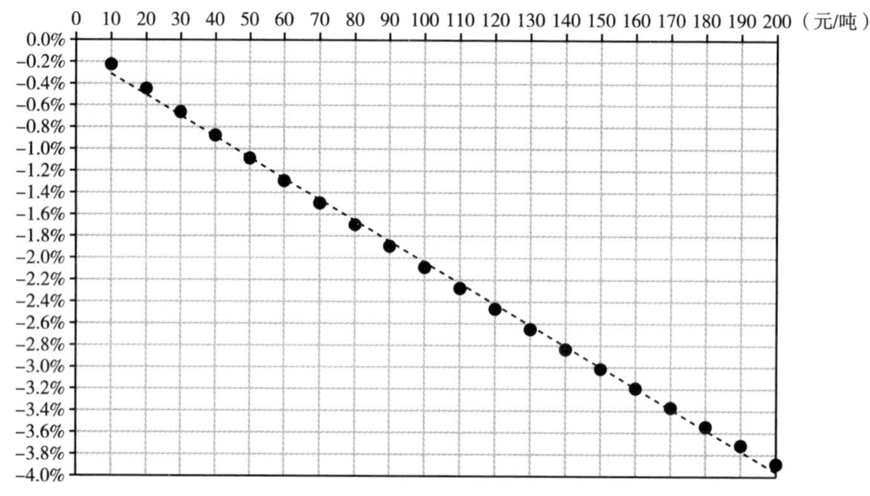

图 6-6　不同碳税税率与总产出变化率

通过 Excel 散点图，结合趋势线分析以及 EViews 软件，可以拟合出碳税税率（T^*）与因变量总产出变化率（$\Delta X^{*'}$）之间的关系：

$$\Delta X^{*'} = -0.000192T^* - 0.001185 \quad (6-33)$$

$$\bar{R}^2 = 0.9985$$

上述公式表明，随着碳税税率的提高，总产出变化率在不断降低，两者呈负相关关系。

6.7　碳税对就业影响的研究

6.7.1　相关模型

由于征收碳税之后，必将引起各部门价格变化，进而引起各部门产出及部门 GDP 的变化，由于劳动者报酬是 GDP 的重要组成部分，假设征收碳税前后，劳动者报酬占 GDP 的比重不变。即：

$$\frac{V \cdot I}{GDP \cdot I}=\frac{V^{*} \cdot I}{GDP^{*} \cdot I}=\frac{V^{*'} \cdot I}{GDP^{*'} \cdot I} \tag{6-34}$$

其中，I——全部元素为 1 的 n 维列向量；

GDP——征收碳税前的国内生产总值，行向量；

GDP^{*}——征收碳税后的国内生产总值，行向量；

$GDP^{*'}$——征收碳税后考虑通货膨胀的国内生产总值，行向量；

V——征收碳税前的劳动者报酬，行向量；

V^{*}——征收碳税后的劳动者报酬，行向量；

$V^{*'}$——征收碳税后考虑通货膨胀的劳动者报酬，行向量。

在劳动者报酬占 GDP 的比重不变的条件下，必然会引起劳动力人数的变化，即征收碳税会对就业造成影响。

由于：

劳动力人数 = 劳动者报酬/人均劳动者报酬

考虑通货膨胀，征收碳税后劳动力人数变化率为：

$$\Delta L^{*'}=\frac{L^{*'} \cdot I-L \cdot I}{L \cdot I} \tag{6-35}$$

其中，I——全部元素为 1 的 n 维列向量；

L——征收碳税前的劳动力人数，行向量；

$L^{*'}$——征收碳税后考虑通货膨胀时的劳动力人数，行向量；

$\Delta L^{*'}$——征收碳税后考虑通货膨胀时的劳动力人数变化率，行向量。

6.7.2 碳税对就业影响的实证研究

结合式（6－7）、式（6－34）和式（6－35），通过 Excel 软件和 MATLAB 软件，模拟碳税税率 $T^*=10$ 元/吨至 $T^*=200$ 元/吨时，对 30 个部门劳动力人数变化的影响（见表 6－14）。

表 6－14　不同碳税税率对 30 个部门劳动力人数变化的影响

	碳税税率（元/吨） 部门劳动力人数变化率 部门	$T^*=10$	$T^*=20$	$T^*=30$	$T^*=40$	$T^*=50$	$T^*=60$	$T^*=70$	$T^*=80$	$T^*=90$	$T^*=100$
1	煤炭开采和洗选产品	-0.287%	-0.565%	-0.840%	-1.112%	-1.382%	-1.648%	-1.912%	-2.173%	-2.431%	-2.686%
2	石油和天然气开采产品	-0.145%	-0.285%	-0.423%	-0.559%	-0.694%	-0.828%	-0.961%	-1.092%	-1.222%	-1.350%
3	精炼石油和核燃料加工品	-0.061%	-0.125%	-0.189%	-0.252%	-0.315%	-0.377%	-0.439%	-0.500%	-0.562%	-0.622%
4	燃气生产和供应	-0.088%	-0.171%	-0.254%	-0.336%	-0.417%	-0.498%	-0.578%	-0.658%	-0.737%	-0.815%
5	农、林、牧、渔产品和服务	-0.052%	-0.100%	-0.148%	-0.196%	-0.244%	-0.291%	-0.338%	-0.385%	-0.431%	-0.477%
6	金属矿采选产品	-0.266%	-0.542%	-0.814%	-1.083%	-1.348%	-1.609%	-1.867%	-2.122%	-2.373%	-2.621%
7	非金属矿和其他矿采选产品	-0.265%	-0.529%	-0.790%	-1.048%	-1.302%	-1.554%	-1.802%	-2.047%	-2.290%	-2.529%
8	食品和烟草	-0.057%	-0.115%	-0.172%	-0.229%	-0.286%	-0.343%	-0.399%	-0.454%	-0.510%	-0.565%
9	纺织品	-0.108%	-0.215%	-0.322%	-0.427%	-0.532%	-0.636%	-0.740%	-0.842%	-0.944%	-1.046%
10	纺织服装鞋帽皮革毛皮、羽毛及其制品	-0.087%	-0.169%	-0.251%	-0.333%	-0.414%	-0.494%	-0.574%	-0.653%	-0.731%	-0.809%
11	木材加工品和家具	-0.085%	-0.171%	-0.256%	-0.340%	-0.424%	-0.507%	-0.589%	-0.670%	-0.751%	-0.831%
12	造纸印刷和文教体育用品	-0.135%	-0.262%	-0.389%	-0.515%	-0.640%	-0.763%	-0.886%	-1.008%	-1.129%	-1.250%
13	化学产品	-0.170%	-0.340%	-0.508%	-0.675%	-0.840%	-1.005%	-1.167%	-1.329%	-1.489%	-1.648%
14	非金属矿物制品	-0.231%	-0.462%	-0.692%	-0.919%	-1.144%	-1.367%	-1.588%	-1.807%	-2.023%	-2.238%
15	金属冶炼和压延加工品	-0.032%	-0.059%	-0.084%	-0.109%	-0.133%	-0.156%	-0.179%	-0.200%	-0.221%	-0.241%
16	金属制品、机械和设备修理服务	-0.192%	-0.381%	-0.568%	-0.754%	-0.937%	-1.119%	-1.299%	-1.477%	-1.653%	-1.827%
17	通用设备	-0.124%	-0.252%	-0.379%	-0.505%	-0.630%	-0.754%	-0.877%	-0.998%	-1.119%	-1.239%
18	专用设备	-0.113%	-0.226%	-0.339%	-0.450%	-0.560%	-0.670%	-0.778%	-0.886%	-0.993%	-1.099%

续表

	部门＼碳税税率（元/吨）部门劳动力人数变化率	T * =10	T * =20	T * =30	T * =40	T * =50	T * =60	T * =70	T * =80	T * =90	T * =100
19	交通运输设备	-0.099%	-0.202%	-0.304%	-0.406%	-0.507%	-0.607%	-0.706%	-0.804%	-0.902%	-0.999%
20	电气机械和器材	-0.146%	-0.294%	-0.441%	-0.586%	-0.731%	-0.874%	-1.015%	-1.156%	-1.295%	-1.434%
21	计算机、通信设备和其他电子设备	-0.081%	-0.158%	-0.234%	-0.310%	-0.385%	-0.459%	-0.533%	-0.606%	-0.678%	-0.750%
22	仪器仪表	-0.093%	-0.179%	-0.264%	-0.349%	-0.433%	-0.517%	-0.600%	-0.682%	-0.763%	-0.844%
23	其他制造产品	-0.143%	-0.279%	-0.414%	-0.549%	-0.682%	-0.814%	-0.945%	-1.075%	-1.204%	-1.332%
24	废弃资源和废旧材料回收加工品	-0.037%	-0.066%	-0.094%	-0.123%	-0.151%	-0.179%	-0.206%	-0.234%	-0.261%	-0.288%
25	电力、热力生产和供应	-0.884%	-1.745%	-2.581%	-3.395%	-4.185%	-4.954%	-5.703%	-6.432%	-7.142%	-7.833%
26	水的生产和供应	-0.159%	-0.315%	-0.468%	-0.620%	-0.769%	-0.917%	-1.062%	-1.206%	-1.348%	-1.489%
27	建筑	-0.307%	-0.614%	-0.917%	-1.218%	-1.515%	-1.810%	-2.102%	-2.390%	-2.676%	-2.959%
28	交通运输、仓储和邮政	-0.117%	-0.232%	-0.347%	-0.461%	-0.575%	-0.688%	-0.800%	-0.911%	-1.022%	-1.133%
29	批发零售住宿餐饮	-0.037%	-0.075%	-0.113%	-0.151%	-0.189%	-0.226%	-0.263%	-0.300%	-0.337%	-0.373%
30	其他	-0.051%	-0.098%	-0.146%	-0.193%	-0.240%	-0.286%	-0.333%	-0.379%	-0.425%	-0.470%

	部门＼碳税税率（元/吨）部门劳动力人数变化率	T * = 110	T * = 120	T * = 130	T * = 140	T * = 150	T * = 160	T * = 170	T * = 180	T * = 190	T * = 200
1	煤炭开采和洗选产品	-2.939%	-3.190%	-3.437%	-3.683%	-3.925%	-4.166%	-4.404%	-4.640%	-4.873%	-5.104%
2	石油和天然气开采产品	-1.478%	-1.604%	-1.729%	-1.853%	-1.975%	-2.097%	-2.217%	-2.336%	-2.455%	-2.572%
3	精炼石油和核燃料加工品	-0.683%	-0.743%	-0.802%	-0.862%	-0.921%	-0.979%	-1.037%	-1.095%	-1.153%	-1.210%
4	燃气生产和供应	-0.893%	-0.971%	-1.048%	-1.124%	-1.200%	-1.276%	-1.351%	-1.425%	-1.499%	-1.572%
5	农、林、牧、渔产品和服务	-0.523%	-0.569%	-0.614%	-0.659%	-0.704%	-0.749%	-0.793%	-0.838%	-0.882%	-0.925%
6	金属矿采选产品	-2.866%	-3.108%	-3.347%	-3.582%	-3.815%	-4.045%	-4.273%	-4.497%	-4.719%	-4.938%
7	非金属矿和其他矿采选产品	-2.766%	-3.000%	-3.231%	-3.459%	-3.685%	-3.908%	-4.129%	-4.348%	-4.563%	-4.777%
8	食品和烟草	-0.620%	-0.674%	-0.728%	-0.782%	-0.835%	-0.889%	-0.942%	-0.994%	-1.046%	-1.099%
9	纺织品	-1.146%	-1.246%	-1.345%	-1.444%	-1.542%	-1.639%	-1.735%	-1.831%	-1.927%	-2.021%

续表

	碳税税率（元/吨） 部门劳动力人数变化率 部门	T* = 110	T* = 120	T* = 130	T* = 140	T* = 150	T* = 160	T* = 170	T* = 180	T* = 190	T* = 200
10	纺织服装鞋帽皮革毛皮、羽毛及其制品	-0.887%	-0.964%	-1.040%	-1.116%	-1.191%	-1.266%	-1.341%	-1.415%	-1.488%	-1.561%
11	木材加工品和家具	-0.911%	-0.990%	-1.068%	-1.146%	-1.223%	-1.300%	-1.376%	-1.451%	-1.526%	-1.601%
12	造纸印刷和文教体育用品	-1.369%	-1.488%	-1.605%	-1.722%	-1.838%	-1.953%	-2.068%	-2.182%	-2.295%	-2.407%
13	化学产品	-1.805%	-1.961%	-2.116%	-2.270%	-2.423%	-2.574%	-2.725%	-2.874%	-3.022%	-3.169%
14	非金属矿物制品	-2.451%	-2.661%	-2.870%	-3.077%	-3.282%	-3.485%	-3.687%	-3.886%	-4.084%	-4.280%
15	金属冶炼和压延加工品	-0.260%	-0.279%	-0.297%	-0.314%	-0.330%	-0.346%	-0.361%	-0.375%	-0.389%	-0.402%
16	金属制品、机械和设备修理服务	-2.000%	-2.171%	-2.340%	-2.508%	-2.674%	-2.839%	-3.002%	-3.163%	-3.323%	-3.482%
17	通用设备	-1.358%	-1.475%	-1.592%	-1.708%	-1.823%	-1.937%	-2.050%	-2.163%	-2.274%	-2.385%
18	专用设备	-1.204%	-1.308%	-1.411%	-1.514%	-1.616%	-1.717%	-1.817%	-1.917%	-2.015%	-2.113%
19	交通运输设备	-1.095%	-1.190%	-1.285%	-1.379%	-1.472%	-1.565%	-1.657%	-1.748%	-1.839%	-1.929%
20	电气机械和器材	-1.571%	-1.707%	-1.842%	-1.975%	-2.108%	-2.240%	-2.370%	-2.500%	-2.628%	-2.755%
21	计算机、通信设备和其他电子设备	-0.822%	-0.893%	-0.963%	-1.033%	-1.103%	-1.172%	-1.240%	-1.308%	-1.376%	-1.443%
22	仪器仪表	-0.924%	-1.004%	-1.083%	-1.161%	-1.239%	-1.317%	-1.393%	-1.469%	-1.545%	-1.620%
23	其他制造产品	-1.458%	-1.584%	-1.709%	-1.833%	-1.956%	-2.078%	-2.200%	-2.320%	-2.439%	-2.558%
24	废弃资源和废旧材料回收加工品	-0.315%	-0.341%	-0.368%	-0.394%	-0.420%	-0.446%	-0.472%	-0.497%	-0.523%	-0.548%
25	电力、热力生产和供应	-8.507%	-9.164%	-9.804%	-10.429%	-11.039%	-11.634%	-12.215%	-12.783%	-13.337%	-13.879%
26	水的生产和供应	-1.627%	-1.764%	-1.900%	-2.033%	-2.166%	-2.296%	-2.425%	-2.553%	-2.679%	-2.804%
27	建筑	-3.239%	-3.516%	-3.791%	-4.063%	-4.332%	-4.599%	-4.864%	-5.125%	-5.385%	-5.642%
28	交通运输、仓储和邮政	-1.242%	-1.352%	-1.460%	-1.568%	-1.676%	-1.782%	-1.889%	-1.994%	-2.100%	-2.204%
29	批发零售住宿餐饮	-0.409%	-0.445%	-0.481%	-0.517%	-0.552%	-0.587%	-0.622%	-0.657%	-0.691%	-0.726%
30	其他	-0.515%	-0.560%	-0.605%	-0.650%	-0.694%	-0.738%	-0.782%	-0.825%	-0.868%	-0.912%

从表 6-14 可以看出，当征收碳税时，30 个部门的劳动力人数均有不同程度的下降。从前面的分析可知，征收碳税后，由于存在税负转嫁，对高碳企业生产者来说，能源作为一种重要的生产要素变得更加昂贵，随着生产成

本提高，生产可能性曲线向内移动，生产能力会降低，使生产处于较低水平，劳动力人数必然会减少。

随着碳税税率从 $T^*=10$ 元/吨提高到 $T^*=200$ 元/吨，各部门的劳动力人数也随之下降。当碳税税率 $T^*=200$ 元/吨时，电力、热力生产和供应业部门的劳动力人数变化率为 -13.879%，建筑业部门的劳动力人数变化率为 -5.642%，煤炭开采和洗选产品业部门的劳动力人数变化率为 -5.104%，金属矿采选产品业部门的劳动力人数变化率为 -4.938%，非金属矿和其他矿采选产品业部门的劳动力人数变化率为 -4.777%，非金属矿物制品业部门的劳动力人数变化率为 -4.280%，金属制品、机械和设备修理服务业部门的劳动力人数变化率为 -3.482%，化学产品业部门的劳动力人数变化率为 -3.169%，水的生产和供应业部门的劳动力人数变化率为 -2.804%，电气机械和器材业部门的劳动力人数变化率为 -2.755%。

结合式（6-7）、式（6-34）和式（6-35），可以计算出不同碳税税率对劳动力总人数变化的影响（见表 6-15）。

表 6-15　不同碳税税率对劳动力总人数变化的影响

碳税税率 T^*（元/吨）	$T^*=10$	$T^*=20$	$T^*=30$	$T^*=40$	$T^*=50$	$T^*=60$	$T^*=70$	$T^*=80$	$T^*=90$	$T^*=100$
劳动力人数变化率（$\triangle L^{*'}$）	-0.096%	-0.190%	-0.282%	-0.374%	-0.465%	-0.555%	-0.645%	-0.733%	-0.821%	-0.908%
碳税税率 T^*（元/吨）	$T^*=110$	$T^*=120$	$T^*=130$	$T^*=140$	$T^*=150$	$T^*=160$	$T^*=170$	$T^*=180$	$T^*=190$	$T^*=200$
劳动力人数变化率（$\triangle L^{*'}$）	-0.994%	-1.079%	-1.163%	-1.247%	-1.330%	-1.412%	-1.494%	-1.575%	-1.655%	-1.735%

假设碳税税率（T^*）为自变量、劳动力人数变化率（$\triangle L^{*'}$）为因变量，为了便于说明问题，绘出两者的 Excel 散点图，可以看出两者的线性关系（见图 6-7）。

通过 Excel 散点图，结合趋势线分析以及 EViews 软件，可以拟合出碳税税率（T^*）与劳动力人数变化率（$\triangle L^{*'}$）之间的关系：

$$\Delta L^{*'} = -0.0000862T^* - 0.000328$$
$$R^2 = 0.9994 \qquad (6-36)$$

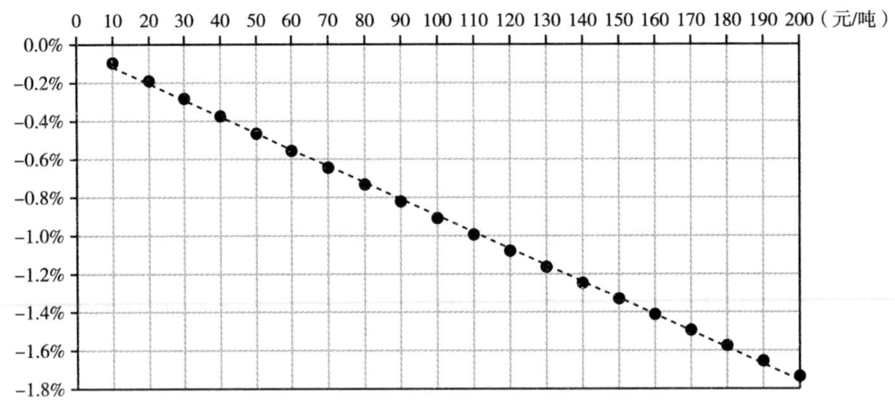

图 6-7 不同碳税税率与劳动力人数变化率

上述公式表明，随着碳税税率的提高，劳动力总人数变化率在不断降低，两者呈负相关关系。

6.8 碳税对二氧化碳减排影响的研究

6.8.1 相关模型

假设征收碳税前后碳排放强度不变，即单位 GDP 碳排放在征收碳税前后不变。

$$\frac{CO_2 \cdot I}{GDP \cdot I} = \frac{(CO_2)^* \cdot I}{(GDP)^* \cdot I} = \frac{(CO_2)^{*'} \cdot I}{(GDP)^{*'} \cdot I} \tag{6-37}$$

其中，I——全部元素为 1 的 n 维列向量；

GDP——征收碳税前的国内生产总值，行向量；

GDP^*——征收碳税后的国内生产总值，行向量；

$GDP^{*'}$——征收碳税后考虑通货膨胀的国内生产总值，行向量；

CO_2——征收碳税前的二氧化碳排放量，行向量；

$(CO_2)^*$——征收碳税后的二氧化碳排放量，行向量；

$(CO_2)^{*'}$——征收碳税后考虑通货膨胀的二氧化碳排放量，行向量。

考虑通货膨胀，征收碳税后二氧化碳的变化率为：

$$(\Delta CO_2)^{*'} = \frac{(CO_2)^{*'} \cdot I - CO_2 \cdot I}{CO_2 \cdot I} \qquad (6-38)$$

其中，$(\Delta CO_2)^{*'}$——考虑通货膨胀后二氧化碳排放的变化率，行向量。

碳税征收的目的是实现二氧化碳减排最大化，因此本章最优目标设定为二氧化碳减排最大化，即二氧化碳排放变化率（绝对值）最大化。

$$\max\left|(\Delta CO_2)^{*'}\right| = \left|\frac{(CO_2)^{*'} \cdot I - CO_2 \cdot I}{CO_2 \cdot I}\right| \qquad (6-39)$$

6.8.2　碳税对二氧化碳减排影响的实证研究

结合式（6－7）、式（6－37）和式（6－38），通过 Excel 软件和 MATLAB 软件，模拟碳税税率 $T^* = 10$ 元/吨至 $T^* = 200$ 元/吨时，对 30 个部门二氧化碳排放变化的影响（见表 6－16）。

表 6－16　不同碳税税率对 30 个部门二氧化碳排放变化的影响

	碳税税率（元/吨） 部门碳排放变化率 部门	T* = 10	T* = 20	T* = 30	T* = 40	T* = 50	T* = 60	T* = 70	T* = 80	T* = 90	T* = 100
1	煤炭开采和洗选产品	-0.287%	-0.565%	-0.840%	-1.112%	-0.028%	-1.648%	-1.912%	-2.173%	-2.431%	-2.686%
2	石油和天然气开采产品	-0.145%	-0.285%	-0.423%	-0.559%	-0.014%	-0.828%	-0.961%	-1.092%	-1.222%	-1.350%
3	精炼石油和核燃料加工品	-0.061%	-0.125%	-0.189%	-0.252%	-0.006%	-0.377%	-0.439%	-0.500%	-0.562%	-0.622%
4	燃气生产和供应	-0.088%	-0.171%	-0.254%	-0.336%	-0.008%	-0.498%	-0.578%	-0.658%	-0.737%	-0.815%
5	农、林、牧、渔产品和服务	-0.052%	-0.100%	-0.148%	-0.196%	-0.005%	-0.291%	-0.338%	-0.385%	-0.431%	-0.477%
6	金属矿采选产品	-0.266%	-0.542%	-0.814%	-1.083%	-0.027%	-1.609%	-1.867%	-2.122%	-2.373%	-2.621%
7	非金属矿和其他矿采选产品	-0.265%	-0.529%	-0.790%	-1.048%	-0.026%	-1.554%	-1.802%	-2.047%	-2.290%	-2.529%
8	食品和烟草	-0.057%	-0.115%	-0.172%	-0.229%	-0.006%	-0.343%	-0.399%	-0.454%	-0.510%	-0.565%
9	纺织品	-0.108%	-0.215%	-0.322%	-0.427%	-0.011%	-0.636%	-0.740%	-0.842%	-0.944%	-1.046%
10	纺织服装鞋帽皮革毛皮、羽毛及其制品	-0.087%	-0.169%	-0.251%	-0.333%	-0.008%	-0.494%	-0.574%	-0.653%	-0.731%	-0.809%
11	木材加工品和家具	-0.085%	-0.171%	-0.256%	-0.340%	-0.008%	-0.507%	-0.589%	-0.670%	-0.751%	-0.831%

续表

	碳税税率（元/吨） 部门碳排放变化率 部门	T* =10	T* =20	T* =30	T* =40	T* =50	T* =60	T* =70	T* =80	T* =90	T* =100
12	造纸印刷和文教体育用品	-0.135%	-0.262%	-0.389%	-0.515%	-0.013%	-0.763%	-0.886%	-1.008%	-1.129%	-1.250%
13	化学产品	-0.170%	-0.340%	-0.508%	-0.675%	-0.017%	-1.005%	-1.167%	-1.329%	-1.489%	-1.648%
14	非金属矿物制品	-0.231%	-0.462%	-0.692%	-0.919%	-0.023%	-1.367%	-1.588%	-1.807%	-2.023%	-2.238%
15	金属冶炼和压延加工品	-0.032%	-0.059%	-0.084%	-0.109%	-0.003%	-0.156%	-0.179%	-0.200%	-0.221%	-0.241%
16	金属制品、机械和设备修理服务	-0.192%	-0.381%	-0.568%	-0.754%	-0.019%	-1.119%	-1.299%	-1.477%	-1.653%	-1.827%
17	通用设备	-0.124%	-0.252%	-0.379%	-0.505%	-0.013%	-0.754%	-0.877%	-0.998%	-1.119%	-1.239%
18	专用设备	-0.113%	-0.226%	-0.339%	-0.450%	-0.011%	-0.670%	-0.778%	-0.886%	-0.993%	-1.099%
19	交通运输设备	-0.099%	-0.202%	-0.304%	-0.406%	-0.010%	-0.607%	-0.706%	-0.804%	-0.902%	-0.999%
20	电气机械和器材	-0.146%	-0.294%	-0.441%	-0.586%	-0.015%	-0.874%	-1.015%	-1.156%	-1.295%	-1.434%
21	计算机、通信设备和其他电子设备	-0.081%	-0.158%	-0.234%	-0.310%	-0.008%	-0.459%	-0.533%	-0.606%	-0.678%	-0.750%
22	仪器仪表	-0.093%	-0.179%	-0.264%	-0.349%	-0.009%	-0.517%	-0.600%	-0.682%	-0.763%	-0.844%
23	其他制造产品	-0.143%	-0.279%	-0.414%	-0.549%	-0.014%	-0.814%	-0.945%	-1.075%	-1.204%	-1.332%
24	废弃资源和废旧材料回收加工品	-0.037%	-0.066%	-0.094%	-0.123%	-0.003%	-0.179%	-0.206%	-0.234%	-0.261%	-0.288%
25	电力、热力生产和供应	-0.884%	-1.745%	-2.581%	-3.395%	-0.084%	-4.954%	-5.703%	-6.432%	-7.142%	-7.833%
26	水的生产和供应	-0.159%	-0.315%	-0.468%	-0.620%	-0.015%	-0.917%	-1.062%	-1.206%	-1.348%	-1.489%
27	建筑	-0.307%	-0.614%	-0.917%	-1.218%	-0.030%	-1.810%	-2.102%	-2.390%	-2.676%	-2.959%
28	交通运输、仓储和邮政	-0.117%	-0.232%	-0.347%	-0.461%	-0.011%	-0.688%	-0.800%	-0.911%	-1.022%	-1.133%
29	批发零售住宿餐饮	-0.037%	-0.075%	-0.113%	-0.151%	-0.004%	-0.226%	-0.263%	-0.300%	-0.337%	-0.373%
30	其他	-0.051%	-0.098%	-0.146%	-0.193%	-0.005%	-0.286%	-0.333%	-0.379%	-0.425%	-0.470%
	碳税税率（元/吨） 部门碳排放变化率 部门	T* =110	T* =120	T* =130	T* =140	T* =150	T* =160	T* =170	T* =180	T* =190	T* =200
1	煤炭开采和洗选产品	-2.939%	-3.190%	-3.437%	-3.683%	-3.925%	-4.166%	-4.404%	-4.640%	-4.873%	-5.104%
2	石油和天然气开采产品	-1.478%	-1.604%	-1.729%	-1.853%	-1.975%	-2.097%	-2.217%	-2.336%	-2.455%	-2.572%

续表

	碳税税率（元/吨） 部门碳排放变化率 部门	T * =110	T * =120	T * =130	T * =140	T * =150	T * =160	T * =170	T * =180	T * =190	T * =200
3	精炼石油和核燃料加工品	-0.683%	-0.743%	-0.802%	-0.862%	-0.921%	-0.979%	-1.037%	-1.095%	-1.153%	-1.210%
4	燃气生产和供应	-0.893%	-0.971%	-1.048%	-1.124%	-1.200%	-1.276%	-1.351%	-1.425%	-1.499%	-1.572%
5	农、林、牧、渔产品和服务	-0.523%	-0.569%	-0.614%	-0.659%	-0.704%	-0.749%	-0.793%	-0.838%	-0.882%	-0.925%
6	金属矿采选产品	-2.866%	-3.108%	-3.347%	-3.582%	-3.815%	-4.045%	-4.273%	-4.497%	-4.719%	-4.938%
7	非金属矿和其他矿采选产品	-2.766%	-3.000%	-3.231%	-3.459%	-3.685%	-3.908%	-4.129%	-4.348%	-4.563%	-4.777%
8	食品和烟草	-0.620%	-0.674%	-0.728%	-0.782%	-0.835%	-0.889%	-0.942%	-0.994%	-1.046%	-1.099%
9	纺织品	-1.146%	-1.246%	-1.345%	-1.444%	-1.542%	-1.639%	-1.735%	-1.831%	-1.927%	-2.021%
10	纺织服装鞋帽皮革毛皮、羽毛及其制品	-0.887%	-0.964%	-1.040%	-1.116%	-1.191%	-1.266%	-1.341%	-1.415%	-1.488%	-1.561%
11	木材加工品和家具	-0.911%	-0.990%	-1.068%	-1.146%	-1.223%	-1.300%	-1.376%	-1.451%	-1.526%	-1.601%
12	造纸印刷和文教体育用品	-1.369%	-1.488%	-1.605%	-1.722%	-1.838%	-1.953%	-2.068%	-2.182%	-2.295%	-2.407%
13	化学产品	-1.805%	-1.961%	-2.116%	-2.270%	-2.423%	-2.574%	-2.725%	-2.874%	-3.022%	-3.169%
14	非金属矿物制品	-2.451%	-2.661%	-2.870%	-3.077%	-3.282%	-3.485%	-3.687%	-3.886%	-4.084%	-4.280%
15	金属冶炼和压延加工品	-0.260%	-0.279%	-0.297%	-0.314%	-0.330%	-0.346%	-0.361%	-0.375%	-0.389%	-0.402%
16	金属制品、机械和设备修理服务	-2.000%	-2.171%	-2.340%	-2.508%	-2.674%	-2.839%	-3.002%	-3.163%	-3.323%	-3.482%
17	通用设备	-1.358%	-1.475%	-1.592%	-1.708%	-1.823%	-1.937%	-2.050%	-2.163%	-2.274%	-2.385%
18	专用设备	-1.204%	-1.308%	-1.411%	-1.514%	-1.616%	-1.717%	-1.817%	-1.917%	-2.015%	-2.113%
19	交通运输设备	-1.095%	-1.190%	-1.285%	-1.379%	-1.472%	-1.565%	-1.657%	-1.748%	-1.839%	-1.929%
20	电气机械和器材	-1.571%	-1.707%	-1.842%	-1.975%	-2.108%	-2.240%	-2.370%	-2.500%	-2.628%	-2.755%
21	计算机、通信设备和其他电子设备	-0.822%	-0.893%	-0.963%	-1.033%	-1.103%	-1.172%	-1.240%	-1.308%	-1.376%	-1.443%
22	仪器仪表	-0.924%	-1.004%	-1.083%	-1.161%	-1.239%	-1.317%	-1.393%	-1.469%	-1.545%	-1.620%
23	其他制造产品	-1.458%	-1.584%	-1.709%	-1.833%	-1.956%	-2.078%	-2.200%	-2.320%	-2.439%	-2.558%
24	废弃资源和废旧材料回收加工品	-0.315%	-0.341%	-0.368%	-0.394%	-0.420%	-0.446%	-0.472%	-0.497%	-0.523%	-0.548%
25	电力、热力生产和供应	-8.507%	-9.164%	-9.804%	-10.429%	-11.039%	-11.634%	-12.215%	-12.783%	-13.337%	-13.879%
26	水的生产和供应	-1.627%	-1.764%	-1.900%	-2.033%	-2.166%	-2.296%	-2.425%	-2.553%	-2.679%	-2.804%
27	建筑	-3.239%	-3.516%	-3.791%	-4.063%	-4.332%	-4.599%	-4.864%	-5.125%	-5.385%	-5.642%

续表

	碳税税率（元/吨） 部门碳排放变化率 部门	T* =110	T* =120	T* =130	T* =140	T* =150	T* =160	T* =170	T* =180	T* =190	T* =200
28	交通运输、仓储和邮政	-1.242%	-1.352%	-1.460%	-1.568%	-1.676%	-1.782%	-1.889%	-1.994%	-2.100%	-2.204%
29	批发零售住宿餐饮	-0.409%	-0.445%	-0.481%	-0.517%	-0.552%	-0.587%	-0.622%	-0.657%	-0.691%	-0.726%
30	其他	-0.515%	-0.560%	-0.605%	-0.650%	-0.694%	-0.738%	-0.782%	-0.825%	-0.868%	-0.912%

随着碳税税率从 T^* =10 元/吨提高到 T^* =200 元/吨，各部门的碳排放量也随之下降，当碳税税率 T^* =200 元/吨时，电力、热力生产和供应业部门的碳排放变化率为 -13.879%，建筑业部门的碳排放变化率为 -5.642%，煤炭开采和洗选产品业部门的碳排放变化率为 -5.104%，金属矿采选产品业部门的碳排放变化率为 -4.938%，非金属矿和其他矿采选产品业部门的碳排放变化率为 -4.777%，非金属矿物制品业部门的碳排放变化率为 -4.280%，金属制品、机械和设备修理服务业部门的碳排放变化率为 -3.482%，化学产品业部门的碳排放变化率为 -3.169%，水的生产和供应业部门的碳排放变化率为 -2.804%，电气机械和器材业部门的碳排放变化率为 -2.755%。

从表 6-16 可以看出，当征收碳税时，30 个部门的二氧化碳排放均有不同程度的下降。征收碳税之所以会造成各部门二氧化碳排放量下降，是因为碳税对生产者和消费者均产生了收入效应和替代效应。从收入效应的角度来看，对生产者来讲，由于征收碳税，提高了原材料的成本，生产可能性曲线向内移动，由于减少了生产，必然会减少碳排放。对于消费者来讲，由于征收碳税，消费者需要支付更高的价格，在预算收入不变的情况下，消费者购买商品的数量会减少，从而减少了碳排放。从替代效应的角度来看，对于生产者来讲，生产者会进行技术创新、提高能源使用效率、减少高碳能源这种生产要素的使用、寻找替代能源、提高资本和劳动等要素替代能源要素。对于消费者来讲，由于生产者减少了高碳产品的生产，消费者必然减少高碳产品的消费。收入效应和替代效应的共同作用，必然会导致各个部门碳排放的减少。

结合式（6-7）、式（6-37）和式（6-38），可以计算出不同碳税税率对二氧化碳总排放变化的影响（见表 6-17）。

表6-17　　不同碳税税率对二氧化碳总排放变化的影响

碳税税率（T*）（元/吨）	T*=10	T*=20	T*=30	T*=40	T*=50	T*=60	T*=70	T*=80	T*=90	T*=100
二氧化碳排放总量变化率（$\triangle CO_2$）*′	-0.404%	-0.798%	-1.182%	-1.556%	-1.921%	-2.278%	-2.625%	-2.965%	-3.297%	-3.621%
碳税税率（T*）（元/吨）	T*=110	T*=120	T*=130	T*=140	T*=150	T*=160	T*=170	T*=180	T*=190	T*=200
二氧化碳排放总量变化率（$\triangle CO_2$）*′	-3.937%	-4.247%	-4.550%	-4.846%	-5.136%	-5.420%	-5.698%	-5.971%	-6.237%	-6.499%

假设碳税税率（T^*）为自变量、二氧化碳排放总量变化率（$\triangle CO_2^{*'}$）为因变量，为了便于说明问题，绘出两者的Excel散点图，可以看出两者的线性关系（见图6-8）。

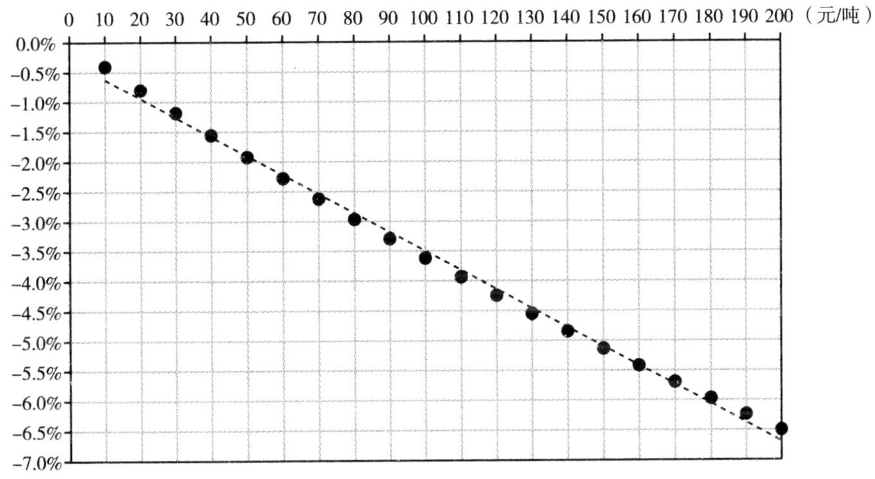

图6-8　不同碳税税率与二氧化碳排放变化率

通过Excel散点图，结合趋势线分析以及EViews软件，可以拟合出碳税税率（T^*）与因变量二氧化碳排放变化率（$\triangle CO_2^{*'}$）之间的关系：

$$\Delta CO_2^{*'} = -0.000319T^* - 0.003057 \tag{6-40}$$

$\bar{R}^2 = 0.9964$

上述公式表明，随着碳税税率的提高，二氧化碳排放变化率在不断降低，两者呈负相关关系。

6.9 本章小结

本章模拟了碳税税率 $T^*=10$ 元/吨至 $T^*=200$ 元/吨对宏观经济及二氧化碳减排的影响，得到以下结论：

（1）当征收碳税时，30 个部门的产品价格有不同程度的上涨，随着碳税税率不断增加，各部门的价格也随之上涨。其中影响最大的是电力、热力的生产和供应业部门，其次是金属冶炼和压延加工品业部门，最后是煤炭开采和洗选产品业部门。

（2）当征收碳税时，由于存在税负转嫁，厂商会把碳税通过税负转嫁到其产品成本中，造成成本推动型通货膨胀，导致产品价格上涨，这些产品若是生活用品涨价，则直接推动 CPI 上涨；若是工业用品（尤其是能源产品和原材料）涨价，则会推动 PPI 上涨，最终推动生活用品涨价，间接推动 CPI 上涨。

（3）当征收碳税时，由于存在税负转嫁，从生产者角度来看，能源作为一种生产要素会变得昂贵，生产可能性曲线会向内移动，导致生产的减少；从消费者角度来看，消费者需要支付更高的价格，消费会减少，总需求会减少。从而导致各部门的消费、投资、出口、GDP、产出、劳动力人数、二氧化碳减排均有不同程度的减少。能源密集型部门减幅更大。

（4）随着碳税税率不断提高，各部门的价格及价格指数也随之上涨，通货膨胀率在不断提高。自变量 T^*（碳税税率）与各因变量（居民消费变化率、投资变化率、出口变化率、GDP 变化率、产出变化率、劳动力人数变化率及碳排放变化率）之间存在负相关关系。

第 7 章

碳减排约束下的最优碳税税率确定及碳税宏观经济效应研究

本章在 6 章研究结果的基础上，建立具有三约束条件的两目标最优碳税税率模型，并根据不同约束条件进行最优碳税税率模拟，进一步计算 4 种不同最优碳税税率对宏观经济及碳减排的影响。

7.1 碳减排约束下的多目标最优碳税税率模型构建

综合上述内容，将式（6－16）和式（6－39）作为目标函数，式（6－10）、式（6－26）和式（6－32）作为约束条件，建立具有三约束条件的两目标最优碳税税率模型，并根据不同约束条件进行最优碳税税率模拟。

$$\begin{cases} \min\left|\Delta Y_{CP}^{*'}\right| = \left|\dfrac{I^T Y_{CP}^{*'} - I^T Y_{CP}}{I^T Y_{CP}}\right| \\ \max\left|(\Delta CO_2)^{*'}\right| = \left|\dfrac{(CO_2)^{*'} \cdot I - CO_2 \cdot I}{CO_2 \cdot I}\right| \end{cases} \tag{7-1}$$

$$s.t\begin{cases} 0 < IR \leqslant \alpha \\ 0 < \left|(\Delta GDP)^{*'}\right| \leqslant \beta \\ 0 < \left|\Delta X^{*'}\right| \leqslant \gamma \end{cases}$$

式（7－1）表明，征收碳税之后，

目标函数为：居民消费变化率绝对值越小越好，

碳排放变化率绝对值越大越好。

约束条件为：α 设定为 1.5%、3%、4.5% 和 6%，
β 设定为 0.5%、1%、1.5% 和 2%，
γ 设定为 1%、2%、3% 和 4%。

7.2 最优碳税税率的确定

根据式（7－1），结合式（6－7）、式（6－9）、式（6－15）、式（6－19）、式（6－20）、式（6－22）、式（6－23）、式（6－25）、式（6－28）、式（6－30）、式（6－31）、式（6－34）、式（6－35）、式（6－37）、式（6－38）可以计算出不同约束条件下的最优碳税税率（见表 7－1）。

表 7－1 不同约束条件下最优碳税税率对宏观经济及二氧化碳减排影响

指标 \ 对宏观经济影响 \ 约束条件	第一组约束条件 通货膨胀率小于 1.5%、 丨GDP 总量变化率丨 <0.5%、 丨且总产出变化率丨 <1%	第二组约束条件 通货膨胀率小于 3%、 丨GDP 总量变化率丨 <1%、 丨且总产出变化率丨 <2%
最优碳税税率（元/吨）	45.5	93.5
通货膨胀率	1.398%	2.876%
GDP 总量变化率	－0.499%	－0.997%
总产出变化率	－0.992%	－1.960%
碳排放总量变化率	－1.758%	－3.411%
居民总消费变化率	－0.325%	－0.652%
总投资变化率	－1.001%	－2.012%
总出口变化率	－0.464%	－0.935%
劳动力总人数变化率	－0.424%	－0.851%
指标 \ 对宏观经济影响 \ 约束条件	第三组约束条件 通货膨胀率小于 4.5%、 丨GDP 总量变化率丨 <1.5%、 丨且总产出变化率丨 <3%	第四组约束条件 通货膨胀率小于 6%、 丨GDP 总量变化率丨 <2%、 丨且总产出变化率丨 <4%
最优碳税税率（元/吨）	144	194
通货膨胀率	4.437%	5.986%
GDP 总量变化率	－1.494%	－1.962%
总产出变化率	－2.907%	－3.782%

续表

约束条件 / 对宏观经济影响 / 指标	第三组约束条件 通货膨胀率小于 4.5%、 | GDP 总量变化率 | <1.5%、 | 且总产出变化率 | <3%	第四组约束条件 通货膨胀率小于 6%、 | GDP 总量变化率 | <2%、 | 且总产出变化率 | <4%
碳排放总量变化率	-4.963%	-6.343%
居民总消费变化率	-0.981%	-1.295%
总投资变化率	-3.026%	-3.985%
总出口变化率	-1.411%	-1.864%
劳动力总人数变化率	-1.280%	-1.687%

表 7-1 表明：在第一组约束条件下，即总通货膨胀率小于 1.5%、GDP 总量下降率 <0.5% 且总产出下降率 <1% 的约束条件下，最优碳税税率为 45.5 元/吨，通货膨胀率为 1.398%，GDP 总量变化率为 -0.499%，总产出变化率为 -0.992%，碳排放总量变化率为 -1.758%，居民总消费变化率为 -0.325%，总投资变化率为 -1.001%，总出口变化率为 -0.464%，就业总人数变化率为 -0.424%。

表 7-1 表明：在第二组约束条件下，即总通货膨胀率小于 3%、GDP 总量下降率 <1% 且总产出下降率 <2% 的约束条件下，最优碳税税率为 93.5 元/吨，通货膨胀率为 2.876%，GDP 总量变化率为 -0.997%，总产出变化率为 -1.960%，碳排放总量变化率为 -3.411%，居民总消费变化率为 -0.652%，总投资变化率为 -2.012%，总出口变化率为 -0.935%，就业总人数变化率为 -0.851%。

表 7-1 表明：在第三组约束条件下，即总通货膨胀率小于 4.5%、GDP 总量下降率 <1.5% 且总产出下降率 <3% 的约束条件下，最优碳税税率为 144 元/吨，通货膨胀率为 4.437%，GDP 总量变化率为 -1.494%，总产出变化率为 -2.907%，碳排放总量变化率为 -4.963%，居民总消费变化率为 -0.981%，总投资变化率为 -3.026%，总出口变化率为 -1.411%，劳动力总人数变化率为 -1.280%。

表 7-1 表明：在第四组约束条件下，即总通货膨胀率小于 6%、GDP 总量下降率 <2% 且总产出下降率 <4% 的约束条件下，最优碳税税率为 194 元/吨，通货膨胀率为 5.986%，GDP 总量变化率为 -1.962%，总产出变化率为

-3.782%，碳排放总量变化率为-6.343%，居民总消费变化率为-1.295%，总投资变化率为-3.985%，总出口变化率为-1.864%，就业总人数变化率为-1.687%。

7.3 最优碳税税率对宏观经济及部门二氧化碳减排的影响研究

根据最优碳税税率，可以计算在最优碳税税率 T=45.5 元/吨、T=93.5 元/吨、T=144 元/吨、T=194 元/吨时对不同产业部门宏观经济及碳减排的影响。

7.3.1 对部门价格影响的实证研究

结合式（6-7），通过 Excel 软件和 MATLAB 软件，模拟 4 种最优碳税税率，对 30 个部门产品价格变动的影响（见表 7-2）。

表 7-2　最优碳税税率对 30 个部门价格变动的影响

碳税税率（元/吨） 部门产品价格变动 部门	$T^*=45.5$	$T^*=93.5$	$T^*=144$	$T^*=194$	排名
电力、热力生产和供应	3.98%	7.97%	11.95%	15.68%	1
金属冶炼和压延加工品	1.62%	3.29%	5.00%	6.65%	2
煤炭开采和洗选产品	1.28%	2.59%	3.93%	5.23%	3
非金属矿物制品	1.05%	2.14%	3.26%	4.34%	4
金属制品、机械和设备修理服务	0.86%	1.74%	2.64%	3.51%	5
化学产品	0.77%	1.57%	2.39%	3.18%	6
水的生产和供应	0.71%	1.42%	2.13%	2.81%	7
电气机械和器材	0.67%	1.36%	2.07%	2.75%	8
其他制造产品	0.63%	1.26%	1.92%	2.55%	9
建筑	0.60%	1.21%	1.84%	2.45%	10
非金属矿和其他矿采选产品	0.60%	1.21%	1.83%	2.43%	11

续表

部门 \ 碳税税率（元/吨） 部门产品价格变动	$T^* = 45.5$	$T^* = 93.5$	$T^* = 144$	$T^* = 194$	排名
造纸印刷和文教体育用品	0.59%	1.19%	1.80%	2.40%	12
通用设备	0.58%	1.17%	1.79%	2.37%	13
金属矿采选产品	0.56%	1.14%	1.72%	2.27%	14
交通运输、仓储和邮政	0.53%	1.07%	1.64%	2.19%	15
专用设备	0.51%	1.04%	1.58%	2.10%	16
纺织品	0.49%	0.99%	1.51%	2.00%	17
交通运输设备	0.46%	0.94%	1.44%	1.91%	18
仪器仪表	0.40%	0.80%	1.21%	1.60%	19
木材加工品和家具	0.39%	0.79%	1.19%	1.58%	20
燃气生产和供应	0.38%	0.77%	1.17%	1.55%	21
纺织服装鞋帽皮革毛皮、羽毛及其制品	0.38%	0.76%	1.16%	1.54%	22
计算机、通信设备和其他电子设备	0.35%	0.71%	1.07%	1.42%	23
石油和天然气开采产品	0.34%	0.68%	1.03%	1.36%	24
精炼石油和核燃料加工品	0.29%	0.59%	0.89%	1.19%	25
食品和烟草	0.26%	0.53%	0.81%	1.08%	26
农、林、牧、渔产品和服务	0.22%	0.45%	0.68%	0.91%	27
其他	0.22%	0.44%	0.67%	0.89%	28
批发零售住宿餐饮	0.17%	0.35%	0.53%	0.71%	29
废弃资源和废旧材料回收加工品	0.06%	0.12%	0.19%	0.25%	30

通过对 4 组约束条件下的模拟，可以发现征收碳税对价格影响最大的是电力、热力生产和供应业部门，第二是金属冶炼和压延加工品业部门，第三是煤炭开采和洗选产品业部门，第四是非金属矿物制品业部门，第五是金属制品、机械和设备修理服务业部门，第六是化学产品业部门，第七是水的生产和供应业部门，第八是电气机械和器材业部门，第九是其他制造产品业部门，第十是建筑业部门。当碳税税率 $T^* = 45.5$ 元/吨、$T^* = 93.5$ 元/吨、$T^* = 144$ 元/吨、$T^* = 194$ 元/吨时，电力、热力生产和供应业部门的价格分别提高 3.98%、7.97%、11.95%、15.68%，金属冶炼和压延加工品业部门的价格分别提高 1.62%、3.29%、5.00%、6.65%；煤炭开采和洗选产品业

部门的价格分别提高 1.28%、2.59%、3.93% 和 5.23%；非金属矿物制品业部门的价格分别提高 1.05%、2.14%、3.26% 和 4.34%；金属制品、机械和设备修理服务业部门的价格分别提高 0.86%、1.74%、2.64% 和 3.51%；化学产品业部门的价格分别提高 0.77%、1.57%、2.39% 和 3.18%；水的生产和供应业部门的价格分别提高 0.71%、1.42%、2.13% 和 2.81%；电气机械和器材业部门的价格分别提高 0.67%、1.36%、2.07% 和 2.75%；其他制造产品业部门的价格分别提高 0.63%、1.26%、1.92% 和 2.55%；建筑业部门的价格分别提高 0.60%、1.21%、1.84% 和 2.45%。

7.3.2 对部门价格指数影响的实证研究

结合式（6-8）和式（6-9），通过 Excel 软件和 MATLAB 软件，模拟 4 种最优碳税税率，对 30 个部门产品价格指数变化的影响（见表 7-3）。

表 7-3　　最优碳税税率对 30 个部门价格指数变化的影响

部门 \ 碳税税率（元/吨）部门产品价格指数变化	$T^*=45.5$	$T^*=93.5$	$T^*=144$	$T^*=194$	排名
电力、热力生产和供应	1.0398	1.0797	1.1195	1.1568	1
金属冶炼和压延加工品	1.0162	1.0329	1.0500	1.0665	2
煤炭开采和洗选产品	1.0128	1.0259	1.0393	1.0523	3
非金属矿物制品	1.0105	1.0214	1.0326	1.0434	4
金属制品、机械和设备修理服务	1.0086	1.0174	1.0264	1.0351	5
化学产品	1.0077	1.0157	1.0239	1.0318	6
水的生产和供应	1.0071	1.0142	1.0213	1.0281	7
电气机械和器材	1.0067	1.0136	1.0207	1.0275	8
其他制造产品	1.0063	1.0126	1.0192	1.0255	9
建筑	1.0060	1.0121	1.0184	1.0245	10
非金属矿和其他矿采选产品	1.0060	1.0121	1.0183	1.0243	11
造纸印刷和文教体育用品	1.0059	1.0119	1.0180	1.0240	12
通用设备	1.0058	1.0117	1.0179	1.0237	13
金属矿采选产品	1.0056	1.0114	1.0172	1.0227	14

续表

部门 \ 碳税税率（元/吨）部门产品价格指数变化	$T^*=45.5$	$T^*=93.5$	$T^*=144$	$T^*=194$	排名
交通运输、仓储和邮政	1.0053	1.0107	1.0164	1.0219	15
专用设备	1.0051	1.0104	1.0158	1.0210	16
纺织品	1.0049	1.0099	1.0151	1.0200	17
交通运输设备	1.0046	1.0094	1.0144	1.0191	18
仪器仪表	1.0040	1.0080	1.0121	1.0160	19
木材加工品和家具	1.0039	1.0079	1.0119	1.0158	20
燃气生产和供应	1.0038	1.0077	1.0117	1.0155	21
纺织服装鞋帽皮革毛皮、羽毛及其制品	1.0038	1.0076	1.0116	1.0154	22
计算机、通信设备和其他电子设备	1.0035	1.0071	1.0107	1.0142	23
石油和天然气开采产品	1.0034	1.0068	1.0103	1.0136	24
精炼石油和核燃料加工品	1.0029	1.0059	1.0089	1.0119	25
食品和烟草	1.0026	1.0053	1.0081	1.0108	26
农、林、牧、渔产品和服务	1.0022	1.0045	1.0068	1.0091	27
其他	1.0022	1.0044	1.0067	1.0089	28
批发零售住宿餐饮	1.0017	1.0035	1.0053	1.0071	29
废弃资源和废旧材料回收加工品	1.0006	1.0012	1.0019	1.0025	30

通过对 4 组约束条件下的模拟，可以发现征收碳税后，各部门价格指数变化与价格变化率排序相同。当碳税税率 $T^*=45.5$ 元/吨、$T^*=93.5$ 元/吨、$T^*=144$ 元/吨、$T^*=194$ 元/吨时，电力、热力生产和供应业部门的价格指数分别为 1.0398、1.0797、1.1195 和 1.1568，金属冶炼和压延加工品业部门的价格指数分别为 1.0162、1.0329、1.0500 和 1.0665，煤炭开采和洗选产品业部门的价格指数分别为 1.0128、1.0259、1.0393 和 1.0523，非金属矿物制品业部门的价格指数分别为 1.0105、1.0214、1.0326 和 1.0434，金属制品、机械和设备修理服务业部门的价格指数分别为 1.0086、1.0174、1.0264 和 1.0351，化学产品业部门的价格指数分别为 1.0077、1.0157、1.0239 和 1.0318，水的生产和供应业部门的价格指数分别为 1.0071、1.0142、1.0213 和 1.0281，电气机械和器材业部门的价格指数分别为

1.0067、1.0136、1.0207 和 1.0275，其他制造产品业部门的价格指数分别为 1.0063、1.0126、1.0192 和 1.0255，建筑业部门的价格指数分别为 1.0060、1.0121、1.0184 和 1.0245。

7.3.3 对部门居民消费影响的实证研究

根据式（6－11），由于假设征收碳税前后，居民最终消费占 GDP 的比重不变，根据式（6－7）和式（6－15），通过 Excel 软件和 MATLAB 软件，结合不同碳税税率下的通货膨胀率，模拟 4 种最优碳税税率，对 30 个部门居民消费变化的影响（见表 7－4）。

表 7－4　最优碳税税率对 30 个部门居民消费变化的影响

部门 \ 碳税税率（元/吨）\ 部门居民消费变化率	$T^*=45.5$	$T^*=93.5$	$T^*=144$	$T^*=194$	排名
电力、热力生产和供应	－3.832%	－7.386%	－10.675%	－13.556%	1
煤炭开采和洗选产品	－1.261%	－2.521%	－3.780%	－4.966%	2
非金属矿物制品	－1.043%	－2.099%	－3.159%	－4.163%	3
金属制品、机械和设备修理服务	－0.855%	－1.714%	－2.575%	－3.387%	4
化学产品	－0.766%	－1.544%	－2.331%	－3.081%	5
水的生产和供应	－0.702%	－1.398%	－2.087%	－2.729%	6
电气机械和器材	－0.666%	－1.344%	－2.029%	－2.679%	7
其他制造产品	－0.622%	－1.249%	－1.883%	－2.487%	8
造纸印刷和文教体育用品	－0.583%	－1.172%	－1.769%	－2.339%	9
通用设备	－0.574%	－1.161%	－1.754%	－2.318%	10
交通运输、仓储和邮政	－0.524%	－1.061%	－1.611%	－2.141%	11
专用设备	－0.511%	－1.030%	－1.555%	－2.054%	12
纺织品	－0.485%	－0.980%	－1.483%	－1.964%	13
交通运输设备	－0.461%	－0.936%	－1.416%	－1.875%	14
仪器仪表	－0.396%	－0.792%	－1.193%	－1.575%	15
木材加工品和家具	－0.386%	－0.779%	－1.177%	－1.556%	16
燃气生产和供应	－0.380%	－0.764%	－1.155%	－1.528%	17

续表

部门 \ 碳税税率（元/吨）部门产品居民消费变化率	$T^{*}=45.5$	$T^{*}=93.5$	$T^{*}=144$	$T^{*}=194$	排名
纺织服装鞋帽皮革毛皮、羽毛及其制品	-0.377%	-0.759%	-1.146%	-1.518%	18
计算机、通信设备和其他电子设备	-0.351%	-0.704%	-1.061%	-1.402%	19
精炼石油和核燃料加工品	-0.286%	-0.583%	-0.885%	-1.176%	20
食品和烟草	-0.261%	-0.529%	-0.803%	-1.067%	21
农、林、牧、渔产品和服务	-0.222%	-0.447%	-0.677%	-0.899%	22
其他	-0.219%	-0.440%	-0.667%	-0.886%	23
批发零售住宿餐饮	-0.172%	-0.349%	-0.531%	-0.705%	24
石油和天然气开采产品	0.000%	0.000%	0.000%	0.000%	25
金属矿采选产品	0.000%	0.000%	0.000%	0.000%	26
非金属矿和其他矿采选产品	0.000%	0.000%	0.000%	0.000%	27
金属冶炼和压延加工品	0.000%	0.000%	0.000%	0.000%	28
废弃资源和废旧材料回收加工品	0.000%	0.000%	0.000%	0.000%	29
建筑	0.000%	0.000%	0.000%	0.000%	30

通过对 4 组约束条件下的模拟，可以发现征收碳税对行业居民消费影响最大的是电力、热力生产和供应业部门，第二是煤炭开采和洗选产品业部门，第三是非金属矿物制品业部门，第四是金属制品、机械和设备修理服务业部门，第五是化学产品业部门，第六是水的生产和供应业部门，第七是电气机械和器材业部门，第八是其他制造产品业部门，第九是造纸印刷和文教体育用品业部门，第十是通用设备业部门。当碳税税率 $T^{*}=45.5$ 元/吨、$T^{*}=93.5$ 元/吨、$T^{*}=144$ 元/吨、$T^{*}=194$ 元/吨时，电力、热力生产和供应业部门的居民消费变化率分别为 -3.832%、-7.386%、-10.675% 和 -13.556%，煤炭开采和洗选产品业部门的居民消费变化率分别为 -1.261%、-2.521%、-3.780% 和 -4.966%，非金属矿物制品业部门的居民消费变化率分别为 -1.043%、-2.099%、-3.159% 和 -4.163%，金属制品、机械和设备修理服务业部门的居民消费变化率分别为 -0.855%、-1.714%、-2.575% 和 -3.387%，化学产品业部门的居民消费变化率分别为 -0.766%、-1.544%、-2.331% 和 -3.081%，水的生产和供应业部

门的居民消费变化率分别为 -0.702%、-1.398%、-2.087% 和 -2.729%，电气机械和器材业部门的居民消费变化率分别为 -0.666%、-1.344%、-2.029% 和 -2.679%，其他制造产品业部门的居民消费变化率分别为 -0.622%、-1.249%、-1.883% 和 -2.487%，造纸印刷和文教体育用品业部门的居民消费变化率分别为 -0.583%、-1.172%、-1.769% 和 -2.339%，通用设备业部门的居民消费变化率分别为 -0.574%、-1.161%、-1.754% 和 -2.318%。

7.3.4 对部门投资影响的实证研究

结合式（6-7）、式（6-19）和式 6-20），通过 Excel 软件和 MATLAB 软件，模拟 4 种最优碳税税率，对 30 个部门产品投资变化的影响（见表 7-5）。

表 7-5　　最优碳税税率对 30 个部门投资变化的影响

碳税税率（元/吨） 部门 部门投资变化率	$T^*=45.5$	$T^*=93.5$	$T^*=144$	$T^*=194$	排名
建筑	-1.382%	-2.775%	-4.171%	-5.488%	1
煤炭开采和洗选产品	-1.261%	-2.521%	-3.780%	-4.966%	2
金属矿采选产品	-1.229%	-2.460%	-3.676%	-4.807%	3
非金属矿和其他矿采选产品	-1.188%	-2.374%	-3.550%	-4.649%	4
非金属矿物制品	-1.043%	-2.099%	-3.159%	-4.163%	5
金属制品、机械和设备修理服务	-0.855%	-1.714%	-2.575%	-3.387%	6
化学产品	-0.766%	-1.544%	-2.331%	-3.081%	7
水的生产和供应	-0.702%	-1.398%	-2.087%	-2.729%	8
电气机械和器材	-0.666%	-1.344%	-2.029%	-2.679%	9
石油和天然气开采产品	-0.634%	-1.267%	-1.902%	-2.502%	10
其他制造产品	-0.622%	-1.249%	-1.883%	-2.487%	11
造纸印刷和文教体育用品	-0.583%	-1.172%	-1.769%	-2.339%	12
通用设备	-0.574%	-1.161%	-1.754%	-2.318%	13
交通运输、仓储和邮政	-0.524%	-1.061%	-1.611%	-2.141%	14

续表

部门 \ 碳税税率（元/吨） 部门投资变化率	T* =45.5	T* =93.5	T* =144	T* =194	排名
专用设备	-0.511%	-1.030%	-1.555%	-2.054%	15
纺织品	-0.485%	-0.980%	-1.483%	-1.964%	16
交通运输设备	-0.461%	-0.936%	-1.416%	-1.875%	17
仪器仪表	-0.396%	-0.792%	-1.193%	-1.575%	18
木材加工品和家具	-0.386%	-0.779%	-1.177%	-1.556%	19
燃气生产和供应	-0.380%	-0.764%	-1.155%	-1.528%	20
纺织服装鞋帽皮革毛皮、羽毛及其制品	-0.377%	-0.759%	-1.146%	-1.518%	21
计算机、通信设备和其他电子设备	-0.351%	-0.704%	-1.061%	-1.402%	22
精炼石油和核燃料加工品	-0.286%	-0.583%	-0.885%	-1.176%	23
食品和烟草	-0.261%	-0.529%	-0.803%	-1.067%	24
农、林、牧、渔产品和服务	-0.222%	-0.447%	-0.677%	-0.899%	25
其他	-0.219%	-0.440%	-0.667%	-0.886%	26
批发零售住宿餐饮	-0.172%	-0.349%	-0.531%	-0.705%	27
废弃资源和废旧材料回收加工品	-0.138%	-0.270%	-0.405%	-0.533%	28
金属冶炼和压延加工品	-0.122%	-0.228%	-0.320%	-0.394%	29
电力、热力生产和供应	0.000%	0.000%	0.000%	0.000%	30

通过对 4 组约束条件下的模拟，可以发现征收碳税对部门投资影响最大的是建筑业部门，第二是煤炭开采和洗选产品业部门，第三是金属矿采选产品业部门，第四是非金属矿和其他矿采选产品业部门，第五是非金属矿物制品业部门，第六是金属制品、机械和设备修理服务业部门，第七是化学产品业部门，第八是水的生产和供应业部门，第九是电气机械和器材业部门，第十是石油和天然气开采产品业部门。当碳税税率 T* =45.5 元/吨、T* =93.5 元/吨、T* =144 元/吨、T* =194 元/吨时，建筑业部门的投资变化率分别为 -1.382%、-2.775%、-4.171% 和 -5.488%，煤炭开采和洗选产品业部门的投资变化率分别为 -1.261%、-2.521%、-3.780% 和 -4.966%，金属矿采选产品业部门的投资变化率分别为 -1.229%、-2.460%、-3.676% 和 -4.807%，非金属矿和其他矿采选产品业部门的投资变化率分

别为 -1.188%、-2.374%、-3.550%和-4.649%，非金属矿物制品业部门的投资变化率分别为-1.043%、-2.099%、-3.159%和-4.163%，金属制品、机械和设备修理服务业部门的投资变化率分别为-0.855%、-1.714%、-2.575%和-3.387%，化学产品业部门的投资变化率分别为-0.766%、-1.544%、-2.331%和-3.081%，水的生产和供应业部门的投资变化率分别为-0.702%、-1.398%、-2.087%和-2.729%，电气机械和器材业部门的投资变化率分别为-0.666%、-1.344%、-2.029%和-2.679%，石油和天然气开采产品业部门的投资变化率分别为-0.634%、-1.267%、-1.902%和-2.502%。

7.3.5 对部门出口影响的实证研究

结合式（6-7）、式（6-22）和式（6-23），通过 Excel 和 MATLAB 软件，模拟 4 种最优碳税税率，对 30 个部门产品出口变化的影响（见表 7-6）。

表 7-6　最优碳税税率对 30 个部门出口变化的影响

部门 \ 碳税税率（元/吨）\ 部门出口变化率	$T^*=45.5$	$T^*=93.5$	$T^*=144$	$T^*=194$	排名
电力、热力生产和供应	-3.832%	-7.386%	-10.675%	-13.556%	1
建筑	-1.382%	-2.775%	-4.171%	-5.488%	2
煤炭开采和洗选产品	-1.261%	-2.521%	-3.780%	-4.966%	3
金属矿采选产品	-1.229%	-2.460%	-3.676%	-4.807%	4
非金属矿和其他矿采选产品	-1.188%	-2.374%	-3.550%	-4.649%	5
非金属矿物制品	-1.043%	-2.099%	-3.159%	-4.163%	6
金属制品、机械和设备修理服务	-0.855%	-1.714%	-2.575%	-3.387%	7
化学产品	-0.766%	-1.544%	-2.331%	-3.081%	8
电气机械和器材	-0.666%	-1.344%	-2.029%	-2.679%	9
石油和天然气开采产品	-0.634%	-1.267%	-1.902%	-2.502%	10
其他制造产品	-0.622%	-1.249%	-1.883%	-2.487%	11
造纸印刷和文教体育用品	-0.583%	-1.172%	-1.769%	-2.339%	12

续表

碳税税率（元/吨） 部门 出口变化率 部门	$T^{*}=45.5$	$T^{*}=93.5$	$T^{*}=144$	$T^{*}=194$	排名
通用设备	-0.574%	-1.161%	-1.754%	-2.318%	13
交通运输、仓储和邮政	-0.524%	-1.061%	-1.611%	-2.141%	14
专用设备	-0.511%	-1.030%	-1.555%	-2.054%	15
纺织品	-0.485%	-0.980%	-1.483%	-1.964%	16
交通运输设备	-0.461%	-0.936%	-1.416%	-1.875%	17
仪器仪表	-0.396%	-0.792%	-1.193%	-1.575%	18
木材加工品和家具	-0.386%	-0.779%	-1.177%	-1.556%	19
燃气生产和供应	-0.380%	-0.764%	-1.155%	-1.528%	20
纺织服装鞋帽皮革毛皮、羽毛及其制品	-0.377%	-0.759%	-1.146%	-1.518%	21
计算机、通信设备和其他电子设备	-0.351%	-0.704%	-1.061%	-1.402%	22
精炼石油和核燃料加工品	-0.286%	-0.583%	-0.885%	-1.176%	23
食品和烟草	-0.261%	-0.529%	-0.803%	-1.067%	24
农、林、牧、渔产品和服务	-0.222%	-0.447%	-0.677%	-0.899%	25
其他	-0.219%	-0.440%	-0.667%	-0.886%	26
批发零售住宿餐饮	-0.172%	-0.349%	-0.531%	-0.705%	27
废弃资源和废旧材料回收加工品	-0.138%	-0.270%	-0.405%	-0.533%	28
金属冶炼和压延加工品	-0.122%	-0.228%	-0.320%	-0.394%	29
水的生产和供应	0.000%	0.000%	0.000%	0.000%	30

通过对 4 组约束条件下的模拟，可以发现征收碳税对部门出口影响最大的是电力、热力生产和供应业部门，第二是建筑业部门，第三是煤炭开采和洗选产品业部门，第四是金属矿采选产品业部门，第五是非金属矿和其他矿采选产品业部门，第六是非金属矿物制品业部门，第七是金属制品、机械和设备修理服务业部门，第八是化学产品业部门，第九是电气机械和器材业部门，第十是石油和天然气开采产品业部门。当碳税税率 $T^{*}=45.5$ 元/吨、$T^{*}=93.5$ 元/吨、$T^{*}=144$ 元/吨、$T^{*}=194$ 元/吨时，电力、热力生产和供应业部门的出口变化率分别为 -3.832%、-7.386%、-10.675% 和 -13.556%，建筑业部门的出口变化率分别为 -1.382%、-2.775%、-4.171% 和 -5.488%，煤炭开采和洗选产品业部门的出口变化率分别为 -1.261%、

-2.521%、-3.780%和-4.966，金属矿采选产品业部门的出口变化率分别为-1.229%、-2.460%、-3.676%和-4.807%，非金属矿和其他矿采选产品业部门的出口变化率分别为-1.188%、-2.374%、-3.550%和-4.649%，非金属矿物制品业部门的出口变化率分别为-1.043%、-2.099%、-3.159%和-4.163%，金属制品、机械和设备修理服务业部门的出口变化率分别为-0.855%、-1.714%、-2.575%和-3.387%，化学产品业部门的出口变化率分别为-0.766%、-1.544%、-2.331%和3.081%，电气机械和器材业部门的出口变化率分别为-0.666%、-1.344%、-2.029%和-2.679%，石油和天然气开采产品业部门的出口变化率分别为-0.634%、-1.267%、-1.902%和-2.502%。

7.3.6 对部门GDP影响的实证研究

结合式（6-7）、式（6-12）、式（6-13）、式（6-14）、式（6-15）和式（6-25），通过Excel软件和MATLAB软件，模拟4种最优碳税税率，对30个部门产品GDP变化的影响（见表7-7）。

表7-7　最优碳税税率对30个部门GDP变化的影响

部门 \ 碳税税率（元/吨）\ 部门GDP变化率	T* =45.5	T* =93.5	T* =144	T* =194	排名
电力、热力生产和供应	-3.832%	-7.386%	-10.675%	-13.556%	1
建筑	-1.382%	-2.775%	-4.171%	-5.488%	2
煤炭开采和洗选产品	-1.261%	-2.521%	-3.780%	-4.966%	3
金属矿采选产品	-1.229%	-2.460%	-3.676%	-4.807%	4
非金属矿和其他矿采选产品	-1.188%	-2.374%	-3.550%	-4.649%	5
非金属矿物制品	-1.043%	-2.099%	-3.159%	-4.163%	6
金属制品、机械和设备修理服务	-0.855%	-1.714%	-2.575%	-3.387%	7
化学产品	-0.766%	-1.544%	-2.331%	-3.081%	8
水的生产和供应	-0.702%	-1.398%	-2.087%	-2.729%	9
电气机械和器材	-0.666%	-1.344%	-2.029%	-2.679%	10
石油和天然气开采产品	-0.634%	-1.267%	-1.902%	-2.502%	11

续表

部门 \ 碳税税率（元/吨）/ 部门GDP变化率	$T^*=45.5$	$T^*=93.5$	$T^*=144$	$T^*=194$	排名
其他制造产品	-0.622%	-1.249%	-1.883%	-2.487%	12
造纸印刷和文教体育用品	-0.583%	-1.172%	-1.769%	-2.339%	13
通用设备	-0.574%	-1.161%	-1.754%	-2.318%	14
交通运输、仓储和邮政	-0.524%	-1.061%	-1.611%	-2.141%	15
专用设备	-0.511%	-1.030%	-1.555%	-2.054%	16
纺织品	-0.485%	-0.980%	-1.483%	-1.964%	17
交通运输设备	-0.461%	-0.936%	-1.416%	-1.875%	18
仪器仪表	-0.396%	-0.792%	-1.193%	-1.575%	19
木材加工品和家具	-0.386%	-0.779%	-1.177%	-1.556%	20
燃气生产和供应	-0.380%	-0.764%	-1.155%	-1.528%	21
纺织服装鞋帽皮革毛皮、羽毛及其制品	-0.377%	-0.759%	-1.146%	-1.518%	22
计算机、通信设备和其他电子设备	-0.351%	-0.704%	-1.061%	-1.402%	23
精炼石油和核燃料加工品	-0.286%	-0.583%	-0.885%	-1.176%	24
食品和烟草	-0.261%	-0.529%	-0.803%	-1.067%	25
农、林、牧、渔产品和服务	-0.222%	-0.447%	-0.677%	-0.899%	26
其他	-0.219%	-0.440%	-0.667%	-0.886%	27
批发零售住宿餐饮	-0.172%	-0.349%	-0.531%	-0.705%	28
废弃资源和废旧材料回收加工品	-0.138%	-0.270%	-0.405%	-0.533%	29
金属冶炼和压延加工品	-0.122%	-0.228%	-0.320%	-0.394%	30

通过对4组约束条件下的模拟，可以发现征收碳税对部门GDP影响最大的是电力、热力生产和供应业部门，第二是建筑业部门，第三是煤炭开采和洗选产品业部门，第四是金属矿采选产品业部门，第五是非金属矿和其他矿采选产品业部门，第六是非金属矿物制品业部门，第七是金属制品、机械和设备修理服务业部门，第八是化学产品业部门，第九是水的生产和供应业部门，第十是电气机械和器材业部门。当碳税税率 $T^*=45.5$ 元/吨、$T^*=93.5$ 元/吨、$T^*=144$ 元/吨、$T^*=194$ 元/吨时，电力、热力生产和供应业部门的GDP变化率分别为 -3.832%、-7.386%、-10.675%、-13.556%，建筑业部门的GDP变化率分别为 -1.382%、-2.775%、-4.171%、-5.488%，

煤炭开采和洗选产品业部门的 GDP 变化率分别为 -1.261%、-2.521%、-3.780%、-4.966%，金属矿采选产品业部门的 GDP 变化率分别为 -1.229%、-2.460%、-3.676%、-4.807%，非金属矿和其他矿采选产品业部门的 GDP 变化率分别为 -1.188%、-2.374%、-3.550%、-4.649%，非金属矿物制品业部门的 GDP 变化率分别为 -1.043%、-2.099%、-3.159%、-4.163%，金属制品、机械和设备修理服务业部门的 GDP 变化率分别为 -0.855%、-1.714%、-2.575%、-3.387%，化学产品业部门的 GDP 变化率分别为 -0.766%、-1.544%、-2.331%、-3.081%，水的生产和供应业部门的 GDP 变化率分别为 -0.702%、-1.398%、-2.087%、-2.729%，电气机械和器材业部门的 GDP 变化率分别为 -0.666%、-1.344%、-2.029%、-2.679%。

7.3.7 对部门产出影响的实证研究

结合式（6-7）、式（6-28）、式（6-29）、式（6-30）和式（6-31），通过 Excel 软件和 MATLAB 软件，模拟 4 种最优碳税税率，对 30 个部门产品总产出变化的影响（见表 7-8）。

表 7-8　　最优碳税税率对 30 个部门产出变化的影响

部门 \ 碳税税率（元/吨） 部门产出变化率	$T^*=45.5$	$T^*=93.5$	$T^*=144$	$T^*=194$	排名
电力、热力生产和供应	-9.072%	-16.946%	-23.798%	-29.470%	1
金属冶炼和压延加工品	-2.965%	-5.846%	-8.638%	-11.188%	2
煤炭开采和洗选产品	-2.120%	-4.231%	-6.331%	-8.297%	3
非金属矿物制品	-1.997%	-4.010%	-6.029%	-7.934%	4
化学产品	-1.495%	-3.015%	-4.554%	-6.022%	5
建筑	-1.412%	-2.835%	-4.262%	-5.609%	6
非金属矿和其他矿采选产品	-1.317%	-2.635%	-3.947%	-5.177%	7
金属矿采选产品	-1.288%	-2.580%	-3.858%	-5.049%	8
造纸印刷和文教体育用品	-0.930%	-1.876%	-2.842%	-3.770%	9
其他制造产品	-0.905%	-1.824%	-2.759%	-3.655%	10

续表

碳税税率（元/吨） 部门 部门　产出变化率	T* =45.5	T* =93.5	T* =144	T* =194	排名
交通运输、仓储和邮政	-0.883%	-1.791%	-2.721%	-3.617%	11
金属制品、机械和设备修理服务	-0.882%	-1.770%	-2.660%	-3.501%	12
纺织品	-0.842%	-1.706%	-2.590%	-3.442%	13
水的生产和供应	-0.715%	-1.424%	-2.126%	-2.782%	14
石油和天然气开采产品	-0.689%	-1.381%	-2.075%	-2.733%	15
电气机械和器材	-0.677%	-1.366%	-2.063%	-2.725%	16
燃气生产和供应	-0.654%	-1.321%	-2.006%	-2.666%	17
通用设备	-0.635%	-1.285%	-1.944%	-2.572%	18
精炼石油和核燃料加工品	-0.570%	-1.162%	-1.771%	-2.361%	19
专用设备	-0.536%	-1.082%	-1.634%	-2.160%	20
交通运输设备	-0.488%	-0.990%	-1.499%	-1.986%	21
木材加工品和家具	-0.419%	-0.847%	-1.281%	-1.695%	22
纺织服装鞋帽皮革毛皮、羽毛及其制品	-0.404%	-0.814%	-1.231%	-1.631%	23
仪器仪表	-0.404%	-0.808%	-1.217%	-1.608%	24
食品和烟草	-0.374%	-0.762%	-1.160%	-1.546%	25
计算机、通信设备和其他电子设备	-0.359%	-0.721%	-1.087%	-1.437%	26
其他	-0.253%	-0.511%	-0.776%	-1.031%	27
农、林、牧、渔产品和服务	-0.253%	-0.510%	-0.774%	-1.029%	28
批发零售住宿餐饮	-0.189%	-0.385%	-0.585%	-0.778%	29
废弃资源和废旧材料回收加工品	-0.140%	-0.275%	-0.411%	-0.542%	30

通过对 4 组约束条件下的模拟，可以发现征收碳税对部门产出影响最大的是电力、热力生产和供应业部门，第二是金属冶炼和压延加工品业部门，第三是煤炭开采和洗选产品业部门，第四是非金属矿物制品业部门，第五是化学产品业部门，第六是建筑业部门，第七是非金属矿和其他矿采选业产品，第八是金属矿采选产品业部门，第九是造纸印刷和文教体育用品业部门，第十是其他制造产品业部门。当碳税税率 $T^*=45.5$ 元/吨、$T^*=93.5$ 元/吨、$T^*=144$ 元/吨、$T^*=194$ 元/吨时，电力、热力生产和供应业部门产出变化率为 -9.072%、-16.946%、-23.798%、-29.470%，金属冶炼

和压延加工品业部门产出变化率为 -2.965%、-5.846%、-8.638%、-11.188%，煤炭开采和洗选产品业部门产出变化率为 -2.120%、-4.231%、-6.331%、-8.297%，非金属矿物制品业部门产出变化率为 -1.997%、-4.010%、-6.029%、-7.934%，化学产品业部门产出变化率为 -1.495%、-3.015%、-4.554%、-6.022%，建筑业部门产出变化率为 -1.412%、-2.835%、-4.262%、-5.609%，非金属矿和其他矿采选产品业部门产出变化率为 -1.317%、-2.635%、-3.947%、-5.177%，金属矿采选产品业部门产出变化率为 -1.288%、-2.580%、-3.858%、-5.049%，造纸印刷和文教体育用品业部门产出变化率为 -0.930%、-1.876%、-2.842%、-3.770%，其他制造产品业部门产出变化率为 -0.905%、-1.824%、-2.759%、-3.655%。

7.3.8 对部门就业影响的实证研究

结合式（6-7）、式（6-34）和式（6-35），通过 Excel 软件和 MATLAB 软件，模拟 4 种最优碳税税率，对 30 个部门劳动力人数变化的影响（见表 7-9）。

表 7-9　最优碳税税率对 30 个部门劳动力人数变化的影响

碳税税率（元/吨）/ 部门劳动力人数变化率 / 部门	T* =45.5	T* =93.5	T* =144	T* =194	排名
电力、热力生产和供应	-3.832%	-7.386%	-10.675%	-13.556%	1
建筑	-1.382%	-2.775%	-4.171%	-5.488%	2
煤炭开采和洗选产品	-1.261%	-2.521%	-3.780%	-4.966%	3
金属矿采选产品	-1.229%	-2.460%	-3.676%	-4.807%	4
非金属矿和其他矿采选产品	-1.188%	-2.374%	-3.550%	-4.649%	5
非金属矿物制品	-1.043%	-2.099%	-3.159%	-4.163%	6
金属制品、机械和设备修理服务	-0.855%	-1.714%	-2.575%	-3.387%	7
化学产品	-0.766%	-1.544%	-2.331%	-3.081%	8
水的生产和供应	-0.702%	-1.398%	-2.087%	-2.729%	9
电气机械和器材	-0.666%	-1.344%	-2.029%	-2.679%	10

续表

部门 \ 部门劳动力人数变化率 \ 碳税税率（元/吨）	T* =45.5	T* =93.5	T* =144	T* =194	排名
石油和天然气开采产品	-0.634%	-1.267%	-1.902%	-2.502%	11
其他制造产品	-0.622%	-1.249%	-1.883%	-2.487%	12
造纸印刷和文教体育用品	-0.583%	-1.172%	-1.769%	-2.339%	13
通用设备	-0.574%	-1.161%	-1.754%	-2.318%	14
交通运输、仓储和邮政	-0.524%	-1.061%	-1.611%	-2.141%	15
专用设备	-0.511%	-1.030%	-1.555%	-2.054%	16
纺织品	-0.485%	-0.980%	-1.483%	-1.964%	17
交通运输设备	-0.461%	-0.936%	-1.416%	-1.875%	18
仪器仪表	-0.396%	-0.792%	-1.193%	-1.575%	19
木材加工品和家具	-0.386%	-0.779%	-1.177%	-1.556%	20
燃气生产和供应	-0.380%	-0.764%	-1.155%	-1.528%	21
纺织服装鞋帽皮革毛皮、羽毛及其制品	-0.377%	-0.759%	-1.146%	-1.518%	22
计算机、通信设备和其他电子设备	-0.351%	-0.704%	-1.061%	-1.402%	23
精炼石油和核燃料加工品	-0.286%	-0.583%	-0.885%	-1.176%	24
食品和烟草	-0.261%	-0.529%	-0.803%	-1.067%	25
农、林、牧、渔产品和服务	-0.222%	-0.447%	-0.677%	-0.899%	26
其他	-0.219%	-0.440%	-0.667%	-0.886%	27
批发零售住宿餐饮	-0.172%	-0.349%	-0.531%	-0.705%	28
废弃资源和废旧材料回收加工品	-0.138%	-0.270%	-0.405%	-0.533%	29
金属冶炼和压延加工品	-0.122%	-0.228%	-0.320%	-0.394%	30

通过对4组约束条件下的模拟，可以发现征收碳税对部门就业影响最大的是电力、热力生产和供应业部门，第二是建筑业部门，第三是煤炭开采和洗选产品业部门，第四是金属矿采选产品业部门，第五是非金属矿和其他矿采选产品业部门，第六是非金属矿物制品业部门，第七是金属制品、机械和设备修理服务业部门，第八是化学产品业部门，第九是水的生产和供应业部门，第十是电气机械和器材业部门。当碳税税率 $T^* = 45.5$ 元/吨、$T^* = 93.5$ 元/吨、$T^* = 144$ 元/吨、$T^* = 194$ 元/吨时，电力、热力生产和供应业部门就业变化率为 -3.832%、-7.386%、-10.675%、-13.556%，建筑业

部门就业变化率为 -1.382%、-2.775%、-4.171%、-5.488%，煤炭开采和洗选产品业部门就业变化率为 -1.261%、-2.521%、-3.780%、-4.966%，金属矿采选产品业部门就业变化率为 -1.229%、-2.460%、-3.676%、-4.807%，非金属矿和其他矿采选产品业部门就业变化率为 -1.188%、-2.374%、-3.550%、-4.649%，非金属矿物制品业部门就业变化率为 -1.043%、-2.099%、-3.159%、-4.163%，金属制品、机械和设备修理服务业部门就业变化率为 -0.855%、-1.714%、-2.575%、-3.387%，化学产品业部门就业变化率为 -0.766%、-1.544%、-2.331%、-3.081%，水的生产和供应业部门就业变化率为 -0.702%、-1.398%、-2.087%、-2.729%，电气机械和器材业部门就业变化率为 -0.666%、-1.344%、-2.029%、-2.679%。

7.3.9 对部门二氧化碳减排影响的实证研究

结合式（6-7）、式（6-37）和式（6-38），通过 Excel 软件和 MATLAB 软件，模拟 4 种最优碳税税率，对 30 个部门二氧化碳排放变化的影响（见表 7-10）。

表 7-10　最优碳税税率对 30 个部门二氧化碳排放变化的影响

部门 ＼ 部门碳排放变化率 ＼ 碳税税率（元/吨）	T* =45.5	T* =93.5	T* =144	T* =194	排名
电力、热力生产和供应	-3.832%	-7.386%	-10.675%	-13.556%	1
建筑	-1.382%	-2.775%	-4.171%	-5.488%	2
煤炭开采和洗选产品	-1.261%	-2.521%	-3.780%	-4.966%	3
金属矿采选产品	-1.229%	-2.460%	-3.676%	-4.807%	4
非金属矿和其他矿采选产品	-1.188%	-2.374%	-3.550%	-4.649%	5
非金属矿物制品	-1.043%	-2.099%	-3.159%	-4.163%	6
金属制品、机械和设备修理服务	-0.855%	-1.714%	-2.575%	-3.387%	7
化学产品	-0.766%	-1.544%	-2.331%	-3.081%	8
水的生产和供应	-0.702%	-1.398%	-2.087%	-2.729%	9
电气机械和器材	-0.666%	-1.344%	-2.029%	-2.679%	10

续表

部门 \ 部门碳排放变化率 \ 碳税税率（元/吨）	$T^*=45.5$	$T^*=93.5$	$T^*=144$	$T^*=194$	排名
石油和天然气开采产品	-0.634%	-1.267%	-1.902%	-2.502%	11
其他制造产品	-0.622%	-1.249%	-1.883%	-2.487%	12
造纸印刷和文教体育用品	-0.583%	-1.172%	-1.769%	-2.339%	13
通用设备	-0.574%	-1.161%	-1.754%	-2.318%	14
交通运输、仓储和邮政	-0.524%	-1.061%	-1.611%	-2.141%	15
专用设备	-0.511%	-1.030%	-1.555%	-2.054%	16
纺织品	-0.485%	-0.980%	-1.483%	-1.964%	17
交通运输设备	-0.461%	-0.936%	-1.416%	-1.875%	18
仪器仪表	-0.396%	-0.792%	-1.193%	-1.575%	19
木材加工品和家具	-0.386%	-0.779%	-1.177%	-1.556%	20
燃气生产和供应	-0.380%	-0.764%	-1.155%	-1.528%	21
纺织服装鞋帽皮革毛皮、羽毛及其制品	-0.377%	-0.759%	-1.146%	-1.518%	22
计算机、通信设备和其他电子设备	-0.351%	-0.704%	-1.061%	-1.402%	23
精炼石油和核燃料加工品	-0.286%	-0.583%	-0.885%	-1.176%	24
食品和烟草	-0.261%	-0.529%	-0.803%	-1.067%	25
农、林、牧、渔产品和服务	-0.222%	-0.447%	-0.677%	-0.899%	26
其他	-0.219%	-0.440%	-0.667%	-0.886%	27
批发零售住宿餐饮	-0.172%	-0.349%	-0.531%	-0.705%	28
废弃资源和废旧材料回收加工品	-0.138%	-0.270%	-0.405%	-0.533%	29
金属冶炼和压延加工品	-0.122%	-0.228%	-0.320%	-0.394%	30

通过对 4 组约束条件下的模拟，可以发现征收碳税对部门二氧化碳排放影响最大的是电力、热力生产和供应业部门，第二是建筑业部门，第三是煤炭开采和洗选产品业部门，第四是金属矿采选产品业部门，第五是非金属矿和其他矿采选产品业部门，第六是非金属矿物制品业部门，第七是金属制品、机械和设备修理服务业部门，第八是化学产品业部门，第九是水的生产和供应业部门，第十是电气机械和器材业部门。当碳税税率 $T^*=45.5$ 元/吨、$T^*=93.5$ 元/吨、$T^*=144$ 元/吨、$T^*=194$ 元/吨时，电力、热力生产和供应业部门劳动力人数变化率为 -3.832%、-7.386%、-10.675%、

-13.556%，建筑业部门劳动力人数变化率为-1.382%、-2.775%、-4.171%、-5.488%，煤炭开采和洗选产品业部门劳动力人数变化率为-1.261%、-2.521%、-3.780%、-4.966%，金属矿采选产品业部门劳动力人数变化率为-1.229%、-2.460%、-3.676%、-4.807%，非金属矿和其他矿采选产品业部门劳动力人数变化率为-1.188%、-2.374%、-3.550%、-4.649%，非金属矿物制品业部门劳动力人数变化率为-1.043%、-2.099%、-3.159%、-4.163%，金属制品、机械和设备修理服务业部门劳动力人数变化率为-0.855%、-1.714%、-2.575%、-3.387%，化学产品业部门劳动力人数变化率为-0.766%、-1.544%、-2.331%、-3.081%，水的生产和供应业部门劳动力人数变化率为-0.702%、-1.398%、-2.087%、-2.729%，电气机械和器材业部门劳动力人数变化率为-0.666%、-1.344%、-2.029%、-2.679%。

7.4 本章小结

本章通过建立具有三约束条件的两目标最优碳税税率模型，确定4种不同最优碳税税率并计算其对宏观经济及碳减排的影响，得到以下结论：

(1) 在第一组约束条件下，最优碳税税率 $T^*=45.5$ 元/吨。通货膨胀率为1.398%，GDP总量变化率为-0.499%，总产出变化率为-0.992%，碳排放总量变化率为-1.758%，居民总消费变化率为-0.325%，总投资变化率为-1.001%，总出口变化率为-0.464%，劳动力人数变化率为-0.424%。

(2) 在第二组约束条件下，最优碳税税率 $T^*=93.5$ 元/吨，通货膨胀率为2.876%，GDP总量变化率为-0.997%，总产出变化率为-1.960%，碳排放总量变化率为-3.411%，居民总消费变化率为-0.652%，总投资变化率为-2.012%，总出口变化率为-0.935%，劳动力人数变化率为-0.851%。

(3) 在第三组约束条件下，最优碳税税率 $T^*=144$ 元/吨，通货膨胀率为4.437%，GDP总量变化率为-1.494%，总产出变化率为-2.907%，碳排放总量变化率为 -4.963%，居民总消费变化率为 -0.981%，总投资变化率为 -3.026%，总出口变化率为 -1.411%，劳动力人数变化率为 -1.280%。

（4）在第四组约束条件下，最优碳税税率 T^* =194 元/吨，通货膨胀率为5.986%，GDP总量变化率为 -1.962%，总产出变化率为 -3.782%，碳排放总量变化率为 -6.343%，居民总消费变化率为 -1.295%，总投资变化率为 -3.985%，总出口变化率为 -1.864%，劳动力人数变化率为 -1.687%。

| 第 8 章 |

研究结论与对策建议

8.1 研究结论

本书从定性和定量角度研究了碳减排约束下的碳税经济效应，得到以下结论：

(1) 征收碳税会对生产者和消费者产生收入效应和替代效应，由于存在税负转嫁，碳税税负最终由生产者和消费者共同承担。由于征收碳税会造成效率损失，碳税税率并非越高越好。在一定约束条件下，最优碳税税率能减少效率损失。

(2) 将 2017 年 30 个部门的完全碳排放通过泰勒展开式分解成直接碳排放和间接碳排放，直接碳排放是由国产最终需求引致的碳排放，间接碳排放是由生产国产最终需求所必需的产出（中间投入）而导致的碳排放。根据直接碳排放系数、完全碳排放系数、完全碳排放量及间接碳排放率 4 个指标，将 30 个部门（行业）分为 5 种类型，其特征如下：类型 Ⅰ 属于高碳投入，为隐蔽性高碳行业；类型 Ⅱ 属于低碳生产和低碳投入，属于典型的低碳行业；类型 Ⅲ 属于高碳生产和高碳投入，属于明显性高碳行业；类型 Ⅳ 属于低碳生产和低碳投入，属于典型低碳行业；类型 Ⅴ 属于低碳行业。

(3) 随着碳税税率不断提高，各部门的价格及价格指数也随之上涨，通货膨胀率在不断提高。当征收碳税时，自变量 T^*（碳税税率）与各因变量（通货膨胀率、居民消费变化率、投资变化率、出口变化率、GDP 变化率、产出变化率、劳动力人数变化率及二氧化碳排放变化率）之间存在负相关关系。

（4）在 4 组不同的约束条件下，本书通过建立具有三约束条件的两目标最优碳税税率模型，确定最优碳税税率分别为 45.5 元/吨、93.5 元/吨、144 元/吨、194 元/吨。碳税税率越高，对宏观经济的影响越大，减排力度也越大。但是碳税税率越高，税收的超额负担越大，容易造成效率的损失。

8.2　对策建议

8.2.1　碳税立法

2016 年 12 月 25 日，第十二届全国人民代表大会常务委员会第二十五次会议通过了《中华人民共和国环境保护税法》，环境保护税法于 2018 年 1 月 1 日正式开始实施，环境保护税是党的十八大以后首个立法的税种，也是落实“税收法定原则”的重要举措，并且首次在税收立法中明确税种的立法宗旨：“为了保护和改善环境，减少污染物排放，推进生态文明建设，制定本法。”

2019 年 8 月 26 日，第十三届全国人民代表大会常务委员会第十二次会议通过了《中华人民共和国资源税法》，资源税法于 2020 年 9 月 1 日起全国施行。资源税的立法，对于促进资源节约集约利用和生态环境保护发挥重要作用，也标志着税收法定取得重大进展。

环境保护税和资源税的立法为碳税立法提供借鉴。为了保证碳税征收顺利实施，我国应结合现有税收制度和税制体系，尤其是环境保护税、资源税、消费税的相关规定，借鉴和参考国外碳税开征比较成功的国家的做法，建立一套适合我国国情的碳税税收法律制度，从征税范围和征税对象、纳税人、纳税环节、计税依据、税率、税收优惠、税收收入归属和使用等方面对碳税进行规范和约束。借鉴国际经验，低税率起征，税率进行动态调整并逐步提高，给企业一个缓冲期和调整时间。对生活用能源给予一定的税收优惠，有利于税收的公平。同时，大力提倡使用新能源和清洁能源，减少化石能源的使用。

8.2.2 保持税收中性

碳税设计应秉承税收中性原则，把碳税对宏观经济的影响降到最低水平。碳税政策的制定不能仅仅局限在碳税本身，还要结合其他税种，综合考虑国家宏观税负的基本平稳。合理选择碳税税率，参考其他国家的做法，开征碳税的同时，降低其他税种税负（如增值税、企业所得税等），使国家总体税负水平不变，保持税收中性。

8.2.3 最优碳税税率应该动态调整

碳税税率越高对二氧化碳减排的效果越明显，对宏观经济的抑制作用也越显著。从效率的角度出发，税率并非越高越好，确定最优碳税税率可以减少效率的损失。随着经济的发展，最优碳税税率应该做出动态调整，最优碳税税率的设置应当是一个循序渐进的过程，并且要引导企业节能减排、提高能源使用效率，减少化石能源的使用、提高清洁能源的使用。

碳税也有助于实现税收的公平。碳税不同于一般的税收，碳税是对二氧化碳气体征税，本身具有纠正经济扭曲的作用，同时碳税本身的属性，决定了碳税能够避免“寻租”与腐败发生的可能，这是碳交易等其他减排政策所不具有的。碳税的征收与返还以及碳税收入的合理使用，有助于发挥碳税税收收入的调节，有助于公平。

8.2.4 建立税收返还机制

对于能源密集型企业，考虑国际竞争力问题，设定减排目标，实现目标后，考虑碳税税收返还，用返还的碳税税收收入进行技术创新，提高能源使用效率、减少化石能源的消费。

若能源密集型企业主动使用清洁能源，则考虑其他税收优惠政策，适当降低增值税税率和企业所得税税率，减少企业整体税负，促进企业生产方式的改变和保持税收中性。

8.2.5 碳税与碳交易结合

碳税是指针对二氧化碳排放所征收的税；而碳交易是把二氧化碳排放权作为一种商品，从而形成了二氧化碳排放权的交易，简称碳交易。

碳税和碳交易都是以控制二氧化碳排放为目的、促进节能减排的经济手段，都是通过赋予二氧化碳气体价格，为经济系统从高能耗向低能耗转型提供的一个信号。从理论上说，两种手段都是市场有效率的经济措施。区别在于碳税（税率）由政府制定，碳排放量随市场供需有所变动，碳税手段是一种“基于价格”的手段。而碳交易体系的碳排放总量由政府设定，碳减排量是可控的，而碳价格并非固定不变，其是有波动的，碳交易手段通常被称为“基于数量”的经济手段[115]。

目前，碳税和碳交易在全球推行，在欧盟、中国、韩国正在采用碳交易手段。截至 2020 年 8 月末，中国 7 个试点碳市场配额累计成交量为 4.06 亿吨，累计成交额约为 92.8 亿元，中国试点碳市场已成为配额成交量规模全球第二大的碳交易市场。2021 年 7 月 16 日，中国碳排放权交易市场上线，碳交易正式启动。英国、德国等国家推行碳税政策也取得显著效果。

碳税和碳交易各有利弊，中国实施碳交易的同时，可以考虑征收碳税，弥补碳交易的不足，以期达到最优减排效果。由于目前国家正在完善全国碳交易市场，可以安排适当的过渡期。在过渡期内，企业可以参与碳市场的交易，不重复交易和计征；过渡期结束，立即实施按照碳排放当量计征的碳税制度，废除碳交易市场或大幅度降低交易价格，实现平稳过渡。

参考文献

[1] Broecker, W. S. (1975). Climatic Change: Are We on the Brink of a Pronounced Global Warming? Science, 189 (4201), 460 - 463. https://doi.org/10.1126/science.189.4201.460.

[2] Coronavirus: Expert warns climate change will be "far greater tragedy" than pandemic [N]. The Sun, Fri, May 1, 2020.

[3] http://www.tanjiaoyi.com/article-31191-5.html.

[4]. 中国气象报社. 170多国领导人齐聚纽约联合国总部 将共同签署《巴黎协定》[N]. 中国气象报, 2016-04-23.

[5] http://www.cma.gov.cn/2011xzt/kjdsj/20181204/2016080301/201812/t20181211_485583.html.

[6] http://www.tanjiaoyi.com/article-29580-1.html.

[7] https://m.thepaper.cn/newsDetail_forward_8558263.

[8] http://www.gov.cn/xinwen/2020-09/23/content_5546537.htm.

[9] https://www.fmprc.gov.cn/web/ziliao_674904/zt_674979/dnzt_674981/qtzt/2030kcxfzyc_686343/.

[10] https://finance.sina.cn/usstock/mggd/2018-10-08/detail-ihkvrhpt1067307.d.html.

[11] http://www.sohu.com/a/290070172_778776.

[12] http://www.tanpaifang.com/tanshui/2019/1019/65925.html.

[13] 毛涛.《巴黎气候变化协定》背景下中国碳税立法构思 [J]. 中国政法大学学报, 2017 (03): 118-133, 160-161.

[14] 来源: 中国经济周刊 http://www.chinanews.com/cj/2016/03-29/7815435.shtml.

[15] 来源：国际货币基金组织 摘译：国际财经中心. http://iefi. mof. gov. cn/pdlb/yjcg/201608/t20160803_2373109. html.

[16] 国家税务总局 http://www. chinatax. gov. cn/n810341/n810755/c3002759/content. html.

[17] 张虹蕾. 全国人大代表、阳光电源董事长曹仁贤：建议尽快开征碳税 每吨二氧化碳可征收50~150元 [N]. 光明日报，2020-5-22.

[18] 国家统计局国民经济核算司. 2017年中国投入产出表 [M]. 北京：中国统计出版社，2019.

[19] 刘起运，陈璋，苏汝劼 [M]. 北京：中国人民大学出版社，2020.

[20] 向蓉美. [M]. 成都：西南财经大学出版社，2017.

[21] A. C. Pigou. A Study in Public Finance [M]. London: Macmillan and Co., 1928.

[22] Sandmo, Agnar. Optimal Taxation in the Presence of Externalities [J]. Swedish Journal of Economics, 1967, (77).

[23] Matti Liskia, Olli Tahvonen. Can carbon tax eat OPEC's rents? [J]. Journal of Environmental Economics and Management. 2004 (47).

[24] 李岩岩，赵湘莲. 我国开征碳税的税率问题研究——以石化塑胶行业为例 [J]. 财经论丛，2011 (01): 41-47.

[25] 王珂. 中国碳税税率设计研究 [D]. 浙江财经学院，2012.

[26] 范允奇. 我国碳税效应、最优税率和配置机制研究 [D]. 首都经济贸易大学，2012.

[27] Owen A D. Economics Instruments for Pollution Abatement: Tradable Permits Versus Carbon Taxes [M] Energy Economics and Financial Markets. Springer Berlin Heidelberg, 2013: 91-106.

[28] 刘开一，尚长风. 最优碳税税率研究 [J]. 洛阳师范学院学报 2013 (1): 78-80.

[29] 范允奇，李晓钟. 碳税最优税率模型设计与实证研究——基于中国省级面板数据的测算 [J]. 财经论丛，2013 (01): 27-32.

[30] 毛艳华，钱斌华. 基于CGE模型的分区域碳税从价征收税率研究 [J]. 财政研究，2014 (09): 31-34.

[31] 王慧，张宁宁. 碳税立法的设计探讨——从税基税率基本机理到相关影响与遵循事宜 [J]. 广东行政学院学报，2014，26 (05)：63-68.

[32] 张孜孜. 我国碳税的税率估算及其影响研究 [D]. 华中科技大学，2014.

[33] 钟敬欣. 碳税税率的合理性研究 [D]. 暨南大学，2014.

[34] 张金灿，仲伟周. 碳税最优税率确定的完全信息静态博弈分析 [J]. 中国人口·资源与环境，2015，25 (05)：53-58.

[35] 唐琪. 基于碳税的电力企业行为选择与碳税税率、返还效率的博弈研究 [D]. 武汉科技大学，2015.

[36] 吴琼. 我国私人载客汽车二氧化碳排放量及其二氧化碳税税率测算 [D]. 安徽财经大学，2016.

[37] 宿健. 基于差异化税率的我国碳税征收模式选择研究 [D]. 哈尔滨理工大学，2016.

[38] 姚洁. 我国工业行业碳税政策效应及最优税率研究 [D]. 华侨大学，2016.

[39] 程永伟，穆东. 供应链的碳税模式及最优税率 [J]. 系统管理学报，2016，25 (04)：752-758，766.

[40] 周艳菊，胡凤英，周正龙，周雄伟. 最优碳税税率对供应链结构和社会福利的影响 [J]. 系统工程理论与实践，2017，37 (04)：886-900.

[41] Wissema，W. Dellink，R. AGE Analysis of the Impact of a Carbon Energy Tax on the Irish Eeonomy [J]. Ecological Economics. 2007 (61).

[42] Takeda S. The Double Dividend from Carbon Regulations in Japan [J]. Journal of the Japanese and International Economies，2007，21：336-364.

[43] 苏明. 中国开征碳税理论与政策 [M]. 北京：中国环境出版社，2011.

[44] 张景华. 碳税的经济效应分析 [J]. 现代经济探讨，2010 (02)：86-88.

[45] 杨超，王锋，门明. 征收碳税对二氧化碳减排及宏观经济的影响分析 [J]. 统计研究. 2011 (7)：45-54.

[46] 赵丽清. 我国征收碳税的政策效应分析与路径选择 [D]. 天津财

经大学，2012.

[47] 张景华. 碳税的就业“双重红利”效应研究 [J]. 生态经济，2013 (07)：47-50.

[48] 樊勇，张宏伟. 碳税制度效应——基于在中国的应用分析 [M]. 北京：中国税务出版社，2013.

[49] 石爱璇. 碳税对碳密集型行业竞争力的效应分析 [D]. 厦门大学，2014.

[50] 杨仕辉，魏守道. 气候政策的经济环境效应分析——基于碳税政策、碳排放配额与碳排放权交易的政策视角 [J]. 系统管理学报，2015，24 (06)：864-873.

[51] 周丹，赵子健. 基于地区 CGE 模型的碳税效应研究——以上海为例 [J]. 生态经济，2015，31 (04)：24-28.

[52] 黄静. 差别碳税政策的区域经济效应分析 [D]. 西北师范大学，2015.

[53] 杜浩斌. 我国碳税制度：理论分析、方案设计与减排效应 [D]. 山东大学，2016.

[54] 李蒙娟. 基于动态 CGE 模型的工业碳税政策效应模拟分析 [D]. 浙江财经大学，2018.

[55] 王正新. 中国征收碳税的二氧化碳减排效应和分配效应分析 [D]. 厦门大学，2018.

[56] 李雪慧，李智，王正新. 中国征收碳税的福利效应分析——基于2013年中国家庭收入调查数据的研究 [J]. 城市与环境研究，2019 (04)：63-79.

[57] 徐文成，毛彦军. 碳税改革的低碳发展效应 [J]. 北京理工大学学报 (社会科学版)，2019，21 (02)：30-37.

[58] 魏守道，汪前元. 南北国家环境规制政策选择的效应研究——基于碳税和碳关税的博弈分析 [J]. 财贸经济，2015 (11)：148-159.

[59] 程敏. 美国征收碳关税的应对政策——碳税与碳关税经济效应比较研究 [J]. 技术经济与管理研究，2015 (10)：90-94.

[60] 魏守道，汪前元. 南北国家环境规制政策选择的效应研究——基

于碳税和碳关税的博弈分析［J］. 财贸经济，2015（11）：148－159.

［61］蒋丹，张林荣，孙华平，方恺. 中国征收碳税应对碳关税的经济分析——以美国为例［J］. 生态学报，2020，40（02）：440－446.

［62］Zhang Z，Andrea B. What do We Know about Carbon Taxes? An Inquiry into Their Impacts on Competitiveness and Distribution of Income［J］. Energy Policy，2004，32（4）：507－518.

［63］Aldy J，Pizer B. Issues in Designing U. S. Climate Change Policy［R］. Washington，DC：Resources for the Future，2008.

［64］World Bank，International Trade and Climate Change：Economic，Legal and Institutional Perspective［R］. 2008.

［65］张景华. 碳税的产业竞争力效应分析［J］. 财经科学，2011（06）：52－58.

［66］赵玉焕，张继辉. 碳税对我国能源密集型产业国际竞争力影响研究［J］. 国际贸易问题，2012（12）：95－103.

［67］谢青. 开征碳税对企业竞争力的影响［D］. 江西师范大学，2013.

［68］刘云泽. 碳税征收对我国国际竞争力的影响及对策［D］. 东北财经大学，2013.

［69］周潇. 碳税对我国能源密集型产业国际竞争力的影响研究［D］. 中国海洋大学，2014.

［70］贾成龙. 碳税背景下辽宁省产业竞争力提升路径研究［D］. 沈阳大学，2014.

［71］石爱璇. 碳税对碳密集型行业竞争力的效应分析［D］. 厦门大学，2014.

［72］潘文卿. 碳税对中国产业与地区竞争力的影响：基于 CO_2 排放责任的视角［J］. 数量经济技术经济研究，2015，32（06）：3－20.

［73］林伟明，戴永务，余建辉. 碳税政策对造纸产业国际竞争力的影响研究［J］. 国际贸易问题，2015（04）：157－166.

［74］陈明生. 碳税、规模经济与重工业产业组织结构的调整：以钢铁业为例［M］. 北京：首都经济贸易大学出版社，2017.

［75］柳田．基于煤电企业竞争力的碳税影响研究［D］．东北电力大学，2017．

［76］许楠．碳税对我国高碳产业国际竞争力的影响研究［D］．上海海关学院，2018．

［77］李永波．欧盟航空碳税对我国航空产业竞争力的影响研究［J］．价格理论与实践，2012（04）：71－72．

［78］王刚．碳税政策实施对中国产业竞争力的影响分析［J］．求索，2012（11）：26－28．

［79］陈红彦．碳税保护产业竞争力的特别措施、效果及其启示［J］．广州大学学报（社会科学版），2013，12（08）：39－44．

［80］樊勇，张宏伟．碳税对我国城镇居民收入分配的累退效应与碳补贴方案设计［J］．经济理论与经济管理，2013（07）：81－91．

［81］张进焕．低碳经济背景下我国碳税政策效应分析与路径优化研究［D］．湖南大学，2013．

［82］郑肖南．征收碳税的多重效应研究［D］．武汉大学，2017．

［83］张东敏．我国最优税收、经济增长与收入分配问题研究［M］．北京：人民出版社，2018．

［84］胡怡建．税收学［M］．上海：上海财经大学出版社，2018．

［85］赵书博．税收学［M］．北京：首都经济贸易大学出版社，2014．

［86］黄桦．税收学［M］．北京：中国人民大学出版社，2020．

［87］罗伯特·S．平狄克．微观经济学［M］．北京：中国人民大学出版社，2020．

［88］曼昆著，梁小民，梁砾译．微观经济学［M］．北京：中国大学出版社，2015．

［89］萨缪尔森，诺德豪斯著，萧琛主译．微观经济学［M］．北京：人民邮电出版社，2012．

［90］范里安著，费方域，朱保华等译．微观经济学现代观点［M］．上海：上海人民出版社，2020．

［91］高鸿业．西方经济学（微观）［M］．北京：中国人民大学出版社，2018．

[92] 刘东. 微观经济学 [M]. 南京：南京大学出版社，2018.

[93] 曼昆. 宏观经济学 [M]. 北京：中国人民大学出版社，2020.

[94] 萨缪尔森，诺德豪斯著，萧琛主译. 宏观经济学 [M]. 北京：人民邮电出版社，2012.

[95] 高鸿业. 西方经济学（宏观） [M]. 北京：中国人民大学出版社，2018.

[96] 萨缪尔森，诺德豪斯著，萧琛主译. 宏观经济学 [M]. 北京：人民邮电出版社，2012.

[97] 万莹. 税收经济学 [M]. 上海：复旦大学出版社，2020.

[98] 伯纳德·萨拉尼耶. 税收经济学 [M]. 北京：中国大学出版社，2018.

[99] 杨志勇. 税收经济学 [M]. 大连：东北财经大学出版社，2011.

[100] Amitrajeet. 资源与环境经济学研究方法 [M]. 北京：经济管理出版社，2017.

[101] 曲福田. 资源与环境经济学 [M]. 北京：中国农业出版社，2020.

[102] 马工程教材. 人口、资源与环境经济学 [M]. 北京：高等教育出版社，2020.

[103] 沈满洪. 资源与环境经济学 [M]. 北京：中国环境出版社，2007.

[104] 干春晖. 产业经济学 [M]. 北京：机械工业出版社，2015.

[105] 王俊豪. 产业经济学 [M]. 北京：高等教育出版社，2020.

[106] 胡秋阳. 投入产出分析：理论、应用和操作 [M]. 北京：清华大学出版社，2019.

[107] 夏明. 投入产出分析：理论、方法与数据 [M]. 北京：中国人民大学出版社，2019.

[108] 刘起运. 投入产出分析 [M]. 北京：中国人民大学出版社，2020.

[109] 董承章. 投入产出学 [M]. 北京：中国统计出版社，2012.

[110] 计军平. 中国碳排放投入产出分析：原理、扩展及应用 [M]. 北京：北京大学出版社，2020.

[111] 庞军. 能源环境投入产出分析：模型、方法与应用 [M]. 北京：北京大学出版社，2016.

[112] 李晓红. 税法 [M]. 北京：清华大学出版社，2018.

[113] 梁俊娇. 税法 [M]. 北京：中国人民大学出版社，2020.

[114] 陈庆能. 中国行业碳排放的核算和分解：基于投入产出结构分解分析 [M]. 北京：经济科学出版社，2019.

[115] 胡尧，饶光明. 中国能源消费行业碳排放研究——基于“碳排”投入产出表的编制 [J]. 重庆工商大学学报（社会科学版），2015，32(04)：17-26.

[116] 王遥. 碳金融：全球视野与中国布局 [M] 北京：中国经济出版社，2010.

附录

附录1　不同年份能源碳排放汇总

2000年8种能源碳排放汇总及占比　　单位：万吨

	部门	煤炭碳排放	焦炭碳排放	原油碳排放	汽油碳排放	煤油碳排放	柴油碳排放	燃料油碳排放	天然气碳排放	汇总
1	农、林、牧、渔业	1773.70	202.89	0.00	260.80	4.55	2158.15	1.27	0.00	4401.36
2	煤炭开采和洗选业	18764.53	151.77	7.01	106.24	16.29	168.60	18.29	0.16	19232.89
3	石油和天然气开采业	1609.19	16.48	9646.61	132.74	1.27	515.84	642.88	111.65	12676.66
4	金属矿采选业	345.11	213.10	0.00	37.09	3.94	81.27	0.70	0.00	681.21
5	非金属矿和其他采矿业	1159.05	77.97	0.00	77.25	1.06	130.52	3.80	0.06	1449.73
6	食品和烟草	6089.49	100.74	4.29	272.18	1.49	224.86	106.02	0.51	6799.58
7	纺织业	3113.11	11.99	0.15	116.07	11.47	143.37	211.19	1.69	3609.03
8	纺织服装鞋帽皮革羽绒及其制品	420.21	9.84	0.48	39.84	1.79	93.62	50.54	0.00	616.32
9	木材加工品和家具	597.17	7.21	0.00	22.38	0.36	29.57	11.07	0.00	667.75
10	造纸印刷和文教体育用品	4105.16	10.13	1.75	67.22	32.09	136.47	73.11	0.57	4426.50
11	石油加工、炼焦和核燃料加工业	0.00	185.81	0.00	48.64	54.78	229.65	1618.95	20.54	2158.38
12	化学产品	20695.84	3266.41	7263.43	260.33	29.70	592.96	1557.03	138.70	33804.40
13	非金属矿物制品业	26232.96	893.45	161.70	151.34	7.37	988.61	996.68	3.82	29435.93
14	金属冶炼和压延加工业	26328.62	23750.10	33.37	136.10	18.08	365.44	1228.38	3.37	51863.46
15	金属制品、机械和设备修理业	516.46	360.55	0.09	59.73	5.10	123.40	40.99	0.92	1107.25
16	通用设备制造业	781.99	595.62	0.33	69.68	9.92	103.03	22.35	0.31	1583.23
17	专用设备制造业	714.02	211.47	0.82	99.80	4.06	42.17	36.65	2.00	1110.99
18	交通运输设备制造业	1568.34	92.33	0.18	66.40	19.11	158.82	45.08	2.61	1952.87
19	电气机械和器材制造业	418.83	31.24	1.51	53.09	0.76	79.97	40.17	1.23	626.78
20	计算机、通信和其他电子设备制造业	157.38	0.89	0.00	26.53	0.55	117.09	39.85	5.20	347.48

续表

	部门	煤炭碳排放	焦炭碳排放	原油碳排放	汽油碳排放	煤油碳排放	柴油碳排放	燃料油碳排放	天然气碳排放	汇总
21	仪器仪表制造业	70.56	11.99	0.00	9.95	0.46	32.20	0.48	0.03	125.65
22	其他制造业	666.04	86.01	1.81	47.39	33.61	64.95	35.64	2.62	938.07
23	废弃资源综合利用业	0.00	0.00	0.00	0.00	0.00	0.00	0.00	0.00	0.00
24	电力、热力生产和供应业	109040.58	0.00	231.32	82.40	1.27	798.80	2575.43	9.99	112739.80
25	燃气生产和供应业	2128.91	105.21	0.00	5.70	0.03	22.23	77.07	2.61	2341.76
26	水的生产和供应业	95.85	0.00	0.00	6.79	0.09	8.67	0.03	0.03	111.46
27	建筑业	1020.12	54.29	9.97	338.00	12.13	637.32	52.98	1.27	2126.08
28	交通运输、仓储和邮政业	1676.52	32.15	528.69	4468.91	1625.60	10197.31	2694.93	13.67	21237.76
29	批发、零售业和住宿、餐饮业	2498.21	102.14	0.54	204.29	42.47	297.02	36.75	5.34	3186.76
30	其他	18277.03	427.20	4.22828	2984.33	704.54	2529.54	60.24	51.12	25038.23
汇总		250864.99	31008.97	17898.28	10251.22	2643.94	21071.44	12278.55	379.99	346397.37
占比		72.421%	8.952%	5.167%	2.959%	0.763%	6.083%	3.545%	0.110%	

在石油加工、炼焦和核燃料加工业，所消费的煤炭和原油绝大比例用于生产原料投入，而非燃料，在能源消费中，将煤炭和石油的消费量扣除。故，煤炭碳排放和石油碳排放为零。下同。

2001 年 8 种能源碳排放汇总及占比　　单位：万吨

	部门	煤炭碳排放	焦炭碳排放	原油碳排放	汽油碳排放	煤油碳排放	柴油碳排放	燃料油碳排放	天然气碳排放	汇总
1	农、林、牧、渔业	1709.79	192.96	0.00	273.26	4.61	2300.10	1.33	0.00	4482.06
2	煤炭开采和洗选业	18169.66	149.51	7.04	103.23	16.68	175.82	0.00	0.16	18622.09
3	石油和天然气开采业	1680.45	16.70	9675.66	127.59	1.30	558.19	667.45	121.76	12849.13
4	金属矿采选业	352.89	221.17	0.00	33.61	4.00	83.47	0.63	0.00	695.76
5	非金属矿和其他采矿业	1325.29	82.44	0.00	76.84	1.03	147.43	4.12	0.05	1637.19
6	食品和烟草	6275.72	111.61	4.08	280.40	1.61	213.59	91.06	0.54	6978.61
7	纺织业	3136.33	13.16	0.18	123.64	11.74	150.99	204.94	1.63	3642.61
8	纺织服装鞋帽皮革羽绒及其制品	444.40	10.30	0.51	43.76	1.82	107.61	55.58	0.00	663.99

续表

	部门	煤炭碳排放	焦炭碳排放	原油碳排放	汽油碳排放	煤油碳排放	柴油碳排放	燃料油碳排放	天然气碳排放	汇总
9	木材加工品和家具	606.33	7.72	0.00	25.24	0.42	32.85	11.79	0.00	684.36
10	造纸印刷和文教体育用品	4053.76	11.01	1.87	70.41	32.88	150.71	79.67	0.54	4400.86
11	石油加工、炼焦和核燃料加工业	0.00	192.45	0.00	51.54	56.03	243.12	1612.96	23.42	2179.52
12	化学产品	20671.60	3424.50	7354.28	278.00	30.39	638.87	1509.98	146.92	34054.54
13	非金属矿物制品业	24851.95	987.78	160.43	158.16	7.55	1022.92	1026.67	4.28	28219.75
14	金属冶炼和压延加工业	26586.19	26408.84	32.07	140.40	18.50	398.50	1171.66	3.35	54759.52
15	金属制品、机械和设备修理业	527.22	410.87	0.09	71.81	5.22	141.36	37.41	1.15	1195.12
16	通用设备制造业	806.41	644.82	0.36	72.43	10.16	89.87	25.36	0.26	1649.68
17	专用设备制造业	690.51	220.48	0.79	96.35	4.19	37.89	28.91	2.44	1081.56
18	交通运输设备制造业	1611.40	121.88	0.21	62.39	19.57	176.56	42.93	3.13	2038.07
19	电气机械和器材制造业	398.06	37.76	1.36	58.47	0.79	83.06	41.41	1.07	621.97
20	计算机、通信和其他电子设备制造业	142.69	1.09	0.00	31.21	0.52	143.56	46.89	6.08	372.04
21	仪器仪表制造业	61.95	15.99	0.00	11.00	0.52	34.92	0.38	0.05	124.80
22	其他制造业	546.07	98.20	1.63	51.57	34.46	70.52	22.35	2.28	827.08
23	废弃资源综合利用业	0.00	0.00	0.00	0.00	0.00	0.00	0.00	0.00	0.00
24	电力、热力生产和供应业	115389.77	0.00	230.35	80.88	1.33	835.65	2600.10	11.31	119149.38
25	燃气生产和供应业	2008.52	113.59	0.00	5.35	0.03	26.28	68.48	2.93	2225.19
26	水的生产和供应业	91.16	0.00	0.00	8.34	0.12	8.30	0.06	0.05	108.02
27	建筑业	959.61	68.39	10.18	341.36	10.62	690.63	51.30	1.12	2133.21
28	交通运输、仓储和邮政业	1598.68	33.41	512.86	4575.94	1700.80	10591.07	2710.78	17.00	21740.54
29	批发、零售业和住宿、餐饮业	2396.03	113.64	0.45	201.95	37.83	303.61	38.93	7.76	3100.21
30	其他	2213.34	418.42	3.62424	3068.14	458.32	2702.91	53.96	1.09	8919.79

续表

	部门	煤炭碳排放	焦炭碳排放	原油碳排放	汽油碳排放	煤油碳排放	柴油碳排放	燃料油碳排放	天然气碳排放	汇总
汇总		239305.79	34128.69	17998.04	10523.28	2473.04	22160.36	12207.12	360.35	339156.67
占比		70.559%	10.063%	5.307%	3.103%	0.729%	6.534%	3.599%	0.106%	

2002 年 8 种能源碳排放汇总及占比　　单位：万吨

	部门	煤炭碳排放	焦炭碳排放	原油碳排放	汽油碳排放	煤油碳排放	柴油碳排放	燃料油碳排放	天然气碳排放	汇总
1	农、林、牧、渔业	1778.72	210.78	0.00	297.04	4.25	2535.60	1.30	0.00	4827.70
2	煤炭开采和洗选业	15993.65	137.53	3.59	100.04	22.33	185.97	0.00	0.00	16443.10
3	石油和天然气开采业	1790.86	14.42	10211.51	129.96	1.49	633.79	627.57	121.65	13531.25
4	金属矿采选业	405.11	231.29	0.00	36.71	5.01	99.22	0.35	0.00	777.69
5	非金属矿和其他采矿业	1359.70	95.05	0.00	79.27	1.58	154.76	3.30	0.02	1693.68
6	食品和烟草	6258.81	94.45	3.99	275.34	2.03	235.10	86.68	0.60	6957.01
7	纺织业	3191.02	13.07	0.15	117.79	16.17	147.02	208.90	1.23	3695.36
8	纺织服装鞋帽皮革羽绒及其制品	440.00	10.67	0.36	42.79	2.46	99.35	57.77	0.00	653.39
9	木材加工品和家具	626.45	7.75	0.00	22.85	0.55	31.86	12.11	0.00	701.56
10	造纸印刷和文教体育用品	4271.91	10.61	1.78	83.16	37.58	179.38	78.95	0.56	4663.93
11	石油加工、炼焦和核燃料加工业	0.00	194.59	0.00	53.06	63.37	256.99	1529.96	23.28	2121.25
12	化学产品	21721.44	3465.69	7624.37	296.78	41.95	644.66	1549.71	155.88	35500.48
13	非金属矿物制品业	21690.88	1071.05	150.04	185.13	6.40	1022.48	1087.45	5.29	25218.72
14	金属冶炼和压延加工业	27311.05	27524.28	44.03	140.40	26.42	420.24	1064.84	4.47	56535.75
15	金属制品、机械和设备修理业	546.91	439.61	0.12	65.76	8.10	148.08	40.93	1.24	1250.75
16	通用设备制造业	816.94	655.49	0.27	73.60	13.16	108.05	26.98	0.33	1694.81
17	专用设备制造业	642.74	199.80	0.76	91.35	4.40	37.96	31.39	3.35	1011.74
18	交通运输设备制造业	1727.26	124.97	0.15	65.79	24.75	143.19	38.20	2.70	2127.01
19	电气机械和器材制造业	397.18	30.15	1.51	60.46	1.18	92.44	39.09	1.54	623.56

续表

	部门	煤炭碳排放	焦炭碳排放	原油碳排放	汽油碳排放	煤油碳排放	柴油碳排放	燃料油碳排放	天然气碳排放	汇总
20	计算机、通信和其他电子设备制造业	146.59	1.40	0.00	32.23	0.94	206.25	49.62	7.31	444.34
21	仪器仪表制造业	64.40	16.36	0.00	10.06	1.24	38.88	0.44	0.05	131.44
22	其他制造业	562.72	80.92	1.33	42.97	42.47	80.80	21.24	1.99	834.43
23	废弃资源综合利用业	0.00	0.00	0.00	0.00	0.00	0.00	0.00	0.00	0.00
24	电力、热力生产和供应业	132636.25	0.00	209.24	80.65	1.85	797.10	2804.66	10.73	136540.47
25	燃气生产和供应业	2041.99	91.70	0.00	4.88	0.00	37.34	58.88	2.92	2237.70
26	水的生产和供应业	82.82	0.00	0.00	8.10	0.15	8.02	0.06	0.03	99.18
27	建筑业	975.90	66.88	12.68	328.55	0.00	749.18	60.56	1.05	2194.80
28	交通运输、仓储和邮政业	1618.98	32.72	531.37	4690.40	2174.19	11345.89	2701.58	25.39	23120.52
29	批发、零售业和住宿、餐饮业	2392.63	121.85	0.36	217.10	39.43	342.99	39.00	9.46	3162.83
30	其他	2407.79	364.59	3.896058	3334.88	121.34	2953.24	60.56	0.00	9246.29
	汇总	253900.68	35307.69	18801.53	10967.11	2664.78	23735.83	12282.07	381.06	358040.75
	占比	70.914%	9.861%	5.251%	3.063%	0.744%	6.629%	3.430%	0.106%	

2003 年 8 种能源碳排放汇总及占比

单位：万吨

	部门	煤炭碳排放	焦炭碳排放	原油碳排放	汽油碳排放	煤油碳排放	柴油碳排放	燃料油碳排放	天然气碳排放	汇总
1	农、林、牧、渔业	2049.15	210.78	0.00	340.77	4.10	2907.30	1.90	0.00	5514.00
2	煤炭开采和洗选业	21141.60	130.72	4.05	96.65	19.32	163.43	0.00	0.00	21555.77
3	石油和天然气开采业	2244.20	21.37	11804.03	114.28	0.85	550.54	559.02	123.22	15417.51
4	金属矿采选业	444.37	258.67	0.00	32.09	4.00	115.23	0.00	0.00	854.35
5	非金属矿和其他采矿业	2016.10	66.33	0.00	67.39	0.39	180.58	79.55	0.02	2410.37
6	食品和烟草	6368.42	94.28	4.08	193.79	1.94	220.95	93.21	0.60	6977.28
7	纺织业	3474.74	9.27	0.09	76.75	11.25	136.19	167.94	1.40	3877.63
8	纺织服装鞋帽皮革羽绒及其制品	465.82	11.93	1.21	39.08	2.06	120.03	48.89	0.00	689.02
9	木材加工品和家具	740.74	9.75	0.00	22.32	0.64	35.91	11.86	0.00	821.22
10	造纸印刷和文教体育用品	4368.31	10.33	2.20	82.37	28.91	194.14	79.80	0.57	4766.64

续表

	部门	煤炭碳排放	焦炭碳排放	原油碳排放	汽油碳排放	煤油碳排放	柴油碳排放	燃料油碳排放	天然气碳排放	汇总
11	石油加工、炼焦和核燃料加工业	0.00	251.49	0.00	66.34	50.93	288.57	1698.79	30.18	2386.30
12	化学产品	24063.97	3523.41	8203.80	235.94	33.16	647.82	1582.40	200.39	38490.88
13	非金属矿物制品业	26714.68	865.90	168.53	172.99	4.61	952.55	1216.30	5.80	30101.36
14	金属冶炼和压延加工业	33557.93	35979.03	28.36	142.72	12.56	481.20	1132.03	6.14	71339.95
15	金属制品、机械和设备修理业	493.47	385.95	0.00	64.32	7.28	144.42	30.56	1.50	1127.52
16	通用设备制造业	756.66	747.74	0.00	83.80	17.35	114.27	38.05	0.34	1758.21
17	专用设备制造业	874.10	162.07	0.82	70.90	4.97	59.26	32.02	3.66	1207.80
18	交通运输设备制造业	1506.60	159.47	0.82	62.92	21.78	157.33	40.77	2.85	1952.54
19	电气机械和器材制造业	369.25	48.05	1.60	67.69	1.49	101.11	45.53	1.91	636.62
20	计算机、通信和其他电子设备制造业	162.80	0.00	0.00	34.40	0.91	163.56	63.09	8.47	433.23
21	仪器仪表制造业	78.22	22.74	0.00	18.69	1.27	56.10	0.32	0.05	177.38
22	其他制造业	509.05	91.16	1.21	16.85	38.98	65.60	17.63	1.50	741.98
23	废弃资源综合利用业	191.87	0.00	0.00	0.00	0.00	1.02	0.00	0.00	192.89
24	电力、热力生产和供应业	158145.89	0.00	196.07	75.50	1.61	932.86	3259.40	11.70	162623.02
25	燃气生产和供应业	2118.26	118.74	0.00	3.22	0.00	39.16	64.96	5.97	2350.32
26	水的生产和供应业	84.58	0.00	0.00	10.15	0.00	8.45	0.06	0.03	103.28
27	建筑业	1001.74	59.47	12.08	332.47	0.00	855.18	56.43	1.09	2318.46
28	交通运输、仓储和邮政业	1821.13	30.86	447.93	5601.98	2249.81	12802.17	2981.19	29.19	25964.26
29	批发、零售业和住宿、餐饮业	2585.21	135.75	0.27	228.42	34.10	326.71	41.22	10.62	3362.30
30	其他	2756.61	354.37	3.62424	3556.19	131.01	3213.20	38.30	14.58	10067.90
汇总		301105.48	43759.63	20880.76	11910.98	2685.29	26034.85	13381.22	461.79	420219.99
占比		71.654%	10.414%	4.969%	2.834%	0.639%	6.196%	3.184%	0.110%	

2004 年 8 种能源碳排放汇总及占比 单位：万吨

	部门	煤炭碳排放	焦炭碳排放	原油碳排放	汽油碳排放	煤油碳排放	柴油碳排放	燃料油碳排放	天然气碳排放	汇总
1	农、林、牧、渔业	2709.50	196.48	0.00	392.23	3.28	3380.75	2.09	0.00	6684.33
2	煤炭开采和洗选业	22208.24	136.93	0.00	52.04	13.26	210.71	19.50	1.66	22642.32
3	石油和天然气开采业	744.21	0.63	3967.76	106.94	0.52	572.40	114.65	112.87	5619.98
4	金属矿采选业	433.10	221.28	0.00	28.78	4.70	160.12	4.06	0.09	852.13
5	非金属矿和其他采矿业	1040.60	27.89	0.00	19.33	2.15	182.81	3.36	0.05	1276.20
6	食品和烟草	6310.59	33.18	2.33	96.09	3.73	271.32	118.83	3.71	6839.78
7	纺织业	4575.26	6.49	0.60	62.19	6.22	186.13	230.56	0.73	5068.17
8	纺织服装鞋帽皮革羽绒及其制品	602.68	3.75	1.63	35.10	3.25	150.52	51.74	0.17	848.84
9	木材加工品和家具	902.17	7.75	0.42	16.70	4.85	48.48	7.96	0.17	988.51
10	造纸印刷和文教体育用品	6071.52	30.38	1.36	52.94	6.07	157.74	97.40	0.84	6418.23
11	石油加工、炼焦和核燃料加工业	0.00	196.48	0.00	73.42	6.25	294.73	1780.33	28.32	2379.53
12	化学产品	26220.57	3517.35	5457.41	230.15	32.55	672.58	1495.84	193.11	37819.56
13	非金属矿物制品业	37177.60	611.58	35.09	100.65	9.28	752.09	1525.14	28.54	40239.98
14	金属冶炼和压延加工业	38005.81	44583.14	1.66	85.38	12.86	471.10	904.80	15.26	84080.02
15	金属制品、机械和设备修理业	635.16	219.22	0.30	58.27	7.92	170.99	43.59	1.16	1136.61
16	通用设备制造业	783.59	768.25	0.76	88.84	21.32	199.35	42.07	1.92	1906.09
17	专用设备制造业	1044.20	172.83	0.24	69.21	5.13	116.56	24.32	2.87	1435.35
18	交通运输设备制造业	1784.89	177.20	0.30	83.25	30.82	229.25	33.35	5.34	2344.41
19	电气机械和器材制造业	351.80	44.62	0.48	60.52	4.85	165.51	39.85	1.32	668.96
20	计算机、通信和其他电子设备制造业	305.44	2.32	1.36	30.45	2.49	144.36	85.13	6.82	578.36
21	仪器仪表制造业	48.44	6.29	0.18	15.65	3.43	28.95	0.57	0.09	103.60
22	其他制造业	1140.41	11.36	0.06	21.44	2.12	47.24	12.71	0.05	1235.39
23	废弃资源综合利用业	14.18	6.44	0.00	1.20	0.12	4.21	4.85	0.00	30.99
24	电力、热力生产和供应业	180661.22	17.28	26.40	79.65	0.64	1155.45	4644.62	19.76	186605.01

续表

	部门	煤炭碳排放	焦炭碳排放	原油碳排放	汽油碳排放	煤油碳排放	柴油碳排放	燃料油碳排放	天然气碳排放	汇总
25	燃气生产和供应业	2324.96	144.16	1.57	4.77	0.03	55.48	34.69	7.29	2572.95
26	水的生产和供应业	72.52	0.20	0.00	11.23	0.12	6.38	0.03	0.06	90.54
27	建筑业	1086.08	48.03	0.00	457.75	0.00	1031.34	67.72	2.16	2693.07
28	交通运输、仓储和邮政业	1573.43	5.12	373.96	6828.53	2789.85	15433.80	3647.50	40.58	30692.77
29	批发、零售业和住宿、餐饮业	2796.84	152.63	0.00	350.43	11.01	337.42	79.20	14.24	3741.77
30	其他	3099.33	329.66	0	4222.32	146.18	3998.88	49.55	21.93	11867.86
	汇总	344724.32	51678.90	9873.88	13735.45	3134.99	30636.65	15166.02	511.12	469461.34
	占比	73.430%	11.008%	2.103%	2.926%	0.668%	6.526%	3.231%	0.109%	

2005 年 8 种能源碳排放汇总及占比　　单位：万吨

	部门	煤炭碳排放	焦炭碳排放	原油碳排放	汽油碳排放	煤油碳排放	柴油碳排放	燃料油碳排放	天然气碳排放	汇总
1	农、林、牧、渔业	2876.67	181.55	0.00	466.82	4.85	3982.41	2.09	0.00	7514.40
2	煤炭开采和洗选业	27622.68	175.46	0.00	42.74	9.89	199.69	15.69	6.70	28072.85
3	石油和天然气开采业	710.22	0.83	4188.26	75.20	0.52	579.83	97.27	122.35	5774.48
4	金属矿采选业	479.73	286.13	0.00	23.11	6.55	144.70	2.69	0.06	942.98
5	非金属矿和其他采矿业	1275.27	36.78	0.00	10.74	2.46	191.91	1.87	0.03	1519.07
6	食品和烟草	6351.68	42.68	2.02	82.72	3.94	297.73	134.46	3.58	6918.82
7	纺织业	4855.97	8.55	0.60	48.97	6.22	132.91	133.03	0.87	5187.12
8	纺织服装鞋帽皮革羽绒及其制品	650.55	4.69	0.85	39.72	3.25	136.44	56.21	0.19	891.89
9	木材加工品和家具	892.78	8.12	0.45	21.82	4.03	60.09	8.69	0.23	996.22
10	造纸印刷和文教体育用品	6662.47	23.08	1.81	53.79	6.07	137.52	98.54	1.07	6984.36
11	石油加工、炼焦和核燃料加工业	0.00	219.56	0.00	61.05	6.25	159.44	1195.37	28.32	1670.00
12	化学产品	28767.20	5094.37	7624.80	209.67	24.63	626.18	1187.42	222.74	43757.00
13	非金属矿物制品业	38074.85	595.74	42.80	70.29	9.28	783.70	1576.59	36.93	41190.17
14	金属冶炼和压延加工业	45194.44	62362.27	1.33	79.88	12.86	448.87	828.04	21.14	108948.84

续表

	部门	煤炭碳排放	焦炭碳排放	原油碳排放	汽油碳排放	煤油碳排放	柴油碳排放	燃料油碳排放	天然气碳排放	汇总
15	金属制品、机械和设备修理业	641.47	224.06	0.18	50.14	8.01	162.10	53.07	1.07	1140.09
16	通用设备制造业	782.22	1302.97	0.45	76.67	17.59	175.54	27.74	2.81	2385.99
17	专用设备制造业	1052.60	197.05	0.33	46.33	5.13	83.78	21.31	4.19	1410.71
18	交通运输设备制造业	1644.88	268.62	0.45	102.14	33.61	211.76	34.81	7.63	2303.91
19	电气机械和器材制造业	328.30	47.91	0.79	60.32	4.85	151.79	41.63	1.91	637.49
20	计算机、通信和其他电子设备制造业	295.02	1.97	1.21	30.86	2.49	150.37	84.94	7.40	574.25
21	仪器仪表制造业	46.90	7.87	0.15	10.09	3.43	27.34	0.60	0.12	96.50
22	其他制造业	1070.93	10.84	0.03	20.10	2.12	35.66	8.37	0.06	1148.12
23	废弃资源综合利用业	13.45	6.66	0.00	0.91	0.12	3.56	2.73	0.00	27.43
24	电力、热力生产和供应业	201976.64	17.53	26.52	59.23	0.97	1226.50	3614.50	29.13	206951.02
25	燃气生产和供应业	2501.78	168.31	0.79	6.90	0.06	29.94	47.30	11.37	2766.45
26	水的生产和供应业	73.01	0.20	0.00	8.63	0.09	7.40	0.03	0.09	89.45
27	建筑业	1146.95	52.57	0.00	503.53	0.00	1197.00	44.96	2.31	2947.31
28	交通运输、仓储和邮政业	1541.47	3.06	383.17	7108.14	2889.07	18236.12	3998.06	58.96	34218.05
29	批发、零售业和住宿、餐饮业	3181.84	183.29	0.00	378.48	11.13	359.22	87.25	16.74	4217.95
30	其他	22337.74	280.09	0	4452.09	187.01	4029.19	44.10	137.35	31467.57
汇总		403049.70	71812.83	12276.99	14201.07	3266.49	33968.68	13449.39	725.35	552750.5
占比		72.917%	12.992%	2.221%	2.569%	0.591%	6.145%	2.433%	0.131%	

2006 年 8 种能源碳排放汇总及占比

单位：万吨

	部门	煤炭碳排放	焦炭碳排放	原油碳排放	汽油碳排放	煤油碳排放	柴油碳排放	燃料油碳排放	天然气碳排放	汇总
1	农、林、牧、渔业	2855.39	159.41	0.00	490.69	4.67	4227.54	2.19	0.00	7739.89
2	煤炭开采和洗选业	29644.20	187.73	0.00	49.84	8.89	194.48	16.68	6.55	30108.37
3	石油和天然气开采业	715.48	0.89	3537.89	86.17	0.49	590.05	102.31	120.12	5153.40
4	金属矿采选业	495.31	331.01	0.00	25.86	5.85	145.94	2.85	0.06	1006.89

续表

	部门	煤炭碳排放	焦炭碳排放	原油碳排放	汽油碳排放	煤油碳排放	柴油碳排放	燃料油碳排放	天然气碳排放	汇总
5	非金属矿和其他采矿业	1230.88	41.25	0.00	11.93	2.15	193.56	1.97	0.03	1481.77
6	食品和烟草	6600.69	42.31	1.93	93.08	3.49	295.84	129.61	3.71	7170.66
7	纺织业	5313.85	9.35	0.57	55.55	5.58	132.16	134.52	0.87	5652.46
8	纺织服装鞋帽皮革羽绒及其制品	702.05	5.23	0.82	44.17	2.82	142.41	60.75	0.19	958.43
9	木材加工品和家具	937.72	8.75	0.42	24.28	3.58	61.83	7.96	0.26	1044.80
10	造纸印刷和文教体育用品	7396.75	23.57	1.75	60.32	5.40	139.28	105.29	1.27	7733.63
11	石油加工、炼焦和核燃料加工业	0.00	264.13	0.00	67.86	5.61	157.55	1220.14	32.62	1747.91
12	化学产品	30340.30	5971.09	6505.87	238.63	19.32	638.75	1355.58	279.04	45348.58
13	非金属矿物制品业	39352.42	679.40	44.00	78.16	8.34	801.56	1721.74	36.88	42722.51
14	金属冶炼和压延加工业	48006.71	69091.99	1.33	93.98	11.47	454.11	761.71	24.48	118445.77
15	金属制品、机械和设备修理业	647.36	250.20	0.18	56.69	7.13	164.86	52.60	1.26	1180.27
16	通用设备制造业	834.10	1485.95	0.45	86.67	15.71	177.49	23.78	3.65	2627.80
17	专用设备制造业	1103.52	219.08	0.33	51.86	4.52	82.54	19.78	4.61	1486.24
18	交通运输设备制造业	1694.63	306.35	0.45	115.86	23.54	213.25	34.78	8.76	2397.62
19	电气机械和器材制造业	341.56	50.09	0.79	68.01	4.25	151.39	43.50	2.20	661.78
20	计算机、通信和其他电子设备制造业	291.64	2.09	1.21	34.81	2.43	157.33	93.37	8.13	591.00
21	仪器仪表制造业	48.74	8.78	0.15	11.20	3.00	29.10	0.63	0.16	101.77
22	其他制造业	1063.71	10.81	0.03	21.24	1.79	36.75	7.58	0.08	1141.98
23	废弃资源综合利用业	13.87	6.66	0.00	1.02	0.09	3.72	2.35	0.00	27.71
24	电力、热力生产和供应业	230049.69	19.16	34.43	63.68	0.73	1069.23	3048.21	45.74	234330.88
25	燃气生产和供应业	2739.04	84.21	0.76	7.78	0.06	31.79	44.23	14.86	2922.72
26	水的生产和供应业	76.30	0.20	0.00	9.51	0.09	7.86	0.03	0.09	94.08
27	建筑业	1238.98	52.92	0.00	528.71	0.00	1327.09	51.81	2.57	3202.08

续表

	部门	煤炭碳排放	焦炭碳排放	原油碳排放	汽油碳排放	煤油碳排放	柴油碳排放	燃料油碳排放	天然气碳排放	汇总
28	交通运输、仓储和邮政业	1463.12	2.43	494.29	7582.91	3065.37	20269.85	4694.27	73.27	37645.51
29	批发、零售业和住宿、餐饮业	3404.31	187.04	0.00	360.78	11.44	401.75	67.98	20.41	4453.71
30	其他	22498.11	282.46	0	4913.73	184.13	4342.15	41.66	178.98	32441.22
	汇总	441100.43	79784.54	10627.66	15334.98	3411.94	36641.21	13849.85	870.84	601621.46
	占比	73.319%	13.262%	1.767%	2.549%	0.567%	6.090%	2.302%	0.145%	

2007 年 8 种能源碳排放汇总及占比 单位：万吨

	部门	煤炭碳排放	焦炭碳排放	原油碳排放	汽油碳排放	煤油碳排放	柴油碳排放	燃料油碳排放	天然气碳排放	汇总
1	农、林、牧、渔业	2887.64	163.70	0.00	505.40	2.85	3773.81	3.17	0.00	7336.57
2	煤炭开采和洗选业	33495.31	216.93	0.00	53.59	8.22	205.32	15.63	7.72	34002.73
3	石油和天然气开采业	724.38	1.00	3636.11	90.65	0.46	614.35	93.50	133.22	5293.66
4	金属矿采选业	507.25	364.90	0.00	27.23	5.40	154.11	2.69	0.08	1061.67
5	非金属矿和其他采矿业	1325.04	45.48	0.00	12.55	2.00	204.42	1.84	0.06	1591.40
6	食品和烟草	6839.86	46.60	1.93	95.80	3.28	312.35	119.75	4.19	7423.75
7	纺织业	5438.75	10.21	0.57	58.44	5.22	138.76	125.71	1.07	5778.74
8	纺织服装鞋帽皮革羽绒及其制品	709.19	5.78	0.88	46.48	2.64	145.60	57.61	0.20	968.37
9	木材加工品和家具	928.39	9.67	0.51	25.54	3.37	67.86	7.48	0.31	1043.13
10	造纸印刷和文教体育用品	7386.07	30.78	1.81	59.64	5.07	142.66	99.78	1.49	7727.29
11	石油加工、炼焦和核燃料加工业	0.00	283.09	0.00	71.37	5.25	165.17	1106.47	38.78	1670.13
12	化学产品	31391.83	6635.04	7030.87	240.68	17.53	675.40	1264.14	325.68	47581.19
13	非金属矿物制品业	38798.03	748.97	44.28	92.32	7.83	843.04	1617.24	44.84	42196.54
14	金属冶炼和压延加工业	48961.95	71668.47	1.24	98.87	10.77	478.07	703.72	28.70	121951.78
15	金属制品、机械和设备修理业	633.47	275.83	0.18	69.47	6.70	173.09	45.81	1.47	1206.03
16	通用设备制造业	796.24	1638.07	0.57	99.10	14.62	186.53	22.13	4.65	2761.92

续表

	部门	煤炭碳排放	焦炭碳排放	原油碳排放	汽油碳排放	煤油碳排放	柴油碳排放	燃料油碳排放	天然气碳排放	汇总
17	专用设备制造业	1086.88	241.53	0.39	60.73	4.19	86.93	18.58	5.40	1504.62
18	交通运输设备制造业	1686.19	337.70	0.33	120.72	22.96	224.05	32.59	10.27	2434.82
19	电气机械和器材制造业	334.60	54.20	0.72	67.86	3.97	157.89	40.17	2.57	662.01
20	计算机、通信和其他电子设备制造业	285.08	2.29	1.21	39.17	2.28	163.34	86.65	9.55	589.57
21	仪器仪表制造业	47.64	9.67	0.12	13.63	2.82	29.66	0.57	0.19	104.30
22	其他制造业	988.67	11.90	0.03	16.44	1.67	39.04	7.10	0.08	1064.92
23	废弃资源综合利用业	13.80	7.35	0.00	0.99	0.09	3.96	2.22	0.00	28.42
24	电力、热力生产和供应业	253978.69	21.31	25.43	55.75	0.76	853.66	1895.83	109.72	256941.16
25	燃气生产和供应业	2922.38	90.85	0.76	7.66	0.09	33.71	17.41	13.65	3086.50
26	水的生产和供应业	73.98	0.23	0.00	9.51	0.09	8.45	0.03	0.12	92.41
27	建筑业	1169.31	50.00	0.00	523.10	0.00	1343.06	97.46	3.24	3186.17
28	交通运输、仓储和邮政业	1398.41	1.57	494.29	7643.84	3427.68	22242.09	5579.92	72.72	40860.52
29	批发、零售业和住宿、餐饮业	3550.27	203.09	0.00	385.32	14.86	414.66	78.56	26.54	4673.32
30	其他	22431.22	256.38	0	5552.04	190.04	4807.31	37.51	247.37	33521.87
	汇总	470790.53	83432.58	11242.24	16143.89	3772.70	38688.38	13181.29	1093.89	638345.49
	占比	73.752%	13.070%	1.761%	2.529%	0.591%	6.061%	2.065%	0.171%	

2008 年 8 种能源碳排放汇总及占比　　单位：万吨

	部门	煤炭碳排放	焦炭碳排放	原油碳排放	汽油碳排放	煤油碳排放	柴油碳排放	燃料油碳排放	天然气碳排放	汇总
1	农、林、牧、渔业	2893.34	152.00	0.00	469.30	3.82	3401.99	4.76	0.00	6925.21
2	煤炭开采和洗选业	34808.37	159.61	0.00	65.41	8.71	289.40	20.42	7.97	35359.88
3	石油和天然气开采业	568.97	0.03	3909.83	81.43	0.39	844.47	131.35	161.95	5698.43
4	金属矿采选业	527.90	329.20	0.00	30.27	5.46	230.03	2.69	0.12	1125.69
5	非金属矿和其他采矿业	1152.63	31.38	0.00	15.15	1.76	264.30	1.30	0.09	1466.61
6	食品和烟草	6964.35	65.79	2.39	109.60	3.55	361.23	122.70	6.16	7635.77

续表

	部门	煤炭碳排放	焦炭碳排放	原油碳排放	汽油碳排放	煤油碳排放	柴油碳排放	燃料油碳排放	天然气碳排放	汇总
7	纺织业	4806.09	15.10	0.69	65.76	4.19	158.63	114.17	2.31	5166.94
8	纺织服装鞋帽皮革羽绒及其制品	598.50	9.87	1.09	54.49	2.21	181.26	57.39	0.40	905.22
9	木材加工品和家具	899.72	10.44	0.66	34.87	1.94	94.77	7.23	0.95	1050.57
10	造纸印刷和文教体育用品	7445.03	32.27	2.11	71.28	4.88	222.90	89.98	2.62	7871.09
11	石油加工、炼焦和核燃料加工业	0.00	295.99	0.00	58.65	6.31	183.46	1015.42	40.37	1600.21
12	化学产品	32889.23	6509.50	8459.52	280.78	17.53	877.35	1132.25	316.33	50482.49
13	非金属矿物制品业	43800.11	873.82	53.70	111.24	7.04	1020.32	1633.22	67.86	47567.31
14	金属冶炼和压延加工业	52120.59	74301.32	1.60	92.78	13.44	620.23	623.99	35.89	127809.85
15	金属制品、机械和设备修理业	650.97	259.81	0.33	85.94	8.04	231.85	48.95	3.20	1289.09
16	通用设备制造业	829.23	1354.40	0.69	118.50	19.17	220.58	29.58	8.53	2580.69
17	专用设备制造业	1041.38	261.96	0.48	63.18	2.97	127.06	23.05	7.88	1527.96
18	交通运输设备制造业	1587.83	399.60	0.42	135.90	27.45	367.95	45.12	18.02	2582.29
19	电气机械和器材制造业	340.80	73.74	0.88	78.04	4.79	214.86	38.17	3.61	754.89
20	计算机、通信和其他电子设备制造业	351.76	2.49	1.48	47.18	2.61	235.97	96.51	9.71	747.71
21	仪器仪表制造业	50.45	10.78	0.12	15.06	4.22	41.76	0.63	0.39	123.42
22	其他制造业	934.55	6.24	0.03	17.08	1.33	56.13	8.02	0.08	1023.46
23	废弃资源综合利用业	18.13	8.70	0.00	1.11	0.15	11.58	2.06	0.09	41.82
24	电力、热力生产和供应业	259818.69	20.39	29.99	64.32	0.70	879.95	1213.76	114.66	262142.46
25	燃气生产和供应业	2158.89	83.38	0.94	6.14	0.03	45.05	6.50	15.50	2316.42
26	水的生产和供应业	66.81	0.20	0.00	10.27	0.03	11.39	1.78	0.16	90.64
27	建筑业	1146.22	30.61	0.00	573.88	29.33	1147.93	119.53	1.54	3049.03
28	交通运输、仓储和邮政业	1264.48	0.83	500.33	9039.82	3563.00	23681.50	3623.15	110.98	41784.08
29	批发、零售业和住宿、餐饮业	3404.18	21.57	0.00	395.71	63.16	472.81	19.82	27.53	4404.76

续表

	部门	煤炭碳排放	焦炭碳排放	原油碳排放	汽油碳排放	煤油碳排放	柴油碳排放	燃料油碳排放	天然气碳排放	汇总
30	其他	20787.70	205.55	0	5783.13	117.03	5398.88	29.99	296.29	32618.57
	汇总	483926.92	85526.56	12967.29	17976.29	3925.25	41895.58	10263.48	1261.19	657742.56
	占比	73.574%	13.003%	1.971%	2.733%	0.597%	6.370%	1.560%	0.192%	

2009 年 8 种能源碳排放汇总及占比　　单位：万吨

	部门	煤炭碳排放	焦炭碳排放	原油碳排放	汽油碳排放	煤油碳排放	柴油碳排放	燃料油碳排放	天然气碳排放	汇总
1	农、林、牧、渔业	3006.48	127.55	0.00	491.59	2.73	3511.21	3.33	0.00	7142.90
2	煤炭开采和洗选业	38472.14	80.83	0.00	62.04	7.67	336.49	15.31	7.29	38981.79
3	石油和天然气开采业	1059.61	0.00	3258.74	73.24	0.00	713.20	93.88	182.10	5380.77
4	金属矿采选业	498.07	282.35	0.00	41.24	3.09	219.10	1.14	0.11	1045.10
5	非金属矿和其他采矿业	1259.90	34.53	0.00	14.95	2.61	274.85	0.82	1.19	1588.85
6	食品和烟草	6887.03	53.29	0.91	170.47	2.55	317.45	121.75	7.62	7561.06
7	纺织业	4624.04	11.73	0.60	76.78	1.52	136.56	76.03	2.09	4929.35
8	纺织服装鞋帽皮革羽绒及其制品	579.71	4.89	1.09	77.22	1.49	153.77	47.75	0.48	866.40
9	木材加工品和家具	895.74	9.93	0.85	46.16	0.76	86.22	2.41	1.21	1043.27
10	造纸印刷和文教体育用品	7721.64	28.52	1.21	76.14	1.30	187.49	73.43	2.62	8092.35
11	石油加工、炼焦和核燃料加工业	0.00	277.92	0.00	116.45	17.11	223.65	835.93	41.45	1512.50
12	化学产品	32811.11	6059.61	8554.02	271.39	17.41	874.22	857.91	281.57	49727.25
13	非金属矿物制品业	45138.80	1100.25	26.85	108.08	3.52	981.65	1303.46	69.21	48731.81
14	金属冶炼和压延加工业	56324.64	79714.46	1.96	75.06	6.83	548.78	434.64	39.61	137145.99
15	金属制品、机械和设备修理业	636.41	280.95	0.54	91.06	4.25	226.74	46.51	3.83	1290.29
16	通用设备制造业	808.43	1898.28	0.18	147.66	13.56	211.30	36.46	9.40	3125.26
17	专用设备制造业	1096.15	288.16	0.15	82.78	1.94	132.54	18.23	7.24	1627.19
18	交通运输设备制造业	1607.37	468.16	0.30	125.02	30.88	327.11	40.42	18.89	2618.16
19	电气机械和器材制造业	728.02	66.39	0.36	104.13	2.00	212.53	30.53	4.70	1148.68

续表

	部门	煤炭碳排放	焦炭碳排放	原油碳排放	汽油碳排放	煤油碳排放	柴油碳排放	燃料油碳排放	天然气碳排放	汇总
20	计算机、通信和其他电子设备制造业	350.95	4.98	0.76	56.31	1.09	215.94	86.68	7.57	724.27
21	仪器仪表制造业	47.81	23.80	0.03	20.04	1.85	38.88	0.57	0.56	133.54
22	其他制造业	869.71	5.18	0.06	23.93	0.30	56.19	7.23	0.09	962.69
23	废弃资源综合利用业	19.69	12.16	0.00	2.02	0.09	12.63	1.81	0.00	48.39
24	电力、热力生产和供应业	275310.56	23.26	12.35	77.60	0.09	739.70	686.89	198.40	277048.86
25	燃气生产和供应业	2373.28	68.71	0.63	8.42	0.03	31.61	2.63	8.98	2494.30
26	水的生产和供应业	53.87	0.26	0.00	14.74	0.00	13.00	1.59	0.19	83.65
27	建筑业	1207.81	16.25	0.00	688.66	26.60	1285.70	108.37	1.50	3334.89
28	交通运输、仓储和邮政业	1217.88	0.40	463.36	8428.94	4856.72	24432.72	3965.15	141.26	43506.43
29	批发、零售业和住宿、餐饮业	3758.58	11.27	0.00	431.51	106.11	562.65	25.71	37.16	4933.00
30	其他	21108.61	149.63	0	6052.06	179.73	5525.28	39.00	312.30	33366.60
	汇总	510474.05	91103.65	12324.95	18055.71	5293.83	42589.18	8965.57	1388.63	690195.58
	占比	73.961%	13.200%	1.786%	2.616%	0.767%	6.171%	1.299%	0.201%	

2010 年 8 种能源碳排放汇总及占比　　单位：万吨

	部门	煤炭碳排放	焦炭碳排放	原油碳排放	汽油碳排放	煤油碳排放	柴油碳排放	燃料油碳排放	天然气碳排放	汇总
1	农、林、牧、渔业	3251.60	133.92	0.00	494.55	2.73	3735.92	3.61	0.78	3251.60
2	煤炭开采和洗选业	43980.43	71.65	0.00	58.82	7.67	437.23	7.36	5.89	43980.43
3	石油和天然气开采业	1069.93	0.46	3081.48	70.79	0.00	575.78	110.17	200.94	1069.93
4	金属矿采选业	610.55	404.69	0.00	44.72	3.09	257.52	0.25	0.19	610.55
5	非金属矿和其他采矿业	1159.85	37.99	0.00	19.66	2.61	278.51	0.57	1.04	1159.85
6	食品和烟草	7188.93	37.73	0.36	189.96	2.55	333.30	104.21	9.24	7188.93
7	纺织业	4975.06	14.59	0.06	78.86	1.52	138.17	71.18	2.57	4975.06
8	纺织服装鞋帽皮革羽绒及其制品	586.96	11.38	0.24	76.73	1.49	148.73	35.45	0.56	586.96
9	木材加工品和家具	886.36	9.41	0.69	51.25	0.76	100.90	2.63	1.02	886.36

续表

	部门	煤炭碳排放	焦炭碳排放	原油碳排放	汽油碳排放	煤油碳排放	柴油碳排放	燃料油碳排放	天然气碳排放	汇总
10	造纸印刷和文教体育用品	8255.00	17.96	0.37	69.41	1.30	180.77	74.06	4.00	8255.00
11	石油加工、炼焦和核燃料加工业	0.00	267.30	0.00	105.83	17.11	82.13	3275.19	62.11	0.00
12	化学产品	32106.31	5019.23	9249.79	280.60	17.41	788.40	1773.32	299.73	32106.31
13	非金属矿物制品业	44673.83	1103.31	7.40	109.60	3.52	897.63	1120.99	66.26	44673.83
14	金属冶炼和压延加工业	64489.57	85927.70	3.14	69.47	6.83	507.29	383.69	45.73	64489.57
15	金属制品、机械和设备修理业	600.49	216.13	0.36	96.38	4.25	205.23	39.54	5.63	600.49
16	通用设备制造业	822.54	1879.45	0.27	158.04	13.56	231.11	24.57	10.33	822.54
17	专用设备制造业	1193.07	359.29	0.18	86.32	1.94	147.46	11.89	9.23	1193.07
18	交通运输设备制造业	1622.76	483.04	0.51	143.94	30.88	342.25	39.63	20.12	1622.76
19	电气机械和器材制造业	481.80	76.17	0.45	106.71	2.00	222.66	24.76	7.18	481.80
20	计算机、通信和其他电子设备制造业	351.76	7.47	0.82	59.41	1.09	220.49	43.34	9.73	351.76
21	仪器仪表制造业	48.38	16.39	0.00	21.24	1.85	44.02	1.27	0.84	48.38
22	其他制造业	896.52	6.09	0.00	22.61	0.30	44.43	7.55	0.53	896.52
23	废弃资源综合利用业	24.61	30.41	0.00	2.14	0.09	13.00	5.71	0.02	24.61
24	电力、热力生产和供应业	287255.14	11.47	10.99	72.07	0.09	479.52	378.65	280.44	287255.14
25	燃气生产和供应业	2549.80	53.06	0.00	9.36	0.03	8.08	0.73	12.52	2549.80
26	水的生产和供应业	126.71	0.40	0.00	12.81	0.00	14.27	0.57	0.29	126.71
27	建筑业	1366.14	16.62	0.00	803.52	26.60	1517.61	97.52	1.80	1366.14
28	交通运输、仓储和邮政业	1214.73	0.34	477.19	9374.74	4856.72	26372.61	4206.14	165.50	1214.73
29	批发、零售业和住宿、餐饮业	3743.34	14.59	0.00	491.94	106.11	608.65	27.33	42.25	3743.34
30	其他	21218.29	132.32	0	6961.36	179.73	6371.11	42.90	392.27	21218.29
汇总		536750.49	96360.58	12834.52	20142.85	5293.83	45304.78	11914.80	1658.74	536750.49
占比		73.501%	13.195%	1.758%	2.758%	0.725%	6.204%	1.632%	0.227%	73.501%

2011 年 8 种能源碳排放汇总及占比 单位：万吨

	部门	煤炭碳排放	焦炭碳排放	原油碳排放	汽油碳排放	煤油碳排放	柴油碳排放	燃料油碳排放	天然气碳排放	汇总
1	农、林、牧、渔业	3338.12	154.63	0.00	544.01	4.46	3937.71	4.15	0.87	7983.95
2	煤炭开采和洗选业	46804.20	86.24	0.00	65.87	6.98	657.63	3.55	7.91	47632.38
3	石油和天然气开采业	1063.64	0.00	3021.92	65.70	0.00	595.16	91.03	195.50	5032.94
4	金属矿采选业	606.44	569.99	0.18	50.75	2.43	462.65	0.32	0.23	1692.99
5	非金属矿和其他采矿业	1202.38	21.77	0.00	17.78	0.36	188.14	0.51	1.01	1431.95
6	食品和烟草	7252.67	48.80	0.42	158.39	1.27	293.83	61.98	13.28	7830.65
7	纺织业	4297.87	11.21	0.00	62.01	0.94	107.30	46.80	3.04	4529.18
8	纺织服装鞋帽皮革羽绒及其制品	533.74	17.48	0.42	59.79	2.28	106.96	35.70	0.87	757.23
9	木材加工品和家具	888.26	6.72	0.39	40.04	0.21	73.16	2.57	1.54	1012.89
10	造纸印刷和文教体育用品	8577.16	16.62	0.30	52.56	0.82	112.60	51.62	5.21	8816.89
11	石油加工、炼焦和核燃料加工业	0.00	240.07	0.00	121.22	7.46	78.76	3778.51	105.99	4332.00
12	化学产品	35015.14	6524.31	11163.14	236.08	10.40	432.47	1532.84	373.75	55288.14
13	非金属矿物制品业	47568.01	1583.23	6.13	98.63	10.56	770.04	989.45	98.90	51124.95
14	金属冶炼和压延加工业	68787.69	95794.14	2.42	59.03	6.40	448.60	279.51	65.92	165443.70
15	金属制品、机械和设备修理业	534.78	186.27	0.42	67.10	3.25	139.25	39.38	7.55	978.01
16	通用设备制造业	758.62	2809.23	0.15	140.84	11.38	196.40	14.62	12.92	3944.16
17	专用设备制造业	1063.31	223.65	0.06	73.83	1.70	117.86	8.08	11.23	1499.73
18	交通运输设备制造业	1517.66	503.40	0.48	140.67	34.70	308.44	56.91	28.77	2591.04
19	电气机械和器材制造业	986.37	71.02	0.30	85.53	1.03	125.20	13.03	8.41	1290.89
20	计算机、通信和其他电子设备制造业	311.73	5.98	0.06	44.70	0.49	92.82	10.43	9.99	476.18
21	仪器仪表制造业	41.71	12.56	0.03	16.35	0.49	20.59	1.36	0.79	93.88
22	其他制造业	866.75	7.27	0.00	17.61	0.55	31.18	5.55	0.98	929.87
23	废弃资源综合利用业	25.56	36.47	0.00	1.78	0.00	13.16	3.68	0.16	80.80
24	电力、热力生产和供应业	324465.11	21.82	6.37	73.80	0.06	262.81	137.60	334.88	325302.46

续表

	部门	煤炭碳排放	焦炭碳排放	原油碳排放	汽油碳排放	煤油碳排放	柴油碳排放	燃料油碳排放	天然气碳排放	汇总
25	燃气生产和供应业	1907.48	45.08	0.00	8.72	0.03	6.53	0.70	13.76	1982.30
26	水的生产和供应业	82.59	0.86	0.00	10.33	0.00	6.16	0.10	0.28	100.31
27	建筑业	1485.67	13.76	0.00	827.13	32.73	1605.63	97.02	1.99	4063.92
28	交通运输、仓储和邮政业	1227.31	0.26	318.33	9867.88	4994.04	29365.23	4264.83	214.59	50252.47
29	批发、零售业和住宿、餐饮业	4202.91	26.43	0.00	518.15	97.61	657.29	29.61	52.18	5584.19
30	其他	21519.51	123.05	0	8107.59	278.22	7191.19	51.46	452.17	37723.19
汇总		586932.36	109162.33	14521.54	21633.89	5510.84	48404.74	11612.88	2024.65	799803.23
占比		73.385%	13.649%	1.816%	2.705%	0.689%	6.052%	1.452%	0.253%	

2012 年 8 种能源碳排放汇总及占比

单位：万吨

	部门	煤炭碳排放	焦炭碳排放	原油碳排放	汽油碳排放	煤油碳排放	柴油碳排放	燃料油碳排放	天然气碳排放	汇总
1	农、林、牧、渔业	3356.16	164.42	0.00	564.13	3.61	4134.57	6.28	0.99	8230.16
2	煤炭开采和洗选业	49718.12	187.10	0.00	47.77	6.55	666.27	2.92	11.60	50640.32
3	石油和天然气开采业	908.13	0.00	3172.45	41.65	0.00	196.31	42.07	190.69	4551.31
4	金属矿采选业	594.64	398.60	0.03	42.00	1.33	459.25	0.29	0.05	1496.19
5	非金属矿和其他采矿业	1181.80	131.86	0.00	15.80	0.12	203.71	0.51	0.84	1534.63
6	食品和烟草	7316.55	41.16	0.24	149.18	0.49	280.83	45.69	19.99	7854.13
7	纺织业	3925.24	8.81	0.00	49.40	0.36	62.54	27.90	3.33	4077.59
8	纺织服装鞋帽皮革羽绒及其制品	585.12	9.98	0.45	73.04	1.88	91.45	19.53	1.61	783.07
9	木材加工品和家具	864.90	11.90	0.51	37.30	0.39	68.11	1.55	1.60	986.27
10	造纸印刷和文教体育用品	8708.45	15.76	0.36	67.10	1.21	112.29	29.61	10.50	8945.29
11	石油加工、炼焦和核燃料加工业	0.00	210.67	0.00	119.40	0.64	64.61	4147.30	153.39	4696.01
12	化学产品	36657.34	7457.35	9244.20	161.47	11.62	351.91	1621.17	399.48	55904.53
13	非金属矿物制品业	47154.04	2164.58	23.50	97.00	14.23	807.01	732.86	106.59	51099.80
14	金属冶炼和压延加工业	69754.73	98020.47	0.72	63.18	7.80	451.57	227.17	91.78	168617.42

续表

	部门	煤炭碳排放	焦炭碳排放	原油碳排放	汽油碳排放	煤油碳排放	柴油碳排放	燃料油碳排放	天然气碳排放	汇总
15	金属制品、机械和设备修理业	684.26	298.20	0.03	66.93	4.03	120.21	23.27	11.35	1208.29
16	通用设备制造业	510.90	2456.85	0.09	114.75	8.22	136.50	4.79	11.26	3243.36
17	专用设备制造业	818.46	129.89	0.12	72.78	1.06	106.90	3.36	10.16	1142.73
18	交通运输设备制造业	1098.34	529.20	0.21	110.07	2.91	139.35	5.01	21.73	1906.82
19	电气机械和器材制造业	933.05	51.20	0.21	81.79	1.40	100.34	12.84	9.26	1190.08
20	计算机、通信和其他电子设备制造业	466.41	6.86	0.00	40.72	0.94	61.02	10.11	10.67	596.74
21	仪器仪表制造业	58.40	11.93	0.00	14.54	0.61	15.76	1.14	0.84	103.21
22	其他制造业	1025.82	1.43	0.00	5.38	0.06	11.67	0.92	1.04	1046.32
23	废弃资源综合利用业	27.40	57.32	0.00	1.87	0.03	11.08	4.06	0.31	102.08
24	电力、热力生产和供应业	331171.70	1.40	7.43	81.20	0.09	229.62	71.37	349.03	331911.84
25	燃气生产和供应业	2042.01	21.42	0.00	7.72	0.00	7.21	0.60	14.46	2093.42
26	水的生产和供应业	120.97	0.11	0.00	10.24	0.00	5.36	0.00	0.28	136.96
27	建筑业	1431.71	18.05	0.00	839.12	23.93	1603.71	85.76	1.95	4004.23
28	交通运输、仓储和邮政业	1167.28	0.26	360.61	10977.99	5420.96	33209.81	4387.78	239.66	55764.35
29	批发、零售业和住宿、餐饮业	4488.51	19.05	0.00	585.20	86.88	708.96	27.55	60.01	5976.16
30	其他	21923.06	114.04	0	9146.88	302.58	7457.43	63.22	498.13	39505.35
汇总		598693.49	112539.89	12811.17	23685.59	5903.94	51875.36	11606.63	2232.59	819348.67
占比		73.069%	13.735%	1.564%	2.891%	0.721%	6.331%	1.417%	0.272%	

2013 年 8 种能源碳排放汇总及占比

单位：万吨

	部门	煤炭碳排放	焦炭碳排放	原油碳排放	汽油碳排放	煤油碳排放	柴油碳排放	燃料油碳排放	天然气碳排放	汇总
1	农、林、牧、渔业	4656.82	197.85	0.00	581.28	3.61	4462.83	6.50	1.07	9909.96
2	煤炭开采和洗选业	69878.40	230.12	0.12	42.15	7.37	655.03	2.25	14.74	70830.18
3	石油和天然气开采业	914.31	0.00	3124.88	40.72	0.00	188.88	60.87	214.41	4544.07
4	金属矿采选业	1305.92	544.22	0.00	37.12	1.33	449.06	5.74	0.05	2343.44

续表

	部门	煤炭碳排放	焦炭碳排放	原油碳排放	汽油碳排放	煤油碳排放	柴油碳排放	燃料油碳排放	天然气碳排放	汇总
5	非金属矿和其他采矿业	1975.34	31.61	0.00	16.12	0.21	222.78	0.54	0.12	2246.72
6	食品和烟草	12964.04	37.50	0.72	157.49	0.70	269.65	37.95	24.07	13492.12
7	纺织业	5502.57	8.04	0.03	45.19	0.49	54.70	23.49	4.45	5638.96
8	纺织服装鞋帽皮革羽绒及其制品	950.15	6.84	0.21	62.86	0.52	76.65	10.75	2.57	1110.55
9	木材加工品和家具	1314.59	7.95	0.51	37.82	0.52	66.41	1.33	1.80	1430.93
10	造纸印刷和文教体育用品	10418.20	14.19	0.30	65.38	0.97	110.34	46.64	14.66	10670.67
11	石油加工、炼焦和核燃料加工业	0.00	193.16	0.00	12.69	0.52	62.91	4434.74	212.72	4916.74
12	化学产品	53765.38	9156.88	9434.20	151.99	10.68	266.99	1971.54	487.17	75244.83
13	非金属矿物制品业	60112.78	2996.41	3.26	96.97	3.85	874.22	678.11	124.55	64890.15
14	金属冶炼和压延加工业	83440.35	114128.19	0.79	63.74	4.76	407.30	194.57	112.49	198352.18
15	金属制品、机械和设备修理业	1228.20	404.35	0.06	66.87	3.40	114.30	26.60	18.40	1862.17
16	通用设备制造业	782.54	1987.21	0.21	101.59	7.64	130.86	4.22	14.30	3028.58
17	专用设备制造业	741.06	153.03	0.45	78.30	1.91	176.34	3.11	13.17	1167.38
18	交通运输设备制造业	1069.32	569.02	0.48	93.84	2.79	120.89	3.99	28.63	1888.97
19	电气机械和器材制造业	1344.96	49.86	0.21	81.82	1.24	89.41	13.47	11.73	1592.69
20	计算机、通信和其他电子设备制造业	306.69	30.72	0.00	40.45	1.06	51.70	6.25	10.80	447.67
21	仪器仪表制造业	77.25	15.02	0.03	16.03	0.49	15.20	1.62	1.01	126.64
22	其他制造业	1615.96	0.94	0.00	5.21	0.18	10.37	0.41	1.41	1634.49
23	废弃资源综合利用业	119.40	73.37	0.00	1.84	0.03	15.91	1.24	0.59	212.38
24	电力、热力生产和供应业	360769.07	18.88	6.80	79.80	0.18	227.67	82.56	379.20	361564.15
25	燃气生产和供应业	1776.70	12.59	0.00	8.54	0.00	6.10	0.67	19.50	1824.09
26	水的生产和供应业	107.37	0.14	0.00	10.44	0.00	5.45	0.03	0.31	123.74
27	建筑业	1541.88	22.00	0.00	954.93	34.64	1724.32	188.52	3.07	4469.36

续表

	部门	煤炭碳排放	焦炭碳排放	原油碳排放	汽油碳排放	煤油碳排放	柴油碳排放	燃料油碳排放	天然气碳排放	汇总
28	交通运输、仓储和邮政业	1169.46	6.32	449.19	12817.20	6061.28	33808.87	4530.61	272.65	59115.59
29	批发、零售业和住宿、餐饮业	7536.93	102.49	0.00	646.04	40.62	722.92	60.46	60.97	9170.43
30	其他	25512.27	123.03	0	10867.13	341.20	7189.39	74.06	556.13	44663.20
汇总		712897.91	131121.91	13022.47	27281.33	6532.18	52577.48	12472.84	2606.72	958513.04
占比		74.375%	13.680%	1.359%	2.846%	0.681%	5.485%	1.301%	0.272%	

2014 年 8 种能源碳排放汇总及占比

单位：万吨

	部门	煤炭碳排放	焦炭碳排放	原油碳排放	汽油碳排放	煤油碳排放	柴油碳排放	燃料油碳排放	天然气碳排放	汇总
1	农、林、牧、渔业	4900.44	99.68	0.00	633.58	2.28	4619.05	4.03	1.23	10260.28
2	煤炭开采和洗选业	67676.14	251.49	0.27	36.53	5.73	607.94	1.49	19.67	68599.27
3	石油和天然气开采业	370.54	0.00	3124.73	37.06	0.03	166.90	66.23	228.41	3993.91
4	金属矿采选业	1258.91	563.07	0.00	34.17	1.24	425.44	5.90	1.02	2289.75
5	非金属矿和其他采矿业	1955.67	21.14	0.00	12.90	0.64	212.66	0.63	0.11	2203.75
6	食品和烟草	11346.41	40.13	0.06	140.49	0.76	246.71	32.50	28.83	11835.89
7	纺织业	4675.50	5.92	0.00	41.62	0.21	48.76	25.14	7.06	4804.22
8	纺织服装鞋帽皮革羽绒及其制品	872.60	5.35	0.09	56.51	0.36	62.85	7.96	3.15	1008.87
9	木材加工品和家具	1369.15	8.52	1.00	34.43	0.30	60.37	1.27	2.45	1477.49
10	造纸印刷和文教体育用品	9579.66	14.96	0.18	62.60	0.27	107.61	44.32	17.08	9826.69
11	石油加工、炼焦和核燃料加工业	0.00	132.69	0.00	14.71	0.64	59.26	5664.45	220.38	6092.13
12	化学产品	56148.72	9784.06	11044.66	145.08	9.92	253.77	2218.27	512.06	80116.54
13	非金属矿物制品业	62737.72	2974.64	0.51	86.17	3.31	910.29	608.45	144.10	67465.19
14	金属冶炼和压延加工业	87432.97	116611.99	0.24	59.12	3.22	380.39	178.44	133.72	204800.08
15	金属制品、机械和设备修理业	990.00	286.58	0.03	63.91	2.97	96.44	22.76	22.21	1484.91
16	通用设备制造业	660.85	1998.02	0.12	93.75	6.79	119.19	3.87	14.64	2897.23

续表

	部门	煤炭碳排放	焦炭碳排放	原油碳排放	汽油碳排放	煤油碳排放	柴油碳排放	燃料油碳排放	天然气碳排放	汇总
17	专用设备制造业	644.90	213.10	0.42	76.99	1.79	164.21	3.23	15.71	1120.36
18	交通运输设备制造业	892.57	464.47	0.06	96.29	1.97	126.93	2.85	34.56	1619.71
19	电气机械和器材制造业	1253.80	40.42	0.03	77.84	0.91	79.94	8.40	9.77	1471.10
20	计算机、通信和其他电子设备制造业	282.02	35.47	0.00	41.21	0.39	43.62	7.39	12.39	422.50
21	仪器仪表制造业	56.25	12.44	0.03	14.63	0.42	13.22	1.68	1.05	99.73
22	其他制造业	2225.94	0.72	0.00	3.98	2.09	6.63	0.06	3.07	2242.48
23	废弃资源综合利用业	123.58	76.40	0.00	2.25	0.06	13.28	4.57	1.01	221.15
24	电力、热力生产和供应业	334638.52	140.53	1.00	76.08	0.15	201.73	36.71	407.32	335502.04
25	燃气生产和供应业	1368.79	5.69	0.00	8.89	0.00	5.91	0.60	15.14	1405.02
26	水的生产和供应业	85.42	0.06	0.00	10.15	0.00	4.89	0.06	0.42	101.00
27	建筑业	1736.11	27.72	0.00	968.30	31.61	1708.78	141.37	2.92	4616.81
28	交通运输、仓储和邮政业	1060.31	7.72	135.46	13645.62	6722.11	34187.40	4712.54	332.58	60803.74
29	批发、零售业和住宿、餐饮业	7158.45	133.24	0.00	637.06	34.22	712.46	55.13	72.33	8802.88
30	其他	25271.56	118.76	0	11281.82	241.40	6975.53	47.91	595.45	44532.42
	汇总	688773.48	134074.99	14308.89	28493.75	7075.80	52622.16	13908.22	2859.84	942117.13
	占比	73.109%	14.231%	1.519%	3.024%	0.751%	5.586%	1.476%	0.304%	

2015 年 8 种能源碳排放汇总及占比　　单位：万吨

	部门	煤炭碳排放	焦炭碳排放	原油碳排放	汽油碳排放	煤油碳排放	柴油碳排放	燃料油碳排放	天然气碳排放	汇总
1	农、林、牧、渔业	4988.29	141.56	0.00	676.66	3.34	4621.81	2.98	1.43	10436.06
2	煤炭开采和洗选业	54144.87	180.21	0.09	31.12	5.22	510.92	1.36	22.37	54896.15
3	石油和天然气开采业	352.54	0.00	2982.45	33.02	0.00	147.06	90.26	221.90	3827.23
4	金属矿采选业	1096.28	475.43	0.00	31.47	1.52	351.29	4.91	1.64	1962.55
5	非金属矿和其他采矿业	1614.00	20.11	0.00	10.44	0.67	219.59	0.57	0.19	1865.57
6	食品和烟草	10318.86	415.73	0.09	134.17	1.91	237.67	20.39	36.48	11165.30

续表

	部门	煤炭碳排放	焦炭碳排放	原油碳排放	汽油碳排放	煤油碳排放	柴油碳排放	燃料油碳排放	天然气碳排放	汇总
7	纺织业	8987.85	5.52	0.00	40.63	0.46	45.70	22.57	9.68	9112.40
8	纺织服装鞋帽皮革羽绒及其制品	782.92	5.72	0.09	54.87	0.49	59.41	4.88	3.07	911.46
9	木材加工品和家具	1072.64	9.50	0.15	35.83	1.61	59.19	1.40	3.44	1183.76
10	造纸印刷和文教体育用品	9262.88	10.78	0.12	61.08	0.46	99.78	42.26	22.51	9499.86
11	石油加工、炼焦和核燃料加工业	0.00	185.38	0.00	9.54	0.46	56.69	5940.22	214.03	6406.31
12	化学产品	61906.74	10239.86	10680.09	138.33	11.13	389.59	2877.67	418.02	86661.43
13	非金属矿物制品业	59279.44	2586.49	0.63	87.99	7.46	907.25	657.56	130.34	63657.17
14	金属冶炼和压延加工业	91236.77	108412.05	0.09	52.62	2.94	349.99	153.90	134.28	200342.64
15	金属制品、机械和设备修理业	874.29	286.58	0.03	65.32	2.79	92.66	21.15	25.21	1368.02
16	通用设备制造业	572.54	1957.23	0.09	91.23	7.58	111.98	3.58	16.95	2761.19
17	专用设备制造业	541.59	194.25	0.24	75.85	2.73	145.54	4.25	11.74	976.18
18	交通运输设备制造业	819.03	368.99	0.06	103.34	1.85	117.55	2.50	29.87	1443.21
19	电气机械和器材制造业	1388.97	34.32	0.00	77.37	2.18	76.25	5.90	7.60	1592.59
20	计算机、通信和其他电子设备制造业	284.02	40.93	0.03	42.53	0.82	41.02	6.78	12.22	428.36
21	仪器仪表制造业	38.01	8.58	0.03	17.08	1.27	13.50	0.98	1.21	80.66
22	其他制造业	1305.51	0.00	0.00	4.97	2.18	5.05	0.73	4.08	1322.52
23	废弃资源综合利用业	126.33	61.98	0.00	2.37	0.06	13.00	2.12	1.54	207.41
24	电力、热力生产和供应业	314276.33	110.30	0.82	75.96	0.24	188.04	26.57	533.05	315211.31
25	燃气生产和供应业	988.48	4.98	0.00	9.92	0.00	7.86	0.51	13.63	1025.38
26	水的生产和供应业	96.78	0.00	0.00	11.52	0.00	6.59	0.10	0.40	115.40
27	建筑业	1668.60	19.11	0.00	1195.14	37.92	1720.42	169.65	3.35	4814.19
28	交通运输、仓储和邮政业	934.19	8.64	108.27	15522.31	7598.30	34558.91	4563.90	368.57	63663.10
29	批发、零售业和住宿、餐饮业	7342.09	114.59	0.00	711.65	35.43	797.94	60.08	79.56	9141.33

续表

	部门	煤炭碳排放	焦炭碳排放	原油碳排放	汽油碳排放	煤油碳排放	柴油碳排放	燃料油碳排放	天然气碳排放	汇总
30	其他	25665.05	104.43	0	13752.59	340.95	7352.17	50.98	628.58	47894.77
	汇总	661965.88	126003.25	13773.38	33156.94	8071.97	53304.43	14740.73	2956.94	913973.52
	占比	72.427%	13.786%	1.507%	3.628%	0.883%	5.832%	1.613%	0.324%	

2016 年 8 种能源碳排放汇总及占比　　单位：万吨

	部门	煤炭碳排放	焦炭碳排放	原油碳排放	汽油碳排放	煤油碳排放	柴油碳排放	燃料油碳排放	天然气碳排放	汇总
1	农、林、牧、渔业	5279.25	151.92	0.00	656.37	6.79	4631.05	3.27	1.69	10730.35
2	煤炭开采和洗选业	44263.94	215.12	0.02	25.99	4.83	473.79	1.59	26.68	45011.97
3	石油和天然气开采业	330.85	0.00	2237.44	29.00	0.00	152.70	118.18	205.73	3073.90
4	金属矿采选业	766.30	452.60	3.72	29.90	1.29	294.00	0.22	0.13	1548.16
5	非金属矿和其他采矿业	1663.66	28.65	138.38	21.22	0.45	429.97	2.94	5.65	2290.92
6	食品和烟草	10198.97	417.03	0.06	118.17	1.47	210.96	19.44	52.02	11018.11
7	纺织业	8002.49	4.07	0.00	35.07	0.22	40.00	18.52	29.12	8129.49
8	纺织服装鞋帽皮革羽绒及其制品	663.50	5.32	0.07	50.28	0.54	50.97	3.35	6.57	780.59
9	木材加工品和家具	698.88	7.46	0.04	30.79	0.45	49.92	1.91	3.88	793.33
10	造纸印刷和文教体育用品	9123.54	11.84	0.15	55.57	1.42	96.56	46.86	27.15	9363.11
11	石油加工、炼焦和核燃料加工业	0.00	90.57	0.00	11.61	0.57	113.32	4869.91	221.30	5307.28
12	化学产品	56211.74	11491.25	11729.53	193.27	10.54	472.94	3739.50	408.64	84257.42
13	非金属矿物制品业	55357.85	2521.16	0.62	79.09	4.79	890.40	579.17	130.42	59563.50
14	金属冶炼和压延加工业	87489.68	111461.88	0.08	41.82	3.45	309.66	141.76	147.90	199596.22
15	金属制品、机械和设备修理业	765.27	189.37	0.02	60.28	4.30	89.69	22.68	39.21	1170.82
16	通用设备制造业	463.34	1962.81	0.09	76.85	7.29	95.92	3.07	21.68	2631.04
17	专用设备制造业	391.11	203.46	0.23	66.63	2.79	123.61	3.39	13.85	805.07
18	交通运输设备制造业	870.53	357.45	0.09	124.18	9.44	166.27	12.64	51.79	1592.40
19	电气机械和器材制造业	1064.55	19.77	0.00	72.71	2.12	63.98	6.36	12.56	1242.07

续表

	部门	煤炭碳排放	焦炭碳排放	原油碳排放	汽油碳排放	煤油碳排放	柴油碳排放	燃料油碳排放	天然气碳排放	汇总
20	计算机、通信和其他电子设备制造业	249.60	40.93	0.04	41.23	0.61	38.01	4.36	18.67	393.44
21	仪器仪表制造业	38.70	5.00	0.02	14.36	0.86	10.20	0.75	1.45	71.34
22	其他制造业	918.00	7.39	0.00	5.19	2.84	4.76	0.15	5.97	944.31
23	废弃资源综合利用业	128.96	46.08	0.00	1.96	0.06	13.39	4.69	3.14	198.28
24	电力、热力生产和供应业	321989.46	99.76	0.78	69.86	0.20	170.26	20.23	632.59	322983.14
25	燃气生产和供应业	728.37	5.35	0.00	9.00	0.00	6.30	1.97	9.65	760.64
26	水的生产和供应业	41.85	0.00	0.00	12.25	0.00	6.64	0.12	0.53	61.39
27	建筑业	1530.28	20.17	0.00	1279.04	30.33	1737.62	164.58	3.02	4765.03
28	交通运输、仓储和邮政业	767.45	9.18	67.47	16120.65	8538.84	34266.92	4791.84	395.17	64957.53
29	批发、零售业和住宿、餐饮业	7269.78	118.25	0.00	704.54	34.00	718.14	54.68	83.37	8982.75
30	其他	25791.52	94.31	0	14672.49	340.84	6404.01	44.58	663.73	48011.49
汇总		643059.41	130038.15	14178.84	34709.37	9011.35	52131.97	14682.73	3223.27	901035.07
占比		71.369%	14.432%	1.574%	3.852%	1.000%	5.786%	1.630%	0.358%	

2017 年 8 种能源碳排放汇总及占比

单位：万吨

	部门	煤炭碳排放	焦炭碳排放	原油碳排放	汽油碳排放	煤油碳排放	柴油碳排放	燃料油碳排放	天然气碳排放	汇总
1	农、林、牧、渔业	5385.31	109.98	0.00	671.73	4.61	4788.79	4.15	1.76	10966.33
2	煤炭开采和洗选业	44109.04	214.30	0.19	21.12	2.46	482.43	1.15	31.25	44861.94
3	石油和天然气开采业	238.61	0.00	2154.35	26.04	0.00	128.00	90.91	219.36	2857.28
4	金属矿采选业	661.49	343.18	0.00	19.38	1.36	260.30	4.50	0.27	1290.46
5	非金属矿和其他采矿业	1455.59	22.92	80.30	19.83	0.11	487.87	2.25	4.69	2073.55
6	食品和烟草	9040.54	402.91	0.07	90.72	0.78	183.35	22.15	72.03	9812.56
7	纺织业	6219.18	3.99	0.02	38.23	0.15	65.91	19.94	47.72	6395.14
8	纺织服装鞋帽皮革羽绒及其制品	433.28	1.86	0.03	41.37	0.25	42.96	3.16	11.95	534.85
9	木材加工品和家具	427.43	2.11	0.00	27.35	0.07	42.40	1.71	6.19	507.26

续表

	部门	煤炭碳排放	焦炭碳排放	原油碳排放	汽油碳排放	煤油碳排放	柴油碳排放	燃料油碳排放	天然气碳排放	汇总
10	造纸印刷和文教体育用品	8920.86	11.35	0.11	51.75	0.27	87.47	43.23	46.77	9163.82
11	石油加工、炼焦和核燃料加工业	0.00	118.22	0.00	10.78	0.77	460.60	5470.01	296.97	6357.34
12	化学产品	52833.03	10566.06	9727.16	160.30	7.64	377.13	3310.68	456.60	77438.61
13	非金属矿物制品业	52193.89	2211.88	1.28	69.97	3.02	867.63	499.23	163.32	56010.21
14	金属冶炼和压延加工业	87737.27	108804.88	0.02	33.80	3.54	307.10	95.44	170.83	197152.89
15	金属制品、机械和设备修理业	477.06	172.70	0.03	53.04	3.93	92.05	15.86	50.71	865.39
16	通用设备制造业	338.79	1271.12	0.04	69.79	6.41	91.57	2.87	23.85	1804.44
17	专用设备制造业	261.57	182.71	0.28	59.73	2.81	67.40	3.65	17.37	595.53
18	交通运输设备制造业	857.55	201.34	0.19	118.57	6.84	166.68	15.81	69.74	1436.73
19	电气机械和器材制造业	189.54	15.53	0.05	62.15	2.08	52.84	8.80	15.81	346.80
20	计算机、通信和其他电子设备制造业	202.57	37.18	0.00	40.55	0.58	34.44	3.17	22.86	341.36
21	仪器仪表制造业	23.59	1.46	0.04	13.86	0.76	8.27	0.66	1.69	50.33
22	其他制造业	696.23	5.80	0.00	4.18	0.06	4.83	0.87	8.03	720.00
23	废弃资源综合利用业	91.74	28.37	0.00	1.73	0.10	14.34	16.85	5.11	158.24
24	电力、热力生产和供应业	340745.53	110.91	0.61	64.00	0.13	182.39	14.61	691.95	341810.13
25	燃气生产和供应业	1107.13	4.66	0.00	8.39	0.00	4.85	0.36	7.64	1133.04
26	水的生产和供应业	42.31	0.00	0.00	11.04	0.00	7.03	0.30	0.64	61.31
27	建筑业	1392.58	35.95	0.00	1381.58	29.57	1845.35	137.09	2.79	4824.91
28	交通运输、仓储和邮政业	670.25	17.18	26.19	16668.76	9625.92	34840.30	5616.05	441.61	67906.24
29	批发、零售业和住宿、餐饮业	6577.03	141.19	0.00	773.59	34.27	723.74	48.03	89.29	8387.13
30	其他	24442.57	79.20	0	15705.48	351.69	5901.57	39.67	734.04	47254.23
汇总		647771.55	125118.94	11990.97	36318.82	10090.16	52619.58	15495.19	3712.83	903118.05
占比		71.726%	13.854%	1.328%	4.021%	1.117%	5.826%	1.716%	0.411%	

附录2 中国2017年竞争性投入产出表（30个部门）

附录2.1 中国2017年竞争型投入产出表（30个部门）中间投入部分

（按生产者价格计算） 单位：万元

产出 / 投入		代码	中间使用			
			煤炭开采和洗选产品	石油和天然气开采产品	精炼石油和核燃料加工品	燃气生产和供应
部门		—	1	2	3	4
中间投入	农、林、牧、渔业	1	34302672	88341	121415	1464750
	煤炭开采和洗选业	2	52737	823151	180089441	22985511
	石油和天然气开采业	3	762264	519300	24496149	542198
	金属矿采选业	4	28583	28573	405409	6872823
	非金属矿和其他采矿业	5	201516	2972	7951	661
	食品和烟草	6	0	0	185878	0
	纺织业	7	1006438	15809192	759	0
	纺织服装鞋帽皮革羽绒及其制品	8	392890	103054	1699371	281932
	木材加工品和家具	9	96915	21655	44534	1762
	造纸印刷和文教体育用品	10	1405555	205859	367680	208419
	石油加工、炼焦和核燃料加工业	11	3412288	194086	80946	1987
	化学产品	12	27922	12251	211500	6011
	非金属矿物制品业	13	3910212	3091985	11149665	623422
	金属冶炼和压延加工业	14	519208	53498	53151	3617
	金属制品、机械和设备修理业	15	5434379	1398274	95961	62044
	通用设备制造业	16	5855264	154554	260887	85413
	专用设备制造业	17	3576554	1007454	995553	85622
	交通运输设备制造业	18	3986805	3022419	444332	4458
	电气机械和器材制造业	19	343859	28942	29682	7200
	计算机、通信和其他电子设备制造业	20	940474	147917	84037	42678
	仪器仪表制造业	21	280748	22179	56430	25137
	其他制造业	22	63132	1188177	594158	85969
	废弃资源综合利用业	23	291393	99699	139215	20851
	电力、热力生产和供应业	24	0	0	24066	0

续表

投入＼产出		代码	中间使用			
			煤炭开采和洗选产品	石油和天然气开采产品	精炼石油和核燃料加工品	燃气生产和供应
部门		—	1	2	3	4
中间投入	燃气生产和供应业	25	8011033	2808876	4258409	1215990
	水的生产和供应业	26	50903	80342	44075	17130
	建筑业	27	120344	33724	18085	13155
	交通运输、仓储和邮政业	28	4856461	766798	8119225	1150065
	批发、零售业和住宿、餐饮业	29	5792240	1024430	6612888	1280611
	其他	30	21364686	6151446	6183703	3235443
	中间投入合计		107087474	38889149	246874559	40324861
增加值	劳动者报酬		47491200	14175349	5531316	5760219
	生产税净额		30106237	32109355	54482201	1298161
	固定资产折旧		8766761	24300780	4988282	3318991
	营业盈余		26063432	6813175	12106716	3548422
	增加值合计		112427631	77398659	77108516	13925794
总投入			219515105	116287808	323983075	54250654

投入＼产出		代码	中间使用			
			农、林、牧、渔产品和服务	金属矿采选产品	非金属矿和其他矿采选产品	食品和烟草
部门		—	5	6	7	8
中间投入	农、林、牧、渔业	1	616602	788484	1113792	2856325
	煤炭开采和洗选业	2	0	38308	33307	0
	石油和天然气开采业	3	5516967	6170921	5141178	1507648
	金属矿采选业	4	156241	5523	84651	541209
	非金属矿和其他采矿业	5	146837892	25022	18020	453048077
	食品和烟草	6	0	13336152	0	0
	纺织业	7	2079	362477	1705638	691239
	纺织服装鞋帽皮革羽绒及其制品	8	95429793	747843	498284	269505601
	木材加工品和家具	9	40305	48259	241602	646162
	造纸印刷和文教体育用品	10	180573	269539	315751	3836036
	石油加工、炼焦和核燃料加工业	11	298038	317623	74850	968962

续表

投入＼产出		代码	中间使用			
			农、林、牧、渔产品和服务	金属矿采选产品	非金属矿和其他矿采选产品	食品和烟草
部门		—	5	6	7	8
中间投入	化学产品	12	930494	181061	262874	16206933
	非金属矿物制品业	13	89458080	6245845	8123944	23018818
	金属冶炼和压延加工业	14	472506	460112	1660752	5969996
	金属制品、机械和设备修理业	15	244408	1214316	1590168	509500
	通用设备制造业	16	862717	2704934	2420772	4526557
	专用设备制造业	17	949080	2387780	1648374	2063065
	交通运输设备制造业	18	8729128	2949946	4587458	958610
	电气机械和器材制造业	19	3003471	797248	917496	338254
	计算机、通信和其他电子设备制造业	20	205758	662122	846837	768345
	仪器仪表制造业	21	301548	21701	62645	768915
	其他制造业	22	40639	130210	319981	327160
	废弃资源综合利用业	23	59799	95691	121825	533516
	电力、热力生产和供应业	24	0	0	0	0
	燃气生产和供应业	25	9850809	9453629	5458713	9850345
	水的生产和供应业	26	32820	36262	67142	1480197
	建筑业	27	750296	26702	26549	239957
	交通运输、仓储和邮政业	28	25032765	2436747	2745307	39519188
	批发、零售业和住宿、餐饮业	29	26067232	3158147	2955331	75705926
	其他	30	30646764	7797904	6982311	47294044
	中间投入合计		446716807	62870510	50025550	963680584
增加值	劳动者报酬		652709226	16538387	21292827	103767978
	生产税净额		−34106164	20428109	7354476	82762476
	固定资产折旧		22853924	5063959	5123437	26789101
	营业盈余		13066547	11133226	6229570	85076141
	增加值合计		654523533	53163680	40000309	298395695
总投入			1101240340	116034190	90025859	1262076279

续表

投入＼产出		代码	中间使用			
			纺织品	纺织服装鞋帽皮革毛皮、羽毛及其制品	木材加工品和家具	造纸印刷和文教体育用品
部门		—	9	10	11	12
中间投入	农、林、牧、渔业	1	1529835	456136	295997	3415415
	煤炭开采和洗选业	2	0	0	0	68329
	石油和天然气开采业	3	604654	717813	1164083	1041756
	金属矿采选业	4	92268	103925	25243	430011
	非金属矿和其他采矿业	5	70282367	5751950	26468545	18050236
	食品和烟草	6	0	0	0	0
	纺织业	7	12184	6203	12209	686165
	纺织服装鞋帽皮革羽绒及其制品	8	904124	13066884	1221691	1695413
	木材加工品和家具	9	142026362	132874502	3395648	10334071
	造纸印刷和文教体育用品	10	2045670	52273455	4533923	2366193
	石油加工、炼焦和核燃料加工业	11	406352	448273	84090343	7618194
	化学产品	12	1277787	2309189	2535315	100477963
	非金属矿物制品业	13	42055709	27792761	21087038	49437389
	金属冶炼和压延加工业	14	365439	173563	1799616	979032
	金属制品、机械和设备修理业	15	271903	215096	2959512	19990125
	通用设备制造业	16	999151	1347214	5875055	3268123
	专用设备制造业	17	1641293	628245	1528199	1675760
	交通运输设备制造业	18	985922	845558	842664	2530597
	电气机械和器材制造业	19	139731	207649	189665	215684
	计算机、通信和其他电子设备制造业	20	290722	187383	268629	1732827
	仪器仪表制造业	21	104300	115646	99944	2321954
	其他制造业	22	24388	180421	14233	133173
	废弃资源综合利用业	23	176244	1084532	90835	255729
	电力、热力生产和供应业	24	18370	26311	66198	11440251
	燃气生产和供应业	25	6556518	2930209	4427919	6888982
	水的生产和供应业	26	108574	147695	104853	300726
	建筑业	27	99248	94151	113514	93696
	交通运输、仓储和邮政业	28	13814162	17071200	8789238	11686600
	批发、零售业和住宿、餐饮业	29	16055165	29007602	21773356	24792351
	其他	30	9876797	15192331	7989156	18457455

续表

投入＼产出	代码	中间使用			
		纺织品	纺织服装鞋帽皮革毛皮、羽毛及其制品	木材加工品和家具	造纸印刷和文教体育用品
部门	—	9	10	11	12
中间投入合计		312765240	305255897	201762620	302384201
增加值 劳动者报酬		36975617	46795792	27387735	42381725
增加值 生产税净额		4284632	-1235023	6846107	8208493
增加值 固定资产折旧		8448924	4807863	5875436	12419378
增加值 营业盈余		16908373	22431595	14632926	28431720
增加值 增加值合计		66617546	72800227	54742204	91441316
总投入		379382786	378056124	256504824	393825517

投入＼产出	代码	中间使用			
		化学产品	非金属矿物制品	金属冶炼和压延加工品	金属制品、机械和设备修理服务
部门	—	13	14	15	16
中间投入 煤炭开采和洗选产品	1	44758637	32752594	24140420	478251
中间投入 石油和天然气开采产品	2	17886720	1297614	1250458	611374
中间投入 精炼石油和核燃料加工品	3	61244598	18723603	6859434	2776945
中间投入 燃气生产和供应	4	2482344	218794	284498	459563
中间投入 农、林、牧、渔产品和服务	5	51355316	207314	34016	84465
中间投入 金属矿采选产品	6	5347208	1681586	181577984	4031555
中间投入 非金属矿和其他矿采选产品	7	9330419	45174407	417526	128270
中间投入 食品和烟草	8	33236299	1636689	6987503	2338083
中间投入 纺织品	9	6294083	244141	168252	879604
中间投入 纺织服装鞋帽皮革毛皮、羽毛及其制品	10	4114733	3704424	832194	961638
中间投入 木材加工品和家具	11	2015307	1856339	214550	4131005
中间投入 造纸印刷和文教体育用品	12	10487518	8946104	409506	1686530
中间投入 化学产品	13	607400567	42678764	51233576	17077162
中间投入 非金属矿物制品	14	10301504	121417931	14419408	6054928
中间投入 金属冶炼和压延加工品	15	14045299	18340644	295648877	134383178

续表

投入 \ 产出		代码	中间使用			
			化学产品	非金属矿物制品	金属冶炼和压延加工品	金属制品、机械和设备修理服务
部门		—	13	14	15	16
中间投入	金属制品、机械和设备修理服务	16	9722858	17565189	2577993	59570881
	通用设备	17	8021816	13905169	10264394	12548583
	专用设备	18	5297298	3502544	7661996	3331752
	交通运输设备	19	736232	2173281	276788	2681657
	电气机械和器材	20	2171642	1476228	839106	2322176
	计算机、通信设备和其他电子设备	21	2004809	576743	653080	1289473
	仪器仪表	22	724974	667860	349927	346896
	其他制造产品	23	449104	290070	595369	593666
	废弃资源和废旧材料回收加工品	24	3090065	1489347	50800637	5640810
	电力、热力生产和供应	25	54553676	32430492	51912874	18859881
	水的生产和供应	26	850604	487167	353927	134185
	建筑	27	449617	150940	144789	97335
	交通运输、仓储和邮政	28	58582304	25328083	27742390	13645542
	批发零售住宿餐饮	29	74562322	31544609	27477027	18756046
	其他	30	77605637	32874092	44154979	20686993
	中间投入合计		1179123513	463342761	810283479	336588428
增加值	劳动者报酬		118826767	69163633	72854629	53662450
	生产税净额		82205505	22971927	37035360	13457452
	固定资产折旧		48584123	25650614	39219274	12153861
	营业盈余		113802464	68328532	86180379	28273461
	增加值合计		363418859	186114705	235289643	107547224
总投入			1542542372	649457467	1045573121	444135652

投入 \ 产出		代码	中间使用			
			通用设备	专用设备	交通运输设备	电气机械和器材
部门		—	17	18	19	20
中间投入	煤炭开采和洗选产品	1	301899	264109	77893	175129
	石油和天然气开采产品	2	528985	405837	569300	68564
	精炼石油和核燃料加工品	3	1460404	1106549	1612671	985503
	燃气生产和供应	4	672832	280493	206735	201213

续表

投入 \ 产出		代码	中间使用			
			通用设备	专用设备	交通运输设备	电气机械和器材
部门		—	17	18	19	20
中间投入	农、林、牧、渔产品和服务	5	26270	42661	36217	49531
	金属矿采选产品	6	0	0	0	0
	非金属矿和其他矿采选产品	7	53838	96980	156215	476110
	食品和烟草	8	3796587	2138036	2564727	3335702
	纺织品	9	321451	681984	1002635	701020
	纺织服装鞋帽皮革毛皮、羽毛及其制品	10	1864464	1294891	5575357	1664236
	木材加工品和家具	11	788719	555384	6823186	882806
	造纸印刷和文教体育用品	12	1758313	1371207	1601516	4416788
	化学产品	13	13853949	14367221	38294156	48333161
	非金属矿物制品	14	2937949	3559717	10426487	16375379
	金属冶炼和压延加工品	15	62309886	33296076	72914894	128027080
	金属制品、机械和设备修理服务	16	20630268	15130469	20332723	22118968
	通用设备	17	100982334	37152212	40035284	21152551
	专用设备	18	4516524	47774962	5732315	4423224
	交通运输设备	19	8719737	12007156	275050500	1511719
	电气机械和器材	20	27248879	17158869	31615992	100907539
	计算机、通信设备和其他电子设备	21	24457990	16527951	16890668	39705539
	仪器仪表	22	2903308	3870180	6474996	4387093
	其他制造产品	23	441313	168775	725065	558251
	废弃资源和废旧材料回收加工品	24	0	0	0	0
	电力、热力生产和供应	25	6884300	5193510	6901089	6745056
	水的生产和供应	26	195410	143075	225171	277724
	建筑	27	125603	95145	145376	119744
	交通运输、仓储和邮政	28	13796131	12012982	25340274	19082052
	批发零售住宿餐饮	29	22704870	18636249	61440109	33641738
	其他	30	23578227	21778007	42534231	26471493
	中间投入合计		347860438	267110689	675305784	486794914

续表

产出 / 投入		代码	中间使用			
			通用设备	专用设备	交通运输设备	电气机械和器材
部门		—	17	18	19	20
增加值	劳动者报酬		46163780	40545571	58383367	49453381
	生产税净额		18889594	15069252	66097929	9371060
	固定资产折旧		10697784	9028129	16234920	12794402
	营业盈余		27657237	17119415	50658169	43725360
	增加值合计		103408395	81762366	191374385	115344203
总投入			451268833	348873055	866680169	602139117

产出 / 投入		代码	中间使用			
			计算机、通信设备和其他电子设备	仪器仪表	其他制造产品	废弃资源和废旧材料回收加工品
部门		—	21	22	23	24
中间投入	煤炭开采和洗选产品	1	349	17037	76630	28292
	石油和天然气开采产品	2	0	0	0	0
	精炼石油和核燃料加工品	3	747324	278725	200020	141596
	燃气生产和供应	4	111113	9927	144899	67586
	农、林、牧、渔产品和服务	5	2584	0	2193471	0
	金属矿采选产品	6	0	0	0	9721
	非金属矿和其他矿采选产品	7	69524	4409	14384	2351
	食品和烟草	8	5278121	544741	347177	129364
	纺织品	9	404139	178369	2814148	84634
	纺织服装鞋帽皮革毛皮、羽毛及其制品	10	1356147	346304	398843	132705
	木材加工品和家具	11	654780	148568	882906	5105
	造纸印刷和文教体育用品	12	3950654	364715	629051	7241
	化学产品	13	30776977	2787274	6755765	541808
	非金属矿物制品	14	13763630	2323443	315226	16929
	金属冶炼和压延加工品	15	28276489	3824934	3520504	221485
	金属制品、机械和设备修理服务	16	12180784	2642853	1087732	30985
	通用设备	17	5382694	2366239	737883	113576

续表

投入＼产出		代码	中间使用			
			计算机、通信设备和其他电子设备	仪器仪表	其他制造产品	废弃资源和废旧材料回收加工品
部门		—	21	22	23	24
中间投入	专用设备	18	18184775	1312810	65674	71393
	交通运输设备	19	348757	357461	6141	48302
	电气机械和器材	20	47912375	4914057	482044	51066
	计算机、通信设备和其他电子设备	21	496646781	15464418	725587	21535
	仪器仪表	22	5636837	13500410	167508	68416
	其他制造产品	23	747265	96409	1026045	16149
	废弃资源和废旧材料回收加工品	24	0	0	0	7089027
	电力、热力生产和供应	25	8672026	1064890	823039	334065
	水的生产和供应	26	311462	50878	33830	76893
	建筑	27	423811	21901	19900	29658
	交通运输、仓储和邮政	28	14053074	2301178	1113730	365841
	批发零售住宿餐饮	29	44099937	4422022	1985813	297554
	其他	30	59641921	4090764	2096468	768323
	中间投入合计		799634331	63434735	28664421	10771601
增加值	劳动者报酬		88942432	8985178	2554623	11210742
	生产税净额		4134173	5271225	4615259	7956701
	固定资产折旧		25037425	1214771	534171	2424860
	营业盈余		38162319	6046626	1079057	33649663
	增加值合计		156276349	21517800	8783110	55241966
总投入			955910679	84952535	37447531	66013567

投入＼产出		代码	中间使用			
			电力、热力生产和供应	水的生产和供应	建筑	交通运输、仓储和邮政
部门		—	25	26	27	28
中间投入	煤炭开采和洗选产品	1	78301295	0	664569	89770
	石油和天然气开采产品	2	5817953	0	0	454
	精炼石油和核燃料加工品	3	9037961	23445	29478625	80027508
	燃气生产和供应	4	1546018	300	35306	13097836

续表

投入＼产出		代码	中间使用			
			电力、热力生产和供应	水的生产和供应	建筑	交通运输、仓储和邮政
部门		—	25	26	27	28
中间投入	农、林、牧、渔产品和服务	5	64783	0	18961515	101265
	金属矿采选产品	6	0	0	0	0
	非金属矿和其他矿采选产品	7	219602	0	18483881	68651
	食品和烟草	8	3778753	266722	4864930	6812045
	纺织品	9	5770	5847	77415	1263150
	纺织服装鞋帽皮革毛皮、羽毛及其制品	10	591456	260532	3040896	2265525
	木材加工品和家具	11	140774	1659	49124775	593095
	造纸印刷和文教体育用品	12	332602	9963	3924596	3012501
	化学产品	13	497277	2360431	105050207	9301625
	非金属矿物制品	14	1345632	10269	404197757	256852
	金属冶炼和压延加工品	15	241718	40148	242691484	462822
	金属制品、机械和设备修理服务	16	2276931	620415	110621171	3037248
	通用设备	17	2102926	85151	13763834	7234288
	专用设备	18	183633	94366	12626412	1317979
	交通运输设备	19	45308	7309	1920247	78156299
	电气机械和器材	20	33878195	43298	78135477	3519941
	计算机、通信设备和其他电子设备	21	1049798	23204	7082319	4417642
	仪器仪表	22	13856298	56623	1799301	112282
	其他制造产品	23	503155	9292	1573317	191224
	废弃资源和废旧材料回收加工品	24	0	0	0	0
	电力、热力生产和供应	25	158413619	3202173	28771742	12497322
	水的生产和供应	26	803065	1242914	2031553	339900
	建筑	27	1950922	34946	73070274	1380263
	交通运输、仓储和邮政	28	9561851	250555	71837911	110433489
	批发零售住宿餐饮	29	12394695	457688	115735051	41716928
	其他	30	38569389	4154077	335304525	179249240
	中间投入合计		377511382	13261327	1734869091	560957146

续表

产出 / 投入		代码	中间使用			
			电力、热力生产和供应	水的生产和供应	建筑	交通运输、仓储和邮政
部门		—	25	26	27	28
增加值	劳动者报酬		56017478	5247758	342117996	220667637
	生产税净额		27164683	1741297	80734880	10160302
	固定资产折旧		68277461	3209937	19576936	198014415
	营业盈余		26859882	1444570	110560371	35733760
	增加值合计		178319505	11643561	552990183	464576114
总投入			555830887	24904889	2287859274	1025533259

产出 / 投入		代码	中间使用		
			批发零售住宿餐饮	其他	中间使用合计
部门		—	29	30	
中间投入	煤炭开采和洗选产品	1	92022	2075279	231343942
	石油和天然气开采产品	2	0	90538	232618583
	精炼石油和核燃料加工品	3	3704939	34878974	301473757
	燃气生产和供应	4	2365551	4412294	35371763
	农、林、牧、渔产品和服务	5	37343074	19471039	850668733
	金属矿采选产品	6	0	175682	206345766
	非金属矿和其他矿采选产品	7	44102	48050	95083304
	食品和烟草	8	118201321	63803049	645606729
	纺织品	9	2079323	12331559	319309302
	纺织服装鞋帽皮革毛皮、羽毛及其制品	10	4265847	42247305	142926147
	木材加工品和家具	11	571160	6365087	173667149
	造纸印刷和文教体育用品	12	8271842	135736552	311356499
	化学产品	13	6869352	213280359	1497454499
	非金属矿物制品	14	496502	4187007	624917041
	金属冶炼和压延加工品	15	33802	771373	1073036379
	金属制品、机械和设备修理服务	16	665794	38274536	367448438
	通用设备	17	530467	3210020	297776402
	专用设备	18	262991	19735217	165983762

续表

投入＼产出		代码	中间使用		
			批发零售住宿餐饮	其他	中间使用合计
部门		—	29	30	
中间投入	交通运输设备	19	573567	48140102	438979444
	电气机械和器材	20	9769216	36830544	405454374
	计算机、通信设备和其他电子设备	21	6986823	94818837	733524345
	仪器仪表	22	19109	27973654	86017315
	其他制造产品	23	240059	15444895	26638753
	废弃资源和废旧材料回收加工品	24	0	0	79685083
	电力、热力生产和供应	25	14585422	37852372	521408981
	水的生产和供应	26	1583292	3125446	14737214
	建筑	27	2034271	23077771	105001688
	交通运输、仓储和邮政	28	85988965	161502075	788926182
	批发零售住宿餐饮	29	35227143	251085874	1010410954
	其他	30	288535430	1178739862	2562005702
	中间投入合计		631341386	2479685353	14345178228
增加值	劳动者报酬		427040544	1540034942	4232680280
	生产税净额		100963170	229407214	949786044
	固定资产折旧		118125780	359717579	1103253277
	营业盈余		262096329	748618028	1946437463
	增加值合计		908225824	2877777763	8232157064
总投入			1539567210	5357463116	22577335292

附录 2.2　中国 2017 年竞争型投入产出表（30 个部门）最终使用部分

（按生产者价格计算）　　　　单位：万元

投入＼产出		代码	最终使用				
			农村居民消费支出	城镇居民消费支出	居民消费支出	政府消费支出	消费支出合计
部门							
中间投入	煤炭开采和洗选产品	1	809172	541848	1351021	0	1351021
	石油和天然气开采产品	2	0	0	0	0	0
	精炼石油和核燃料加工品	3	1623234	25754476	27377710	0	27377710

续表

投入＼产出		代码	最终使用				
			农村居民消费支出	城镇居民消费支出	居民消费支出	政府消费支出	消费支出合计
部门							
中间投入	燃气生产和供应	4	695856	17774777	18470633	0	18470633
	农、林、牧、渔产品和服务	5	86826038	175580823	262406860	12379033	274785893
	金属矿采选产品	6	0	0	0	0	0
	非金属矿和其他矿采选产品	7	0	0	0	0	0
	食品和烟草	8	164402927	459772045	624174972	0	624174972
	纺织品	9	3075080	8462553	11537633	0	11537633
	纺织服装鞋帽皮革毛皮、羽毛及其制品	10	18997003	112614890	131611893	0	131611893
	木材加工品和家具	11	4525834	15676414	20202248	0	20202248
	造纸印刷和文教体育用品	12	4957476	25064976	30022452	0	30022452
	化学产品	13	17127054	71253615	88380669	0	88380669
	非金属矿物制品	14	1260281	3772989	5033270	0	5033270
	金属冶炼和压延加工品	15	0	0	0	0	0
	金属制品、机械和设备修理服务	16	719857	4730120	5449977	0	5449977
	通用设备	17	434086	1309673	1743759	0	1743759
	专用设备	18	374497	2426582	2801079	0	2801079
	交通运输设备	19	12253280	110446781	122700061	0	122700061
	电气机械和器材	20	8067045	28351092	36418136	0	36418136
	计算机、通信设备和其他电子设备	21	12412247	48224390	60636638	0	60636638
	仪器仪表	22	670490	2420506	3090996	0	3090996
	其他制造产品	23	1022482	2774143	3796625	0	3796625
	废弃资源和废旧材料回收加工品	24	0	0	0	0	0
	电力、热力生产和供应	25	6336030	27342006	33678035	0	33678035
	水的生产和供应	26	1082519	8790366	9872885	0	9872885
	建筑	27	0	0	0	0	0
	交通运输、仓储和邮政	28	30918791	119559966	150478757	30158035	180636792
	批发零售住宿餐饮	29	58201302	292719902	350921205	0	350921205
	其他	30	210595285	991514084	1202109369	1194966051	2397075420

续表

投入＼产出		代码	最终使用				
			农村居民消费支出	城镇居民消费支出	居民消费支出	政府消费支出	消费支出合计
部门							
	中间投入合计	TII					
增加值	劳动者报酬						
	生产税净额						
	固定资产折旧						
	营业盈余						
	增加值合计						
总投入							

投入＼产出		代码	最终使用				
			固定资本形成总额	存货变动	资本形成总额	出口	最终使用合计
部门							
中间投入	煤炭开采和洗选产品	1	0	1569830	1569830	655475	3576326
	石油和天然气开采产品	2	0	1345145	1345145	1878852	3223997
	精炼石油和核燃料加工品	3	0	3247762	3247762	11735839	42361311
	燃气生产和供应	4	0	408258	408258	0	18878891
	农、林、牧、渔产品和服务	5	19909101	4099102	24008203	11935755	310729851
	金属矿采选产品	6	0	417007	417007	752368	1169376
	非金属矿和其他矿采选产品	7	0	－175256	－175256	1586729	1411473
	食品和烟草	8	0	15002842	15002842	35859177	675036991
	纺织品	9	0	－1633687	－1633687	61475521	71379467
	纺织服装鞋帽皮革毛皮、羽毛及其制品	10	0	150877	150877	122862086	254624855
	木材加工品和家具	11	24640992	1679718	26320710	47532421	94055378
	造纸印刷和文教体育用品	12	4116287	1967773	6084060	64097613	100204124
	化学产品	13	0	4145372	4145372	122124252	214650293
	非金属矿物制品	14	0	781169	781169	28827543	34641981
	金属冶炼和压延加工品	15	0	3529357	3529357	49088642	52617998
	金属制品、机械和设备修理服务	16	25586644	－697215	24889429	56417718	86757124
	通用设备	17	119289610	1286394	120576005	79396669	201716432

续表

投入＼产出		代码	最终使用				
			固定资本形成总额	存货变动	资本形成总额	出口	最终使用合计
部门							
中间投入	专用设备	18	180280445	2021292	182301737	46158510	231261326
	交通运输设备	19	319849712	2739770	322589482	58455970	503745513
	电气机械和器材	20	70941453	2954649	73896102	134215078	244529316
	计算机、通信设备和其他电子设备	21	83818578	707791	84526369	366508539	511671546
	仪器仪表	22	10080850	405749	10486600	22343833	35921429
	其他制造产品	23	0	385007	385007	7856380	12038012
	废弃资源和废旧材料回收加工品	24	0	404094	404094	1242512	1646606
	电力、热力生产和供应	25	0	0	0	953252	34631288
	水的生产和供应	26	0	294789	294789	0	10167675
	建筑	27	2180439905	0	2180439905	8252443	2188692349
	交通运输、仓储和邮政	28	36520946	1717212	38238159	79687464	298562414
	批发零售住宿餐饮	29	75344741	4336522	79681263	141035545	571638012
	其他	30	440692067	0	440692067	75532051	2913299539
	中间投入合计						
增加值	劳动者报酬						
	生产税净额						
	固定资产折旧						
	营业盈余						
	增加值合计						
总投入							

投入＼产出			进口	总产出
部门			IM	GO
中间投入	煤炭开采和洗选产品	1	15405163	219515105
	石油和天然气开采产品	2	119554772	116287808
	精炼石油和核燃料加工品	3	19851993	323983075
	燃气生产和供应	4	0	54250654
	农、林、牧、渔产品和服务	5	60158245	1101240340

续表

投入＼产出			进口	总产出
部门			IM	GO
中间投入	金属矿采选产品	6	91480952	116034190
	非金属矿和其他矿采选产品	7	6468918	90025859
	食品和烟草	8	58567441	1262076279
	纺织品	9	11305982	379382786
	纺织服装鞋帽皮革毛皮、羽毛及其制品	10	19494878	378056124
	木材加工品和家具	11	11217703	256504824
	造纸印刷和文教体育用品	12	17735107	393825517
	化学产品	13	169562420	1542542372
	非金属矿物制品	14	10101555	649457467
	金属冶炼和压延加工品	15	80081256	1045573121
	金属制品、机械和设备修理服务	16	10069910	444135652
	通用设备	17	48224002	451268833
	专用设备	18	48372034	348873055
	交通运输设备	19	76044787	866680169
	电气机械和器材	20	47844573	602139117
	计算机、通信设备和其他电子设备	21	289285212	955910679
	仪器仪表	22	36986208	84952535
	其他制造产品	23	1229234	37447531
	废弃资源和废旧材料回收加工品	24	15318122	66013567
	电力、热力生产和供应	25	209382	555830887
	水的生产和供应	26	0	24904889
	建筑	27	5834764	2287859274
	交通运输、仓储和邮政	28	61955337	1025533259
	批发零售住宿餐饮	29	42481757	1539567210
	其他	30	117842124	5357463116

续表

产出 投入			进口	总产出
部门			IM	GO
	中间投入合计			
增加值	劳动者报酬			
	生产税净额			
	固定资产折旧			
	营业盈余			
	增加值合计			
总投入				

附录 3　中国 2017 年非竞争性投入产出表（30 个部门）

附录 3.1　中国 2017 年竞争型投入产出表（30 个部门）中间投入部分

（按生产者价格计算）　单位：万元

产出 投入		代码	中间使用			
			煤炭开采和洗选产品	石油和天然气开采产品	精炼石油和核燃料加工品	燃气生产和供应
部门		—	1	2	3	4
国产品中间投入	煤炭开采和洗选产品	1	32053235	82548	113453	1368697
	石油和天然气开采产品	2	26003	405874	88797394	11333554
	精炼石油和核燃料加工品	3	718253	489317	23081815	510893
	燃气生产和供应	4	28583	28573	405409	6872823
	农、林、牧、渔产品和服务	5	191078	2818	7539	626
	金属矿采选产品	6	0	0	103935	0
	非金属矿和其他矿采选产品	7	938968	14749359	708	0
	食品和烟草	8	375466	98484	1624008	269429
	纺织品	9	94110	21029	43245	1711
	纺织服装鞋帽皮革毛皮、羽毛及其制品	10	1336630	195764	349650	198199
	木材加工品和家具	11	3269312	185954	77554	1904
	造纸印刷和文教体育用品	12	26718	11723	202386	5752

续表

投入 \ 产出		代码	中间使用			
			煤炭开采和洗选产品	石油和天然气开采产品	精炼石油和核燃料加工品	燃气生产和供应
部门		—	1	2	3	4
国产品中间投入	化学产品	13	3522955	2785763	10045432	561680
	非金属矿物制品	14	511256	52679	52337	3561
	金属冶炼和压延加工品	15	5047766	1298798	89134	57630
	金属制品、机械和设备修理服务	16	5725450	151127	255103	83519
	通用设备	17	3231252	910188	899437	77356
	专用设备	18	3501337	2654383	390227	3915
	交通运输设备	19	316121	26607	27288	6619
	电气机械和器材	20	871247	137029	77851	39537
	计算机、通信设备和其他电子设备	21	215524	17026	43320	19297
	仪器仪表	22	43983	827782	413939	59893
	其他制造产品	23	282131	96531	134791	20188
	废弃资源和废旧材料回收加工品	24	0	0	19534	0
	电力、热力生产和供应	25	8008016	2807818	4256806	1215532
	水的生产和供应	26	50903	80342	44075	17130
	建筑	27	120038	33638	18039	13122
	交通运输、仓储和邮政	28	4579783	723113	7656664	1084545
	批发零售住宿餐饮	29	5636705	996922	6435317	1246224
	其他	30	20904865	6019052	6050614	3165808
进口品中间投入	煤炭开采和洗选产品	1	2249437	5793	7962	96053
	石油和天然气开采产品	2	26734	417277	91292048	11651957
	精炼石油和核燃料加工品	3	44011	29983	1414333	31305
	燃气生产和供应	4	0	0	0	0
	农、林、牧、渔产品和服务	5	10438	154	412	34
	金属矿采选产品	6	0	0	81942	0
	非金属矿和其他矿采选产品	7	67471	1059833	51	0
	食品和烟草	8	17424	4570	75363	12503
	纺织品	9	2805	627	1289	51
	纺织服装鞋帽皮革毛皮、羽毛及其制品	10	68925	10095	18030	10220

续表

投入＼产出		代码	中间使用：煤炭开采和洗选产品	中间使用：石油和天然气开采产品	中间使用：精炼石油和核燃料加工品	中间使用：燃气生产和供应
部门		—	1	2	3	4
进口品中间投入	木材加工品和家具	11	142977	8132	3392	83
	造纸印刷和文教体育用品	12	1203	528	9114	259
	化学产品	13	387257	306222	1104234	61742
	非金属矿物制品	14	7952	819	814	55
	金属冶炼和压延加工品	15	386612	99476	6827	4414
	金属制品、机械和设备修理服务	16	129813	3427	5784	1894
	通用设备	17	345302	97266	96117	8266
	专用设备	18	485468	368036	54106	543
	交通运输设备	19	27737	2335	2394	581
	电气机械和器材	20	69227	10888	6186	3141
	计算机、通信设备和其他电子设备	21	65224	5153	13110	5840
	仪器仪表	22	19149	360395	180219	26076
	其他制造产品	23	9261	3169	4425	663
	废弃资源和废旧材料回收加工品	24	0	0	4533	0
	电力、热力生产和供应	25	3017	1058	1604	458
	水的生产和供应	26	0	0	0	0
	建筑	27	306	86	46	33
	交通运输、仓储和邮政	28	276678	43685	462561	65520
	批发零售住宿餐饮	29	155535	27508	177572	34387
	其他	30	459821	132394	133089	69635
	中间投入合计		107087474	38889149	246874559	40324861
增加值	劳动者报酬		47491200	14175349	5531316	5760219
	生产税净额		30106237	32109355	54482201	1298161
	固定资产折旧		8766761	24300780	4988282	3318991
	营业盈余		26063432	6813175	12106716	3548422
	增加值合计		112427631	77398659	77108516	13925794
总投入			219515105	116287808	323983075	54250654

续表

投入＼产出		代码	中间使用			
			农、林、牧、渔产品和服务	金属矿采选产品	非金属矿和其他矿采选产品	食品和烟草
部门		—	5	6	7	8
国产品中间投入	煤炭开采和洗选产品	1	576168	736779	1040753	2669019
	石油和天然气开采产品	2	0	18889	16423	0
	精炼石油和核燃料加工品	3	5198434	5814631	4844342	1420601
	燃气生产和供应	4	156241	5523	84651	541209
	农、林、牧、渔产品和服务	5	139231968	23726	17087	429581045
	金属矿采选产品	6	0	7457044	0	0
	非金属矿和其他矿采选产品	7	1940	338177	1591293	644899
	食品和烟草	8	91197706	714678	476187	257553662
	纺织品	9	39139	46863	234610	627463
	纺织服装鞋帽皮革毛皮、羽毛及其制品	10	171718	256322	300267	3647927
	木材加工品和家具	11	285550	304315	71713	928362
	造纸印刷和文教体育用品	12	890397	173259	251546	15508538
	化学产品	13	80598383	5627273	7319369	20739094
	非金属矿物制品	14	465269	453065	1635316	5878562
	金属冶炼和压延加工品	15	227021	1127927	1477040	473253
	金属制品、机械和设备修理服务	16	843590	2644965	2367103	4426201
	通用设备	17	857450	2157250	1489230	1863884
	专用设备	18	7666193	2590735	4028849	841882
	交通运输设备	19	2761197	732938	843486	310969
	电气机械和器材	20	190613	613384	784502	711788
	计算机、通信设备和其他电子设备	21	231492	16659	48091	590280
	仪器仪表	22	28313	90715	222925	227926
	其他制造产品	23	57898	92650	117953	516559
	废弃资源和废旧材料回收加工品	24	0	0	0	0

续表

投入 \ 产出		代码	中间使用			
			农、林、牧、渔产品和服务	金属矿采选产品	非金属矿和其他矿采选产品	食品和烟草
部门		—	5	6	7	8
国产品中间投入	电力、热力生产和供应	25	9847100	9450069	5456658	9846635
	水的生产和供应	26	32820	36262	67142	1480197
	建筑	27	748387	26634	26481	239347
	交通运输、仓储和邮政	28	23606622	2297923	2588904	37267740
	批发零售住宿餐饮	29	25367265	3073343	2875973	73673043
	其他	30	29987170	7630074	6832035	46276159
进口品中间投入	煤炭开采和洗选产品	1	40434	51706	73038	187307
	石油和天然气开采产品	2	0	19420	16884	0
	精炼石油和核燃料加工品	3	318533	356290	296836	87047
	燃气生产和供应	4	0	0	0	0
	农、林、牧、渔产品和服务	5	7605924	1296	933	23467031
	金属矿采选产品	6	0	5879108	0	0
	非金属矿和其他矿采选产品	7	139	24300	114344	46340
	食品和烟草	8	4232087	33165	22098	11951939
	纺织品	9	1166	1397	6992	18699
	纺织服装鞋帽皮革毛皮、羽毛及其制品	10	8855	13218	15484	188109
	木材加工品和家具	11	12488	13309	3136	40600
	造纸印刷和文教体育用品	12	40097	7802	11328	698395
	化学产品	13	8859696	618572	804574	2279724
	非金属矿物制品	14	7237	7047	25435	91434
	金属冶炼和压延加工品	15	17388	86389	113128	36247
	金属制品、机械和设备修理服务	16	19127	59969	53669	100355
	通用设备	17	91630	230530	159144	199180
	专用设备	18	1062935	359211	558609	116729
	交通运输设备	19	242275	64310	74010	27285
	电气机械和器材	20	15146	48738	62335	56557

续表

投入＼产出		代码	中间使用			
			农、林、牧、渔产品和服务	金属矿采选产品	非金属矿和其他矿采选产品	食品和烟草
部门		—	5	6	7	8
进口品中间投入	计算机、通信设备和其他电子设备	21	70056	5042	14554	178635
	仪器仪表	22	12327	39495	97056	99233
	其他制造产品	23	1901	3041	3872	16956
	废弃资源和废旧材料回收加工品	24	0	0	0	0
	电力、热力生产和供应	25	3709	3560	2056	3709
	水的生产和供应	26	0	0	0	0
	建筑	27	1909	68	68	610
	交通运输、仓储和邮政	28	1426142	138824	156403	2251449
	批发零售住宿餐饮	29	699967	84804	79358	2032883
	其他	30	659594	167830	150277	1017885
	中间投入合计		446716807	62870510	50025550	963680584
增加值	劳动者报酬		652709226	16538387	21292827	103767978
	生产税净额		-34106164	20428109	7354476	82762476
	固定资产折旧		22853924	5063959	5123437	26789101
	营业盈余		13066547	11133226	6229570	85076141
	增加值合计		654523533	53163680	40000309	298395695
总投入			1101240340	116034190	90025859	1262076279

投入＼产出		代码	中间使用			
			纺织品	纺织服装鞋帽皮革毛皮、羽毛及其制品	木材加工品和家具	造纸印刷和文教体育用品
部门		—	9	10	11	12
国产品中间投入	煤炭开采和洗选产品	1	1429515	426224	276587	3191446
	石油和天然气开采产品	2	0	0	0	33691
	精炼石油和核燃料加工品	3	569743	676369	1096872	981608
	燃气生产和供应	4	92268	103925	25243	430011
	农、林、牧、渔产品和服务	5	66641874	5454010	25097525	17115268
	金属矿采选产品	6	0	0	0	0
	非金属矿和其他矿采选产品	7	11367	5788	11390	640165

续表

投入 \ 产出		代码	中间使用			
			纺织品	纺织服装鞋帽皮革毛皮、羽毛及其制品	木材加工品和家具	造纸印刷和文教体育用品
部门		—	9	10	11	12
国产品中间投入	食品和烟草	8	864029	12487399	1167512	1620225
	纺织品	9	137916319	129029301	3297383	10035018
	纺织服装鞋帽皮革毛皮、羽毛及其制品	10	1945355	49710099	4311591	2250161
	木材加工品和家具	11	389325	429490	80566918	7298988
	造纸印刷和文教体育用品	12	1222725	2209681	2426062	96148133
	化学产品	13	37890620	25040238	18998632	44541238
	非金属矿物制品	14	359842	170905	1772054	964037
	金属冶炼和压延加工品	15	252560	199794	2748966	18567989
	金属制品、机械和设备修理服务	16	976999	1317346	5744803	3195667
	通用设备	17	1482832	567590	1380658	1513972
	专用设备	18	865868	742595	740054	2222449
	交通运输设备	19	128460	190899	174365	198286
	电气机械和器材	20	269322	173590	248855	1605276
	计算机、通信设备和其他电子设备	21	80069	88779	76725	1782516
	仪器仪表	22	16991	125696	9916	92779
	其他制造产品	23	170643	1050063	87948	247601
	废弃资源和废旧材料回收加工品	24	14911	21356	53730	9285578
	电力、热力生产和供应	25	6554049	2929105	4426252	6886388
	水的生产和供应	26	108574	147695	104853	300726
	建筑	27	98995	93912	113225	93457
	交通运输、仓储和邮政	28	13027155	16098637	8288506	11020803
	批发零售住宿餐饮	29	15624046	28228679	21188690	24126617
	其他	30	9664224	14865355	7817210	18060205
进口品中间投入	煤炭开采和洗选产品	1	100321	29912	19410	223970
	石油和天然气开采产品	2	0	0	0	34638
	精炼石油和核燃料加工品	3	34911	41444	67211	60148
	燃气生产和供应	4	0	0	0	0
	农、林、牧、渔产品和服务	5	3640493	297940	1371020	934968

续表

投入＼产出		代码	中间使用			
			纺织品	纺织服装鞋帽皮革毛皮、羽毛及其制品	木材加工品和家具	造纸印刷和文教体育用品
部门		—	9	10	11	12
进口品中间投入	金属矿采选产品	6	0	0	0	0
	非金属矿和其他矿采选产品	7	817	416	818	46000
	食品和烟草	8	40096	579486	54179	75188
	纺织品	9	4110043	3845201	98265	299053
	纺织服装鞋帽皮革毛皮、羽毛及其制品	10	100314	2563356	222332	116032
	木材加工品和家具	11	17026	18783	3523426	319206
	造纸印刷和文教体育用品	12	55063	99508	109253	4329830
	化学产品	13	4165088	2752523	2088406	4896151
	非金属矿物制品	14	5597	2658	27562	14994
	金属冶炼和压延加工品	15	19344	15302	210545	1422137
	金属制品、机械和设备修理服务	16	22152	29868	130252	72456
	通用设备	17	158460	60654	147541	161788
	专用设备	18	120054	102962	102610	308148
	交通运输设备	19	11271	16750	15299	17398
	电气机械和器材	20	21400	13793	19773	127551
	计算机、通信设备和其他电子设备	21	24231	26867	23219	539439
	仪器仪表	22	7397	54725	4317	40394
	其他制造产品	23	5601	34469	2887	8128
	废弃资源和废旧材料回收加工品	24	3460	4956	12468	2154673
	电力、热力生产和供应	25	2469	1103	1667	2594
	水的生产和供应	26	0	0	0	0
	建筑	27	252	240	289	238
	交通运输、仓储和邮政	28	787007	972564	500732	665798
	批发零售住宿餐饮	29	431119	778923	584666	665733
	其他	30	212573	326977	171946	397250
	中间投入合计		312765240	305255897	201762620	302384201

续表

投入 \ 产出		代码	中间使用			
			纺织品	纺织服装鞋帽皮革毛皮、羽毛及其制品	木材加工品和家具	造纸印刷和文教体育用品
部门		—	9	10	11	12
增加值	劳动者报酬		36975617	46795792	27387735	42381725
	生产税净额		4284632	－1235023	6846107	8208493
	固定资产折旧		8448924	4807863	5875436	12419378
	营业盈余		16908373	22431595	14632926	28431720
	增加值合计		66617546	72800227	54742204	91441316
总投入			379382786	378056124	256504824	393825517

投入 \ 产出		代码	中间使用			
			化学产品	非金属矿物制品	金属冶炼和压延加工品	金属制品、机械和设备修理服务
部门		—	13	14	15	16
国产品中间投入	煤炭开采和洗选产品	1	41823539	30604805	22557385	446889
	石油和天然气开采产品	2	8819474	639820	616568	301453
	精炼石油和核燃料加工品	3	57708521	17642559	6463391	2616613
	燃气生产和供应	4	2482344	218794	284498	459563
	农、林、牧、渔产品和服务	5	48695208	196575	32254	80090
	金属矿采选产品	6	2989946	940276	101531166	2254285
	非金属矿和其他矿采选产品	7	8704917	42145958	389536	119671
	食品和烟草	8	31762347	1564105	6677624	2234395
	纺织品	9	6111941	237076	163383	854149
	纺织服装鞋帽皮革毛皮、羽毛及其制品	10	3912957	3522768	791386	914482
	木材加工品和家具	11	1930865	1778558	205560	3957914
	造纸印刷和文教体育用品	12	10035586	8560596	391859	1613854
	化学产品	13	547245189	38451970	46159535	15385885
	非金属矿物制品	14	10143730	119558340	14198566	5962193
	金属冶炼和压延加工品	15	13046089	17035855	274615837	124822896
	金属制品、机械和设备修理服务	16	9507298	17175762	2520838	58250172

续表

投入＼产出		代码	中间使用			
			化学产品	非金属矿物制品	金属冶炼和压延加工品	金属制品、机械和设备修理服务
部门		—	13	14	15	16
国产品中间投入	通用设备	17	7247342	12562681	9273409	11337068
	专用设备	18	4652253	3076044	6729004	2926049
	交通运输设备	19	676844	1997974	254461	2465341
	电气机械和器材	20	2011790	1367564	777340	2151243
	计算机、通信设备和其他电子设备	21	1539050	442754	501356	989901
	仪器仪表	22	505077	465286	243788	241676
	其他制造产品	23	434830	280851	576447	574798
	废弃资源和废旧材料回收加工品	24	2508078	1208841	41232775	4578412
	电力、热力生产和供应	25	54533134	32418280	51893326	18852779
	水的生产和供应	26	850604	487167	353927	134185
	建筑	27	448474	150556	144421	97088
	交通运输、仓储和邮政	28	55244810	23885116	26161878	12868141
	批发零售住宿餐饮	29	72560147	30697561	26739204	18252402
	其他	30	75935371	32166560	43204655	20241758
进口品中间投入	煤炭开采和洗选产品	1	2935098	2147788	1583035	31362
	石油和天然气开采产品	2	9067246	657795	633890	309922
	精炼石油和核燃料加工品	3	3536077	1081044	396043	160332
	燃气生产和供应	4	0	0	0	0
	农、林、牧、渔产品和服务	5	2660108	10738	1762	4375
	金属矿采选产品	6	2357263	741310	80046818	1777270
	非金属矿和其他矿采选产品	7	625502	3028449	27991	8599
	食品和烟草	8	1473952	72583	309879	103688
	纺织品	9	182142	7065	4869	25454
	纺织服装鞋帽皮革毛皮、羽毛及其制品	10	201776	181655	40809	47156
	木材加工品和家具	11	84442	77782	8990	173091
	造纸印刷和文教体育用品	12	451932	385508	17647	72677
	化学产品	13	60155377	4226794	5074041	1691278

续表

投入 \ 产出		代码	中间使用			
			化学产品	非金属矿物制品	金属冶炼和压延加工品	金属制品、机械和设备修理服务
部门		—	13	14	15	16
进口品中间投入	非金属矿物制品	14	157774	1859591	220842	92735
	金属冶炼和压延加工品	15	999210	1304789	21033040	9560282
	金属制品、机械和设备修理服务	16	215559	389427	57155	1320709
	通用设备	17	774474	1342487	990986	1211515
	专用设备	18	645045	426500	932992	405703
	交通运输设备	19	59388	175307	22327	216316
	电气机械和器材	20	159852	108663	61766	170933
	计算机、通信设备和其他电子设备	21	465759	133990	151724	299572
	仪器仪表	22	219898	202574	106139	105220
	其他制造产品	23	14274	9219	18922	18868
	废弃资源和废旧材料回收加工品	24	581987	280506	9567862	1062398
	电力、热力生产和供应	25	20543	12212	19548	7102
	水的生产和供应	26	0	0	0	0
	建筑	27	1144	384	368	248
	交通运输、仓储和邮政	28	3337494	1442967	1580512	777400
	批发零售住宿餐饮	29	2002175	847047	737823	503644
	其他	30	1670265	707532	950324	445235
	中间投入合计		1179123513	463342761	810283479	336588428
增加值	劳动者报酬		118826767	69163633	72854629	53662450
	生产税净额		82205505	22971927	37035360	13457452
	固定资产折旧		48584123	25650614	39219274	12153861
	营业盈余		113802464	68328532	86180379	28273461
	增加值合计		363418859	186114705	235289643	107547224
总投入			1542542372	649457467	1045573121	444135652

续表

投入＼产出		代码	中间使用			
			通用设备	专用设备	交通运输设备	电气机械和器材
部门		—	17	18	19	20
国产品中间投入	煤炭开采和洗选产品	1	282101	246790	72785	163644
	石油和天然气开采产品	2	260828	200107	280707	33807
	精炼石油和核燃料加工品	3	1376085	1042661	1519560	928603
	燃气生产和供应	4	672832	280493	206735	201213
	农、林、牧、渔产品和服务	5	24910	40451	34341	46965
	金属矿采选产品	6	0	0	0	0
	非金属矿和其他矿采选产品	7	50229	90479	145742	444192
	食品和烟草	8	3628217	2043219	2450987	3187772
	纺织品	9	312149	662248	973620	680733
	纺织服装鞋帽皮革毛皮、羽毛及其制品	10	1773035	1231393	5301955	1582626
	木材加工品和家具	11	755671	532113	6537291	845816
	造纸印刷和文教体育用品	12	1682543	1312118	1532502	4226458
	化学产品	13	12481890	12944329	34501602	43546370
	非金属矿物制品	14	2892953	3505198	10266799	16124580
	金属冶炼和压延加工品	15	57877039	30927328	67727586	118918983
	金属制品、机械和设备修理服务	16	20172887	14795021	19881939	21628582
	通用设备	17	91232901	33565317	36170041	19110358
	专用设备	18	3966552	41957465	5034299	3884614
	交通运输设备	19	8016361	11038601	252863587	1389776
	电气机械和器材	20	25243119	15895824	29288774	93479848
	计算机、通信设备和其他电子设备	21	18775884	12688160	12966610	30481107
	仪器仪表	22	2022682	2696285	4511013	3056409
	其他制造产品	23	427287	163411	702021	540508
	废弃资源和废旧材料回收加工品	24	0	0	0	0
	电力、热力生产和供应	25	6881708	5191554	6898490	6742517
	水的生产和供应	26	195410	143075	225171	277724

续表

投入 \ 产出		代码	中间使用			
			通用设备	专用设备	交通运输设备	电气机械和器材
部门		—	17	18	19	20
国产品中间投入	建筑	27	125283	94903	145007	119440
	交通运输、仓储和邮政	28	13010151	11328590	23896613	17994928
	批发零售住宿餐饮	29	22095190	18135821	59790297	32738378
	其他	30	23070765	21309290	41618789	25901761
进口品中间投入	煤炭开采和洗选产品	1	19797	17319	5108	11484
	石油和天然气开采产品	2	268156	205729	288593	34757
	精炼石油和核燃料加工品	3	84319	63889	93111	56900
	燃气生产和供应	4	0	0	0	0
	农、林、牧、渔产品和服务	5	1361	2210	1876	2566
	金属矿采选产品	6	0	0	0	0
	非金属矿和其他矿采选产品	7	3609	6501	10472	31918
	食品和烟草	8	168370	94817	113740	147931
	纺织品	9	9302	19736	29015	20287
	纺织服装鞋帽皮革毛皮、羽毛及其制品	10	91428	63498	273401	81610
	木材加工品和家具	11	33048	23271	285895	36990
	造纸印刷和文教体育用品	12	75770	59088	69013	190330
	化学产品	13	1372059	1422892	3792554	4786791
	非金属矿物制品	14	44997	54519	159688	250799
	金属冶炼和压延加工品	15	4432847	2368748	5187308	9108097
	金属制品、机械和设备修理服务	16	457381	335448	450784	490386
	通用设备	17	9749434	3586895	3865244	2042193
	专用设备	18	549971	5817497	698017	538610
	交通运输设备	19	703376	968556	22186913	121943
	电气机械和器材	20	2005759	1263045	2327218	7427691
	计算机、通信设备和其他电子设备	21	5682106	3839791	3924058	9224432
	仪器仪表	22	880625	1173895	1963982	1330684
	其他制造产品	23	14026	5364	23044	17742

续表

投入＼产出		代码	中间使用			
			通用设备	专用设备	交通运输设备	电气机械和器材
部门		—	17	18	19	20
进口品中间投入	废弃资源和废旧材料回收加工品	24	0	0	0	0
	电力、热力生产和供应	25	2592	1956	2599	2540
	水的生产和供应	26	0	0	0	0
	建筑	27	320	242	370	305
	交通运输、仓储和邮政	28	785980	684392	1443661	1087124
	批发零售住宿餐饮	29	609679	500427	1649812	903360
	其他	30	507462	468717	915442	569732
	中间投入合计		347860438	267110689	675305784	486794914
增加值	劳动者报酬		46163780	40545571	58383367	49453381
	生产税净额		18889594	15069252	66097929	9371060
	固定资产折旧		10697784	9028129	16234920	12794402
	营业盈余		27657237	17119415	50658169	43725360
	增加值合计		103408395	81762366	191374385	115344203
总投入			451268833	348873055	866680169	602139117

投入＼产出		代码	中间使用			
			计算机、通信设备和其他电子设备	仪器仪表	其他制造产品	废弃资源和废旧材料回收加工品
部门		—	21	22	23	24
国产品中间投入	煤炭开采和洗选产品	1	326	15919	71605	26437
	石油和天然气开采产品	2	0	0	0	0
	精炼石油和核燃料加工品	3	704176	262633	188471	133421
	燃气生产和供应	4	111113	9927	144899	67586
	农、林、牧、渔产品和服务	5	2450	0	2079854	0
	金属矿采选产品	6	0	0	0	5435
	非金属矿和其他矿采选产品	7	64863	4113	13420	2194
	食品和烟草	8	5044049	520583	331780	123627
	纺织品	9	392444	173207	2732711	82185

续表

投入 \ 产出		代码	中间使用			
			计算机、通信设备和其他电子设备	仪器仪表	其他制造产品	废弃资源和废旧材料回收加工品
部门		—	21	22	23	24
国产品中间投入	纺织服装鞋帽皮革毛皮、羽毛及其制品	10	1289645	329322	379285	126197
	木材加工品和家具	11	627345	142343	845912	4891
	造纸印刷和文教体育用品	12	3780411	348998	601944	6929
	化学产品	13	27728905	2511230	6086692	488149
	非金属矿物制品	14	13552832	2287858	310398	16669
	金属冶炼和压延加工品	15	26264844	3552821	3270048	205729
	金属制品、机械和设备修理服务	16	11910731	2584260	1063616	30298
	通用设备	17	4863017	2137788	666643	102611
	专用设备	18	15970438	1152951	57677	62699
	交通运输设备	19	320625	328627	5646	44405
	电气机械和器材	20	44385598	4552339	446561	47307
	计算机、通信设备和其他电子设备	21	381265282	11871708	557018	16532
	仪器仪表	22	3927083	9405494	116700	47665
	其他制造产品	23	723515	93345	993435	15635
	废弃资源和废旧材料回收加工品	24	0	0	.0	5753870
	电力、热力生产和供应	25	8668760	1064489	822730	333939
	水的生产和供应	26	311462	50878	33830	76893
	建筑	27	422733	21845	19849	29583
	交通运输、仓储和邮政	28	13252456	2170077	1050280	344998
	批发零售住宿餐饮	29	42915749	4303280	1932490	289564
	其他	30	58358279	4002721	2051347	751786
进口品中间投入	煤炭开采和洗选产品	1	23	1117	5025	1855
	石油和天然气开采产品	2	0	0	0	0
	精炼石油和核燃料加工品	3	43148	16093	11549	8175
	燃气生产和供应	4	0	0	0	0
	农、林、牧、渔产品和服务	5	134	0	113618	0
	金属矿采选产品	6	0	0	0	4285

续表

投入 ＼ 产出		代码	中间使用			
			计算机、通信设备和其他电子设备	仪器仪表	其他制造产品	废弃资源和废旧材料回收加工品
部门		—	21	22	23	24
进口品中间投入	非金属矿和其他矿采选产品	7	4661	296	964	158
	食品和烟草	8	234072	24158	15396	5737
	纺织品	9	11695	5162	81437	2449
	纺织服装鞋帽皮革毛皮、羽毛及其制品	10	66502	16982	19558	6508
	木材加工品和家具	11	27436	6225	36994	214
	造纸印刷和文教体育用品	12	170243	15716	27107	312
	化学产品	13	3048072	276044	669073	53659
	非金属矿物制品	14	210799	35585	4828	259
	金属冶炼和压延加工品	15	2011645	272113	250456	15757
	金属制品、机械和设备修理服务	16	270053	58593	24115	687
	通用设备	17	519677	228451	71240	10965
	专用设备	18	2214337	159859	7997	8693
	交通运输设备	19	28132	28835	495	3896
	电气机械和器材	20	3526776	361718	35483	3759
	计算机、通信设备和其他电子设备	21	115381500	3592710	168569	5003
	仪器仪表	22	1709754	4094917	50808	20752
	其他制造产品	23	23750	3064	32610	513
	废弃资源和废旧材料回收加工品	24	0	0	0	1335157
	电力、热力生产和供应	25	3266	401	310	126
	水的生产和供应	26	0	0	0	0
	建筑	27	1078	56	51	75
	交通运输、仓储和邮政	28	800618	131100	63450	20842
	批发零售住宿餐饮	29	1184188	118742	53324	7990
	其他	30	1283642	88043	45121	16536
	中间投入合计		799634331	63434735	28664421	10771601

续表

投入 \ 产出		代码	中间使用			
			计算机、通信设备和其他电子设备	仪器仪表	其他制造产品	废弃资源和废旧材料回收加工品
部门		—	21	22	23	24
增加值	劳动者报酬		88942432	8985178	2554623	11210742
	生产税净额		4134173	5271225	4615259	7956701
	固定资产折旧		25037425	1214771	534171	2424860
	营业盈余		38162319	6046626	1079057	33649663
	增加值合计		156276349	21517800	8783110	55241966
总投入			955910679	84952535	37447531	66013567

投入 \ 产出		代码	中间使用			
			电力、热力生产和供应	水的生产和供应	建筑	交通运输、仓储和邮政
部门		—	25	26	27	28
国产品中间投入	煤炭开采和洗选产品	1	73166599	0	620990	83883
	石油和天然气开采产品	2	2868681	0	0	224
	精炼石油和核燃料加工品	3	8516137	22092	27776619	75406962
	燃气生产和供应	4	1546018	300	35306	13097836
	农、林、牧、渔产品和服务	5	61428	0	17979345	96020
	金属矿采选产品	6	0	0	0	0
	非金属矿和其他矿采选产品	7	204881	0	17244739	64048
	食品和烟草	8	3611174	254894	4649182	6509947
	纺织品	9	5603	5678	75175	1226596
	纺织服装鞋帽皮革毛皮、羽毛及其制品	10	562453	247756	2891778	2154429
	木材加工品和家具	11	134875	1589	47066423	568244
	造纸印刷和文教体育用品	12	318269	9534	3755476	2882685
	化学产品	13	448028	2126660	94646307	8380416
	非金属矿物制品	14	1325023	10112	398007218	252919
	金属冶炼和压延加工品	15	224521	37292	225425937	429896
	金属制品、机械和设备修理服务	16	2226451	606660	108168657	2969911
	通用设备	17	1899897	76930	12434992	6535847

续表

投入＼产出		代码	中间使用			
			电力、热力生产和供应	水的生产和供应	建筑	交通运输、仓储和邮政
部门		—	25	26	27	28
国产品中间投入	专用设备	18	161272	82875	11088909	1157490
	交通运输设备	19	41653	6719	1765350	71851831
	电气机械和器材	20	31384459	40110	72384012	3260842
	计算机、通信设备和其他电子设备	21	805908	17813	5436947	3391331
	仪器仪表	22	9653434	39448	1253541	78225
	其他制造产品	23	487164	8997	1523313	185147
	废弃资源和废旧材料回收加工品	24	0	0	0	0
	电力、热力生产和供应	25	158353967	3200967	28760908	12492616
	水的生产和供应	26	803065	1242914	2031553	339900
	建筑	27	1945959	34857	72884396	1376752
	交通运输、仓储和邮政	28	9017103	236281	67745232	104141980
	批发零售住宿餐饮	29	12061868	445398	112627291	40596730
	其他	30	37739280	4064671	328087942	175391353
进口品中间投入	煤炭开采和洗选产品	1	5134696	0	43580	5887
	石油和天然气开采产品	2	2949273	0	0	230
	精炼石油和核燃料加工品	3	521824	1354	1702006	4620545
	燃气生产和供应	4	0	0	0	0
	农、林、牧、渔产品和服务	5	3356	0	982171	5245
	金属矿采选产品	6	0	0	0	0
	非金属矿和其他矿采选产品	7	14722	0	1239142	4602
	食品和烟草	8	167579	11829	215748	302098
	纺织品	9	167	169	2240	36554
	纺织服装鞋帽皮革毛皮、羽毛及其制品	10	29003	12776	149118	111096
	木材加工品和家具	11	5898	69	2058352	24851
	造纸印刷和文教体育用品	12	14333	429	169120	129816
	化学产品	13	49249	233771	10403900	921209
	非金属矿物制品	14	20609	157	6190539	3934

续表

投入 \ 产出		代码	中间使用			
			电力、热力生产和供应	水的生产和供应	建筑	交通运输、仓储和邮政
部门		—	25	26	27	28
进口品中间投入	金属冶炼和压延加工品	15	17196	2856	17265547	32926
	金属制品、机械和设备修理服务	16	50480	13755	2452513	67337
	通用设备	17	203029	8221	1328842	698441
	专用设备	18	22361	11491	1537502	160489
	交通运输设备	19	3655	590	154896	6304468
	电气机械和器材	20	2493736	3187	5751465	259099
	计算机、通信设备和其他电子设备	21	243890	5391	1645372	1026311
	仪器仪表	22	4202864	17175	545760	34057
	其他制造产品	23	15991	295	50004	6078
	废弃资源和废旧材料回收加工品	24	0	0	0	0
	电力、热力生产和供应	25	59652	1206	10834	4706
	水的生产和供应	26	0	0	0	0
	建筑	27	4963	89	185878	3511
	交通运输、仓储和邮政	28	544748	14274	4092679	6291509
	批发零售住宿餐饮	29	332827	12290	3107760	1120198
	其他	30	830109	89406	7216584	3857887
	中间投入合计		377511382	13261327	1734869091	560957146
增加值	劳动者报酬		56017478	5247758	342117996	220667637
	生产税净额		27164683	1741297	80734880	10160302
	固定资产折旧		68277461	3209937	19576936	198014415
	营业盈余		26859882	1444570	110560371	35733760
	增加值合计		178319505	11643561	552990183	464576114
总投入			555830887	24904889	2287859274	1025533259

续表

投入＼产出		代码	中间使用		
			批发零售住宿餐饮	其他	中间使用合计
部门		—	29	30	
国产品中间投入	煤炭开采和洗选产品	1	85988	1939190	216173301
	石油和天然气开采产品	2	0	44642	114698139
	精炼石油和核燃料加工品	3	3491027	32865168	284067578
	燃气生产和供应	4	2365551	4412294	35371763
	农、林、牧、渔产品和服务	5	35408774	18462476	806605706
	金属矿采选产品	6	0	98234	115380322
	非金属矿和其他矿采选产品	7	41145	44829	88709010
	食品和烟草	8	112959371	60973534	616975590
	纺织品	9	2019150	11974701	310068940
	纺织服装鞋帽皮革毛皮、羽毛及其制品	10	4056661	40175606	135917416
	木材加工品和家具	11	547228	6098387	166390412
	造纸印刷和文教体育用品	12	7915389	129887347	297939422
	化学产品	13	6189029	192157626	1349150487
	非金属矿物制品	14	488897	4122881	615346049
	金属冶炼和压延加工品	15	31397	716496	996698470
	金属制品、机械和设备修理服务	16	651033	37425975	359301966
	通用设备	17	479253	2900105	269027302
	专用设备	18	230967	17332084	145772129
	交通运输设备	19	527300	44256887	403569223
	电气机械和器材	20	9050115	34119489	375609331
	计算机、通信设备和其他电子设备	21	5363637	72790426	563111202
	仪器仪表	22	13313	19488743	59926720
	其他制造产品	23	232430	14954022	25792114
	废弃资源和废旧材料回收加工品	24	0	0	64677085
	电力、热力生产和供应	25	14579929	37838119	521212640

续表

投入＼产出		代码	中间使用		
			批发零售住宿餐饮	其他	中间使用合计
部门		—	29	30	
国产品中间投入	水的生产和供应	26	1583292	3125446	14737214
	建筑	27	2029096	23019065	104734582
	交通运输、仓储和邮政	28	81090086	152301137	743980251
	批发零售住宿餐饮	29	34281211	244343624	983279030
	其他	30	282325434	1153370462	2506864996
进口品中间投入	煤炭开采和洗选产品	1	6034	136089	15170641
	石油和天然气开采产品	2	0	45896	117920443
	精炼石油和核燃料加工品	3	213912	2013806	17406179
	燃气生产和供应	4	0	0	0
	农、林、牧、渔产品和服务	5	1934300	1008563	44063028
	金属矿采选产品	6	0	77448	90965444
	非金属矿和其他矿采选产品	7	2957	3221	6374294
	食品和烟草	8	5241950	2829515	28631139
	纺织品	9	60173	356858	9240361
	纺织服装鞋帽皮革毛皮、羽毛及其制品	10	209186	2071699	7008730
	木材加工品和家具	11	23932	266700	7276737
	造纸印刷和文教体育用品	12	356453	5849205	13417078
	化学产品	13	680323	21122734	148304011
	非金属矿物制品	14	7604	64127	9570992
	金属冶炼和压延加工品	15	2405	54877	76337909
	金属制品、机械和设备修理服务	16	14761	848561	8146472
	通用设备	17	51214	309914	28749101
	专用设备	18	32024	2403132	20211634
	交通运输设备	19	46267	3883215	35410220
	电气机械和器材	20	719101	2711055	29845043
	计算机、通信设备和其他电子设备	21	1623186	22028411	170413143
	仪器仪表	22	5796	8484911	26090595

续表

投入 \ 产出		代码	中间使用		
			批发零售住宿餐饮	其他	中间使用合计
部门		—	29	30	
进口品中间投入	其他制造产品	23	7630	490873	846639
	废弃资源和废旧材料回收加工品	24	0	0	15007998
	电力、热力生产和供应	25	5492	14254	196341
	水的生产和供应	26	0	0	0
	建筑	27	5175	58706	267106
	交通运输、仓储和邮政	28	4898879	9200938	44945931
	批发零售住宿餐饮	29	945932	6742250	27131924
	其他	30	6209997	25369400	55140706
	中间投入合计		631341386	2479685353	14345178228
增加值	劳动者报酬		427040544	1540034942	4232680280
	生产税净额		100963170	229407214	949786044
	固定资产折旧		118125780	359717579	1103253277
	营业盈余		262096329	748618028	1946437463
	增加值合计		908225824	2877777763	8232157064
总投入			1539567210	5357463116	22577335292

附录 3.2　中国 2017 年竞争型投入产出表（30 个部门）最终使用部分

（按生产者价格计算）　　单位：万元

投入 \ 产出		代码	最终使用				
			农村居民消费支出	城镇居民消费支出	居民消费支出	政府消费支出	消费支出合计
部门			FU101	FU102	THC	FU103	TC
国产品中间投入	煤炭开采和洗选产品	1	756110	506316	1262426	0	1262426
	石油和天然气开采产品	2	0	0	0	0	0
	精炼石油和核燃料加工品	3	1529513	24267491	25797004	0	25797004
	燃气生产和供应	4	695856	17774777	18470633	0	18470633
	农、林、牧、渔产品和服务	5	82328613	166486069	248814683	11737822	260552505
	金属矿采选产品	6	0	0	0	0	0
	非金属矿和其他矿采选产品	7	0	0	0	0	0

续表

投入 \ 产出		代码	最终使用				
			农村居民消费支出	城镇居民消费支出	居民消费支出	政府消费支出	消费支出合计
部门			FU101	FU102	THC	FU103	TC
国产品中间投入	食品和烟草	8	157112044	439382237	596494281	0	596494281
	纺织品	9	2986092	8217658	11203750	0	11203750
	纺织服装鞋帽皮革毛皮、羽毛及其制品	10	18065439	107092546	125157984	0	125157984
	木材加工品和家具	11	4336199	15019564	19355764	0	19355764
	造纸印刷和文教体育用品	12	4743846	23984868	28728714	0	28728714
	化学产品	13	15430835	64196842	79627677	0	79627677
	非金属矿物制品	14	1240979	3715203	4956182	0	4956182
	金属冶炼和压延加工品	15	0	0	0	0	0
	金属制品、机械和设备修理服务	16	703897	4625252	5329149	0	5329149
	通用设备	17	392177	1183229	1575406	0	1575406
	专用设备	18	328895	2131100	2459995	0	2459995
	交通运输设备	19	11264871	101537605	112802476	0	112802476
	电气机械和器材	20	7473238	26264199	33737438	0	33737438
	计算机、通信设备和其他电子设备	21	9528621	37020850	46549471	0	46549471
	仪器仪表	22	467119	1686323	2153442	0	2153442
	其他制造产品	23	989985	2685974	3675959	0	3675959
	废弃资源和废旧材料回收加工品	24	0	0	0	0	0
	电力、热力生产和供应	25	6333644	27331710	33665354	0	33665354
	水的生产和供应	26	1082519	8790366	9872885	0	9872885
	建筑	27	0	0	0	0	0
	交通运输、仓储和邮政	28	29157315	112748513	141905828	28439901	170345729
	批发零售住宿餐饮	29	56638460	284859681	341498140	0	341498140
	其他	30	206062753	970174246	1176236999	1169247423	2345484423
进口品中间投入	煤炭开采和洗选产品	1	53062	35532	88595	0	88595
	石油和天然气开采产品	2	0	0	0	0	0
	精炼石油和核燃料加工品	3	93721	1486985	1580706	0	1580706
	燃气生产和供应	4	0	0	0	0	0

续表

投入＼产出		代码	最终使用				
			农村居民消费支出	城镇居民消费支出	居民消费支出	政府消费支出	消费支出合计
部门			FU101	FU102	THC	FU103	TC
进口品中间投入	农、林、牧、渔产品和服务	5	4497424	9094754	13592178	641210	14233388
	金属矿采选产品	6	0	0	0	0	0
	非金属矿和其他矿采选产品	7	0	0	0	0	0
	食品和烟草	8	7290883	20389808	27680691	0	27680691
	纺织品	9	88988	244894	333883	0	333883
	纺织服装鞋帽皮革毛皮、羽毛及其制品	10	931564	5522344	6453908	0	6453908
	木材加工品和家具	11	189635	656849	846484	0	846484
	造纸印刷和文教体育用品	12	213629	1080108	1293737	0	1293737
	化学产品	13	1696219	7056773	8752992	0	8752992
	非金属矿物制品	14	19302	57786	77088	0	77088
	金属冶炼和压延加工品	15	0	0	0	0	0
	金属制品、机械和设备修理服务	16	15959	104869	120828	0	120828
	通用设备	17	41909	126444	168353	0	168353
	专用设备	18	45602	295482	341084	0	341084
	交通运输设备	19	988409	8909175	9897585	0	9897585
	电气机械和器材	20	593806	2086892	2680698	0	2680698
	计算机、通信设备和其他电子设备	21	2883626	11203541	14087167	0	14087167
	仪器仪表	22	203372	734183	937555	0	937555
	其他制造产品	23	32497	88168	120665	0	120665
	废弃资源和废旧材料回收加工品	24	0	0	0	0	0
	电力、热力生产和供应	25	2386	10296	12682	0	12682
	水的生产和供应	26	0	0	0	0	0
	建筑	27	0	0	0	0	0
	交通运输、仓储和邮政	28	1761475	6811454	8572929	1718134	10291063
	批发零售住宿餐饮	29	1562843	7860222	9423064	0	9423064
	其他	30	4532532	21339838	25872370	25718628	51590998

续表

投入＼产出		代码	最终使用				
			农村居民消费支出	城镇居民消费支出	居民消费支出	政府消费支出	消费支出合计
部门			FU101	FU102	THC	FU103	TC
	中间投入合计	TII					
增加值	劳动者报酬						
	生产税净额						
	固定资产折旧						
	营业盈余						
	增加值合计						
总投入							

投入＼产出		代码	最终使用					国产品总产出
			固定资本形成总额	存货变动	资本形成总额	出口	最终使用合计	
部门			FU201	FU202	GCF	EX	TFU	
国产品中间投入	煤炭开采和洗选产品	1	0	1466886	1466886	612492	3341804	219515105
	石油和天然气开采产品	2	0	663256	663256	926413	1589668	116287808
	精炼石油和核燃料加工品	3	0	3060246	3060246	11058248	39915497	323983075
	燃气生产和供应	4	0	408258	408258	0	18878891	54250654
	农、林、牧、渔产品和服务	5	18877848	3886776	22764624	11317505	294634634	1101240340
	金属矿采选产品	6	0	233174	233174	420694	653868	116034190
	非金属矿和其他矿采选产品	7	0	-163507	-163507	1480356	1316849	90025859
	食品和烟草	8	0	14337501	14337501	34268907	645100689	1262076279
	纺织品	9	0	-1586410	-1586410	59696506	69313846	379382786
	纺织服装鞋帽皮革毛皮、羽毛及其制品	10	0	143478	143478	116837245	242138708	378056124
	木材加工品和家具	11	23608522	1609337	25217860	45540789	90114413	256504824
	造纸印刷和文教体育用品	12	3938906	1882977	5821883	61335497	95886095	393825517
	化学产品	13	0	3734825	3734825	110029383	193391885	1542542372
	非金属矿物制品	14	0	769204	769204	28386031	34111418	649457467

续表

投入＼产出		代码	最终使用					国产品总产出
			固定资本形成总额	存货变动	资本形成总额	出口	最终使用合计	
部门			FU201	FU202	GCF	EX	TFU	
国产品中间投入	金属冶炼和压延加工品	15	0	3278271	3278271	45596380	48874651	1045573121
	金属制品、机械和设备修理服务	16	25019379	−681758	24337621	55166916	84833686	444135652
	通用设备	17	107772684	1162198	108934882	71731243	182241531	451268833
	专用设备	18	158327922	1775162	160103084	40537846	203100926	348873055
	交通运输设备	19	294049076	2518766	296567843	53740627	463110946	866680169
	电气机械和器材	20	65719531	2737161	68456693	124335656	226529786	602139117
	计算机、通信设备和其他电子设备	21	64345758	543356	64889115	281360892	392799477	955910679
	仪器仪表	22	7023148	282678	7305826	15566547	25025815	84952535
	其他制造产品	23	0	372771	372771	7606687	11655417	37447531
	废弃资源和废旧材料回收加工品	24	0	327986	327986	1008495	1336482	66013567
	电力、热力生产和供应	25	0	0	0	952893	34618247	555830887
	水的生产和供应	26	0	294789	294789	0	10167675	24904889
	建筑	27	2174893241	0	2174893241	8231451	2183124691	2287859274
	交通运输、仓储和邮政	28	34440311	1619381	36059692	75147587	281553008	1025533259
	批发零售住宿餐饮	29	73321556	4220076	77541632	137248407	556288179	1539567210
	其他	30	431207283	0	431207283	73906415	2850598120	5357463116
进口品中间投入	煤炭开采和洗选产品	1	0	102943	102943	42984	234522	15405163
	石油和天然气开采产品	2	0	681889	681889	952439	1634328	119554772
	精炼石油和核燃料加工品	3	0	187516	187516	677592	2445813	19851993
	燃气生产和供应	4	0	0	0	0	0	0
	农、林、牧、渔产品和服务	5	1031254	212326	1243579	618249	16095217	60158245
	金属矿采选产品	6	0	183833	183833	331674	515507	91480952
	非金属矿和其他矿采选产品	7	0	−11749	−11749	106373	94624	6468918
	食品和烟草	8	0	665341	665341	1590270	29936302	58567441
	纺织品	9	0	−47277	−47277	1779015	2065621	11305982

续表

投入 \ 产出		代码	最终使用					国产品总产出
			固定资本形成总额	存货变动	资本形成总额	出口	最终使用合计	
部门			FU201	FU202	GCF	EX	TFU	
进口品中间投入	纺织服装鞋帽皮革毛皮、羽毛及其制品	10	0	7399	7399	6024840	12486148	19494878
	木材加工品和家具	11	1032469	70381	1102850	1991631	3940966	11217703
	造纸印刷和文教体育用品	12	177380	84796	262176	2762116	4318029	17735107
	化学产品	13	0	410547	410547	12094869	21258409	169562420
	非金属矿物制品	14	0	11964	11964	441512	530563	10101555
	金属冶炼和压延加工品	15	0	251085	251085	3492262	3743347	80081256
	金属制品、机械和设备修理服务	16	567266	-15458	551808	1250802	1923438	10069910
	通用设备	17	11516927	124196	11641123	7665425	19474901	48224002
	专用设备	18	21952523	246130	22198653	5620664	28160400	48372034
	交通运输设备	19	25800636	221003	26021639	4715343	40634567	76044787
	电气机械和器材	20	5221921	217488	5439409	9879422	17999530	47844573
	计算机、通信设备和其他电子设备	21	19472820	164435	19637255	85147647	118872069	289285212
	仪器仪表	22	3057703	123071	3180774	6777285	10895614	36986208
	其他制造产品	23	0	12236	12236	249693	382595	1229234
	废弃资源和废旧材料回收加工品	24	0	76108	76108	234016	310124	15318122
	电力、热力生产和供应	25	0	0	0	359	13041	209382
	水的生产和供应	26	0	0	0	0	0	0
	建筑	27	5546665	0	5546665	20993	5567658	5834764
	交通运输、仓储和邮政	28	2080636	97831	2178467	4539876	17009406	61955337
	批发零售住宿餐饮	29	2023185	116446	2139630	3787138	15349833	42481757
	其他	30	9484784	0	9484784	1625637	62701419	117842124
	中间投入合计							

续表

投入＼产出		代码	最终使用					国产品总产出
			固定资本形成总额	存货变动	资本形成总额	出口	最终使用合计	
部门			FU201	FU202	GCF	EX	TFU	
增加值	劳动者报酬							
	生产税净额							
	固定资产折旧							
	营业盈余							
	增加值合计							
总投入								

附录 4　国产品直接消耗系数表（30 个部门）

附录 4.1　中国 2017 年竞争型投入产出表（30 个部门）：国产品直接消耗系数表（一）

行业＼国产品直接消耗系数＼部门	1	2	3	4	5	6	7	8	9	10
1	0. 1460	0. 0007	0. 0004	0. 0252	0. 0005	0. 0063	0. 0116	0. 0021	0. 0038	0. 0011
2	0. 0001	0. 0035	0. 2741	0. 2089	0. 0000	0. 0002	0. 0002	0. 0000	0. 0000	0. 0000
3	0. 0033	0. 0042	0. 0712	0. 0094	0. 0047	0. 0501	0. 0538	0. 0011	0. 0015	0. 0018
4	0. 0001	0. 0002	0. 0013	0. 1267	0. 0001	0. 0000	0. 0009	0. 0004	0. 0002	0. 0003
5	0. 0009	0. 0000	0. 0000	0. 0000	0. 1264	0. 0002	0. 0002	0. 3404	0. 1757	0. 0144
6	0. 0000	0. 0000	0. 0003	0. 0000	0. 0000	0. 0643	0. 0000	0. 0000	0. 0000	0. 0000
7	0. 0043	0. 1268	0. 0000	0. 0000	0. 0000	0. 0029	0. 0177	0. 0005	0. 0000	0. 0000
8	0. 0017	0. 0008	0. 0050	0. 0050	0. 0828	0. 0062	0. 0053	0. 2041	0. 0023	0. 0330
9	0. 0004	0. 0002	0. 0001	0. 0000	0. 0000	0. 0004	0. 0026	0. 0005	0. 3635	0. 3413
10	0. 0061	0. 0017	0. 0011	0. 0037	0. 0002	0. 0022	0. 0033	0. 0029	0. 0051	0. 1315
11	0. 0149	0. 0016	0. 0002	0. 0000	0. 0003	0. 0026	0. 0008	0. 0007	0. 0010	0. 0011
12	0. 0001	0. 0001	0. 0006	0. 0001	0. 0008	0. 0015	0. 0028	0. 0123	0. 0032	0. 0058
13	0. 0160	0. 0240	0. 0310	0. 0104	0. 0732	0. 0485	0. 0813	0. 0164	0. 0999	0. 0662
14	0. 0023	0. 0005	0. 0002	0. 0001	0. 0004	0. 0039	0. 0182	0. 0047	0. 0009	0. 0005

续表

行业 \ 部门 国产品直接消耗系数	1	2	3	4	5	6	7	8	9	10
15	0. 0230	0. 0112	0. 0003	0. 0011	0. 0002	0. 0097	0. 0164	0. 0004	0. 0007	0. 0005
16	0. 0261	0. 0013	0. 0008	0. 0015	0. 0008	0. 0228	0. 0263	0. 0035	0. 0026	0. 0035
17	0. 0147	0. 0078	0. 0028	0. 0014	0. 0008	0. 0186	0. 0165	0. 0015	0. 0039	0. 0015
18	0. 0160	0. 0228	0. 0012	0. 0001	0. 0070	0. 0223	0. 0448	0. 0007	0. 0023	0. 0020
19	0. 0014	0. 0002	0. 0001	0. 0001	0. 0025	0. 0063	0. 0094	0. 0002	0. 0003	0. 0005
20	0. 0040	0. 0012	0. 0002	0. 0007	0. 0002	0. 0053	0. 0087	0. 0006	0. 0007	0. 0005
21	0. 0010	0. 0001	0. 0001	0. 0004	0. 0002	0. 0001	0. 0005	0. 0005	0. 0002	0. 0002
22	0. 0002	0. 0071	0. 0013	0. 0011	0. 0000	0. 0008	0. 0025	0. 0002	0. 0000	0. 0003
23	0. 0013	0. 0008	0. 0004	0. 0004	0. 0001	0. 0008	0. 0013	0. 0004	0. 0004	0. 0028
24	0. 0000	0. 0000	0. 0001	0. 0000	0. 0000	0. 0000	0. 0000	0. 0000	0. 0000	0. 0001
25	0. 0365	0. 0241	0. 0131	0. 0224	0. 0089	0. 0814	0. 0606	0. 0078	0. 0173	0. 0077
26	0. 0002	0. 0007	0. 0001	0. 0003	0. 0000	0. 0003	0. 0007	0. 0012	0. 0003	0. 0004
27	0. 0005	0. 0003	0. 0001	0. 0002	0. 0007	0. 0002	0. 0003	0. 0002	0. 0003	0. 0002
28	0. 0209	0. 0062	0. 0236	0. 0200	0. 0214	0. 0198	0. 0288	0. 0295	0. 0343	0. 0426
29	0. 0257	0. 0086	0. 0199	0. 0230	0. 0230	0. 0265	0. 0319	0. 0584	0. 0412	0. 0747
30	0. 0952	0. 0518	0. 0187	0. 0584	0. 0272	0. 0658	0. 0759	0. 0367	0. 0255	0. 0393

附录 4. 2　中国 2017 年竞争型投入产出表（30 个部门）：国产品直接消耗系数表（二）

行业 \ 部门 国产品直接消耗系数	11	12	13	14	15	16	17	18	19	20
1	0. 0011	0. 0081	0. 0271	0. 0471	0. 0216	0. 0010	0. 0006	0. 0007	0. 0001	0. 0003
2	0. 0000	0. 0001	0. 0057	0. 0010	0. 0006	0. 0007	0. 0006	0. 0006	0. 0003	0. 0001
3	0. 0043	0. 0025	0. 0374	0. 0272	0. 0062	0. 0059	0. 0030	0. 0030	0. 0018	0. 0015
4	0. 0001	0. 0011	0. 0016	0. 0003	0. 0003	0. 0010	0. 0015	0. 0008	0. 0002	0. 0003
5	0. 0978	0. 0435	0. 0316	0. 0003	0. 0000	0. 0002	0. 0001	0. 0001	0. 0000	0. 0001
6	0. 0000	0. 0000	0. 0019	0. 0014	0. 0971	0. 0051	0. 0000	0. 0000	0. 0000	0. 0000
7	0. 0000	0. 0016	0. 0056	0. 0649	0. 0004	0. 0003	0. 0001	0. 0003	0. 0002	0. 0007
8	0. 0046	0. 0041	0. 0206	0. 0024	0. 0064	0. 0050	0. 0080	0. 0059	0. 0028	0. 0053

续表

行业 \ 国产品直接消耗系数 \ 部门	11	12	13	14	15	16	17	18	19	20
9	0. 0129	0. 0255	0. 0040	0. 0004	0. 0002	0. 0019	0. 0007	0. 0019	0. 0011	0. 0011
10	0. 0168	0. 0057	0. 0025	0. 0054	0. 0008	0. 0021	0. 0039	0. 0035	0. 0061	0. 0026
11	0. 3141	0. 0185	0. 0013	0. 0027	0. 0002	0. 0089	0. 0017	0. 0015	0. 0075	0. 0014
12	0. 0095	0. 2441	0. 0065	0. 0132	0. 0004	0. 0036	0. 0037	0. 0038	0. 0018	0. 0070
13	0. 0741	0. 1131	0. 3548	0. 0592	0. 0441	0. 0346	0. 0277	0. 0371	0. 0398	0. 0723
14	0. 0069	0. 0024	0. 0066	0. 1841	0. 0136	0. 0134	0. 0064	0. 0100	0. 0118	0. 0268
15	0. 0107	0. 0471	0. 0085	0. 0262	0. 2626	0. 2810	0. 1283	0. 0886	0. 0781	0. 1975
16	0. 0224	0. 0081	0. 0062	0. 0264	0. 0024	0. 1312	0. 0447	0. 0424	0. 0229	0. 0359
17	0. 0054	0. 0038	0. 0047	0. 0193	0. 0089	0. 0255	0. 2022	0. 0962	0. 0417	0. 0317
18	0. 0029	0. 0056	0. 0030	0. 0047	0. 0064	0. 0066	0. 0088	0. 1203	0. 0058	0. 0065
19	0. 0007	0. 0005	0. 0004	0. 0031	0. 0002	0. 0056	0. 0178	0. 0316	0. 2918	0. 0023
20	0. 0010	0. 0041	0. 0013	0. 0021	0. 0007	0. 0048	0. 0559	0. 0456	0. 0338	0. 1552
21	0. 0003	0. 0045	0. 0010	0. 0007	0. 0005	0. 0022	0. 0416	0. 0364	0. 0150	0. 0506
22	0. 0000	0. 0002	0. 0003	0. 0007	0. 0002	0. 0005	0. 0045	0. 0077	0. 0052	0. 0051
23	0. 0003	0. 0006	0. 0003	0. 0004	0. 0006	0. 0013	0. 0009	0. 0005	0. 0008	0. 0009
24	0. 0002	0. 0236	0. 0016	0. 0019	0. 0394	0. 0103	0. 0000	0. 0000	0. 0000	0. 0000
25	0. 0173	0. 0175	0. 0354	0. 0499	0. 0496	0. 0424	0. 0152	0. 0149	0. 0080	0. 0112
26	0. 0004	0. 0008	0. 0006	0. 0008	0. 0003	0. 0003	0. 0004	0. 0004	0. 0003	0. 0005
27	0. 0004	0. 0002	0. 0003	0. 0002	0. 0001	0. 0002	0. 0003	0. 0003	0. 0002	0. 0002
28	0. 0323	0. 0280	0. 0358	0. 0368	0. 0250	0. 0290	0. 0288	0. 0325	0. 0276	0. 0299
29	0. 0826	0. 0613	0. 0470	0. 0473	0. 0256	0. 0411	0. 0490	0. 0520	0. 0690	0. 0544
30	0. 0305	0. 0459	0. 0492	0. 0495	0. 0413	0. 0456	0. 0511	0. 0611	0. 0480	0. 0430

附录 4. 3　中国 2017 年竞争型投入产出表（30 个部门）：国产品直接消耗系数表（三）

行业 \ 国产品直接消耗系数 \ 部门	21	22	23	24	25	26	27	28	29	30
1	0. 0000	0. 0002	0. 0019	0. 0004	0. 1316	0. 0000	0. 0003	0. 0001	0. 0001	0. 0004
2	0. 0000	0. 0000	0. 0000	0. 0000	0. 0052	0. 0000	0. 0000	0. 0000	0. 0000	0. 0000

续表

行业 \ 国产品直接消耗系数 \ 部门	21	22	23	24	25	26	27	28	29	30
3	0.0007	0.0031	0.0050	0.0020	0.0153	0.0009	0.0121	0.0735	0.0023	0.0061
4	0.0001	0.0001	0.0039	0.0010	0.0028	0.0000	0.0000	0.0128	0.0015	0.0008
5	0.0000	0.0000	0.0555	0.0000	0.0001	0.0000	0.0079	0.0001	0.0230	0.0034
6	0.0000	0.0000	0.0000	0.0001	0.0000	0.0000	0.0000	0.0000	0.0000	0.0000
7	0.0001	0.0000	0.0004	0.0000	0.0004	0.0000	0.0075	0.0001	0.0000	0.0000
8	0.0053	0.0061	0.0089	0.0019	0.0065	0.0102	0.0020	0.0063	0.0734	0.0114
9	0.0004	0.0020	0.0730	0.0012	0.0000	0.0002	0.0000	0.0012	0.0013	0.0022
10	0.0013	0.0039	0.0101	0.0019	0.0010	0.0099	0.0013	0.0021	0.0026	0.0075
11	0.0007	0.0017	0.0226	0.0001	0.0002	0.0001	0.0206	0.0006	0.0004	0.0011
12	0.0040	0.0041	0.0161	0.0001	0.0006	0.0004	0.0016	0.0028	0.0051	0.0242
13	0.0290	0.0296	0.1625	0.0074	0.0008	0.0854	0.0414	0.0082	0.0040	0.0359
14	0.0142	0.0269	0.0083	0.0003	0.0024	0.0004	0.1740	0.0002	0.0003	0.0008
15	0.0275	0.0418	0.0873	0.0031	0.0004	0.0015	0.0985	0.0004	0.0000	0.0001
16	0.0125	0.0304	0.0284	0.0005	0.0040	0.0244	0.0473	0.0029	0.0004	0.0070
17	0.0051	0.0252	0.0178	0.0016	0.0034	0.0031	0.0054	0.0064	0.0003	0.0005
18	0.0167	0.0136	0.0015	0.0009	0.0003	0.0033	0.0048	0.0011	0.0002	0.0032
19	0.0003	0.0039	0.0002	0.0007	0.0001	0.0003	0.0008	0.0701	0.0003	0.0083
20	0.0464	0.0536	0.0119	0.0007	0.0565	0.0016	0.0316	0.0032	0.0059	0.0064
21	0.3989	0.1397	0.0149	0.0003	0.0014	0.0007	0.0024	0.0033	0.0035	0.0136
22	0.0041	0.1107	0.0031	0.0007	0.0174	0.0016	0.0005	0.0001	0.0000	0.0036
23	0.0008	0.0011	0.0265	0.0002	0.0009	0.0004	0.0007	0.0002	0.0002	0.0028
24	0.0000	0.0000	0.0000	0.0872	0.0000	0.0000	0.0000	0.0000	0.0000	0.0000
25	0.0091	0.0125	0.0220	0.0051	0.2849	0.1285	0.0126	0.0122	0.0095	0.0071
26	0.0003	0.0006	0.0009	0.0012	0.0014	0.0499	0.0009	0.0003	0.0010	0.0006
27	0.0004	0.0003	0.0005	0.0004	0.0035	0.0014	0.0319	0.0013	0.0013	0.0043
28	0.0139	0.0255	0.0280	0.0052	0.0162	0.0095	0.0296	0.1015	0.0527	0.0284
29	0.0449	0.0507	0.0516	0.0044	0.0217	0.0179	0.0492	0.0396	0.0223	0.0456
30	0.0610	0.0471	0.0548	0.0114	0.0679	0.1632	0.1434	0.1710	0.1834	0.2153

附录5　国产品完全消耗系数表（30个部门）

附录5.1　中国2017年竞争型投入产出表（30个部门）：国产品完全消耗系数表（一）

行业＼国产品完全消耗系数＼部门	1	2	3	4	5	6	7	8	9	10
1	0. 1890	0. 0161	0. 0118	0. 0466	0. 0117	0. 0372	0. 0424	0. 0150	0. 0301	0. 0240
2	0. 0061	0. 0104	0. 3011	0. 2475	0. 0065	0. 0223	0. 0244	0. 0066	0. 0110	0. 0106
3	0. 0168	0. 0208	0. 0897	0. 0235	0. 0185	0. 0731	0. 0788	0. 0185	0. 0293	0. 0289
4	0. 0019	0. 0015	0. 0029	0. 1465	0. 0017	0. 0022	0. 0036	0. 0027	0. 0034	0. 0037
5	0. 0199	0. 0113	0. 0132	0. 0139	0. 2074	0. 0205	0. 0252	0. 5301	0. 3613	0. 2006
6	0. 0080	0. 0043	0. 0025	0. 0023	0. 0016	0. 0748	0. 0082	0. 0021	0. 0032	0. 0031
7	0. 0072	0. 1316	0. 0398	0. 0328	0. 0022	0. 0079	0. 0246	0. 0032	0. 0041	0. 0037
8	0. 0193	0. 0126	0. 0180	0. 0197	0. 1377	0. 0265	0. 0292	0. 3299	0. 0667	0. 0984
9	0. 0104	0. 0053	0. 0042	0. 0064	0. 0038	0. 0071	0. 0125	0. 0084	0. 5827	0. 6268
10	0. 0123	0. 0049	0. 0040	0. 0081	0. 0028	0. 0066	0. 0087	0. 0076	0. 0136	0. 1598
11	0. 0279	0. 0041	0. 0023	0. 0028	0. 0020	0. 0071	0. 0050	0. 0039	0. 0054	0. 0060
12	0. 0100	0. 0067	0. 0060	0. 0071	0. 0089	0. 0112	0. 0149	0. 0298	0. 0181	0. 0243
13	0. 0711	0. 0785	0. 0850	0. 0553	0. 1558	0. 1212	0. 1798	0. 1205	0. 3155	0. 2716
14	0. 0092	0. 0075	0. 0040	0. 0039	0. 0044	0. 0115	0. 0307	0. 0112	0. 0080	0. 0073
15	0. 0733	0. 0394	0. 0183	0. 0205	0. 0119	0. 0543	0. 0727	0. 0168	0. 0238	0. 0238
16	0. 0449	0. 0129	0. 0074	0. 0096	0. 0063	0. 0394	0. 0454	0. 0118	0. 0142	0. 0157
17	0. 0314	0. 0211	0. 0122	0. 0104	0. 0063	0. 0370	0. 0384	0. 0084	0. 0163	0. 0134
18	0. 0256	0. 0355	0. 0132	0. 0109	0. 0118	0. 0323	0. 0580	0. 0079	0. 0111	0. 0099
19	0. 0130	0. 0089	0. 0076	0. 0082	0. 0114	0. 0201	0. 0274	0. 0129	0. 0158	0. 0175
20	0. 0191	0. 0135	0. 0082	0. 0104	0. 0062	0. 0256	0. 0304	0. 0086	0. 0128	0. 0122
21	0. 0145	0. 0114	0. 0071	0. 0090	0. 0060	0. 0142	0. 0184	0. 0090	0. 0106	0. 0115
22	0. 0036	0. 0108	0. 0057	0. 0057	0. 0015	0. 0057	0. 0076	0. 0021	0. 0029	0. 0031
23	0. 0026	0. 0017	0. 0012	0. 0014	0. 0006	0. 0019	0. 0025	0. 0013	0. 0016	0. 0046
24	0. 0041	0. 0022	0. 0013	0. 0013	0. 0011	0. 0033	0. 0044	0. 0019	0. 0023	0. 0024
25	0. 0824	0. 0599	0. 0448	0. 0601	0. 0312	0. 1474	0. 1204	0. 0384	0. 0725	0. 0591

续表

行业＼国产品完全消耗系数＼部门	1	2	3	4	5	6	7	8	9	10
26	0.0008	0.0012	0.0007	0.0010	0.0005	0.0010	0.0016	0.0021	0.0012	0.0015
27	0.0022	0.0013	0.0009	0.0015	0.0016	0.0018	0.0020	0.0018	0.0021	0.0022
28	0.0539	0.0290	0.0462	0.0458	0.0501	0.0537	0.0700	0.0791	0.1040	0.1208
29	0.0654	0.0360	0.0441	0.0522	0.0566	0.0665	0.0801	0.1173	0.1177	0.1633
30	0.2045	0.1200	0.0889	0.1507	0.0932	0.1654	0.1901	0.1484	0.1592	0.1917

附录 5.2　中国 2017 年竞争型投入产出表（30 个部门）：国产品完全消耗系数表（二）

行业＼国产品完全消耗系数＼部门	11	12	13	14	15	16	17	18	19	20
1	0.0243	0.0384	0.0702	0.0983	0.0634	0.0410	0.0275	0.0259	0.0232	0.0337
2	0.0109	0.0113	0.0327	0.0209	0.0123	0.0123	0.0103	0.0102	0.0094	0.0108
3	0.0306	0.0293	0.0791	0.0621	0.0338	0.0318	0.0257	0.0260	0.0245	0.0291
4	0.0031	0.0045	0.0054	0.0034	0.0027	0.0041	0.0048	0.0040	0.0032	0.0034
5	0.2138	0.1180	0.0944	0.0281	0.0223	0.0278	0.0295	0.0295	0.0315	0.0323
6	0.0068	0.0127	0.0081	0.0124	0.1442	0.0559	0.0318	0.0255	0.0235	0.0402
7	0.0044	0.0066	0.0151	0.0860	0.0056	0.0056	0.0045	0.0049	0.0050	0.0077
8	0.0602	0.0470	0.0689	0.0302	0.0308	0.0343	0.0410	0.0383	0.0366	0.0398
9	0.0517	0.0657	0.0176	0.0126	0.0063	0.0116	0.0114	0.0135	0.0151	0.0118
10	0.0330	0.0145	0.0090	0.0132	0.0055	0.0080	0.0111	0.0108	0.0155	0.0093
11	0.4617	0.0391	0.0067	0.0104	0.0042	0.0185	0.0075	0.0075	0.0192	0.0069
12	0.0303	0.3358	0.0237	0.0327	0.0101	0.0166	0.0190	0.0196	0.0165	0.0244
13	0.2398	0.2996	0.6046	0.1765	0.1386	0.1402	0.1342	0.1473	0.1587	0.2142
14	0.0192	0.0124	0.0177	0.2354	0.0284	0.0326	0.0257	0.0297	0.0331	0.0540
15	0.0576	0.1145	0.0441	0.0942	0.3856	0.4741	0.2991	0.2379	0.2200	0.3785
16	0.0474	0.0244	0.0214	0.0538	0.0182	0.1665	0.0818	0.0792	0.0554	0.0667
17	0.0199	0.0177	0.0185	0.0445	0.0279	0.0533	0.2743	0.1565	0.0896	0.0652
18	0.0113	0.0155	0.0120	0.0181	0.0183	0.0184	0.0227	0.1477	0.0180	0.0201
19	0.0160	0.0145	0.0149	0.0211	0.0129	0.0232	0.0460	0.0687	0.4280	0.0198

续表

行业 \ 部门（国产品完全消耗系数）	11	12	13	14	15	16	17	18	19	20
20	0.0142	0.0196	0.0166	0.0229	0.0185	0.0264	0.1038	0.0909	0.0767	0.2074
21	0.0119	0.0218	0.0139	0.0164	0.0126	0.0198	0.1090	0.1005	0.0593	0.1177
22	0.0030	0.0035	0.0044	0.0057	0.0047	0.0053	0.0108	0.0149	0.0121	0.0110
23	0.0016	0.0020	0.0015	0.0019	0.0018	0.0029	0.0027	0.0021	0.0025	0.0026
24	0.0046	0.0403	0.0057	0.0084	0.0606	0.0344	0.0146	0.0120	0.0109	0.0182
25	0.0717	0.0749	0.1034	0.1302	0.1347	0.1311	0.0792	0.0748	0.0625	0.0829
26	0.0015	0.0019	0.0016	0.0019	0.0013	0.0013	0.0015	0.0014	0.0013	0.0016
27	0.0024	0.0021	0.0022	0.0022	0.0018	0.0021	0.0021	0.0022	0.0020	0.0021
28	0.0989	0.0878	0.0951	0.0923	0.0696	0.0840	0.0874	0.0917	0.0902	0.0915
29	0.1746	0.1373	0.1143	0.1101	0.0747	0.1031	0.1224	0.1264	0.1556	0.1290
30	0.1743	0.1893	0.1922	0.1939	0.1623	0.1854	0.2019	0.2153	0.2059	0.1975

附录 5.3　中国 2017 年竞争型投入产出表（30 个部门）：国产品完全消耗系数表（三）

行业 \ 部门（国产品完全消耗系数）	21	22	23	24	25	26	27	28	29	30
1	0.0190	0.0213	0.0343	0.0033	0.2254	0.0408	0.0374	0.0106	0.0073	0.0104
2	0.0069	0.0081	0.0140	0.0018	0.0189	0.0081	0.0143	0.0314	0.0053	0.0070
3	0.0187	0.0227	0.0352	0.0047	0.0354	0.0194	0.0433	0.0981	0.0148	0.0203
4	0.0024	0.0025	0.0076	0.0016	0.0061	0.0023	0.0029	0.0177	0.0037	0.0028
5	0.0271	0.0272	0.1373	0.0042	0.0197	0.0275	0.0402	0.0204	0.0781	0.0321
6	0.0134	0.0158	0.0187	0.0010	0.0064	0.0042	0.0227	0.0037	0.0015	0.0029
7	0.0048	0.0057	0.0061	0.0005	0.0055	0.0030	0.0265	0.0051	0.0015	0.0022
8	0.0366	0.0357	0.0554	0.0054	0.0289	0.0356	0.0333	0.0282	0.1131	0.0362
9	0.0090	0.0131	0.1341	0.0041	0.0068	0.0130	0.0103	0.0094	0.0087	0.0157
10	0.0074	0.0103	0.0188	0.0030	0.0071	0.0169	0.0093	0.0078	0.0071	0.0136
11	0.0049	0.0067	0.0385	0.0005	0.0076	0.0035	0.0362	0.0043	0.0025	0.0051
12	0.0214	0.0195	0.0364	0.0015	0.0118	0.0141	0.0217	0.0169	0.0197	0.0464
13	0.1352	0.1274	0.3535	0.0186	0.0565	0.1820	0.1615	0.0642	0.0488	0.1061

续表

行业 \ 部门 国产品完全消耗系数	21	22	23	24	25	26	27	28	29	30
14	0. 0394	0. 0525	0. 0219	0. 0012	0. 0142	0. 0072	0. 2319	0. 0063	0. 0041	0. 0068
15	0. 1236	0. 1461	0. 1701	0. 0080	0. 0584	0. 0348	0. 2074	0. 0328	0. 0130	0. 0246
16	0. 0393	0. 0596	0. 0487	0. 0019	0. 0254	0. 0397	0. 0779	0. 0144	0. 0068	0. 0170
17	0. 0272	0. 0541	0. 0370	0. 0033	0. 0211	0. 0128	0. 0278	0. 0203	0. 0048	0. 0076
18	0. 0377	0. 0291	0. 0109	0. 0018	0. 0097	0. 0089	0. 0159	0. 0067	0. 0036	0. 0082
19	0. 0136	0. 0203	0. 0147	0. 0027	0. 0109	0. 0101	0. 0180	0. 1182	0. 0130	0. 0230
20	0. 1054	0. 1012	0. 0312	0. 0028	0. 1057	0. 0234	0. 0550	0. 0184	0. 0143	0. 0183
21	0. 6865	0. 2835	0. 0407	0. 0022	0. 0281	0. 0154	0. 0230	0. 0214	0. 0162	0. 0367
22	0. 0112	0. 1293	0. 0073	0. 0013	0. 0302	0. 0079	0. 0050	0. 0037	0. 0022	0. 0068
23	0. 0025	0. 0027	0. 0286	0. 0004	0. 0026	0. 0018	0. 0024	0. 0015	0. 0012	0. 0042
24	0. 0067	0. 0078	0. 0095	0. 0959	0. 0032	0. 0027	0. 0112	0. 0022	0. 0012	0. 0027
25	0. 0556	0. 0617	0. 0865	0. 0113	0. 4313	0. 2147	0. 0812	0. 0394	0. 0278	0. 0302
26	0. 0013	0. 0016	0. 0020	0. 0014	0. 0027	0. 0534	0. 0020	0. 0010	0. 0016	0. 0012
27	0. 0024	0. 0019	0. 0025	0. 0007	0. 0066	0. 0039	0. 0352	0. 0033	0. 0031	0. 0064
28	0. 0645	0. 0761	0. 0887	0. 0105	0. 0580	0. 0458	0. 0896	0. 1449	0. 0837	0. 0626
29	0. 1230	0. 1189	0. 1230	0. 0102	0. 0733	0. 0635	0. 1199	0. 0863	0. 0584	0. 0874
30	0. 2213	0. 1863	0. 1981	0. 0264	0. 2117	0. 2961	0. 3116	0. 3047	0. 2890	0. 3388

附录 6　国产品列昂惕夫逆矩阵表（30 个部门）

附录 6. 1　中国 2017 年竞争型投入产出表（30 个部门）：国产品列昂惕夫逆矩阵表（一）

行业 \ 部门 国产品列昂惕夫逆矩阵	1	2	3	4	5	6	7	8	9	10
1	1. 1890	0. 0161	0. 0118	0. 0466	0. 0117	0. 0372	0. 0424	0. 0150	0. 0301	0. 0240
2	0. 0061	1. 0104	0. 3011	0. 2475	0. 0065	0. 0223	0. 0244	0. 0066	0. 0110	0. 0106
3	0. 0168	0. 0208	1. 0897	0. 0235	0. 0185	0. 0731	0. 0788	0. 0185	0. 0293	0. 0289

续表

行业 \ 部门 国产品列昂惕夫逆矩阵	1	2	3	4	5	6	7	8	9	10
4	0. 0019	0. 0015	0. 0029	1. 1465	0. 0017	0. 0022	0. 0036	0. 0027	0. 0034	0. 0037
5	0. 0199	0. 0113	0. 0132	0. 0139	1. 2074	0. 0205	0. 0252	0. 5301	0. 3613	0. 2006
6	0. 0080	0. 0043	0. 0025	0. 0023	0. 0016	1. 0748	0. 0082	0. 0021	0. 0032	0. 0031
7	0. 0072	0. 1316	0. 0398	0. 0328	0. 0022	0. 0079	1. 0246	0. 0032	0. 0041	0. 0037
8	0. 0193	0. 0126	0. 0180	0. 0197	0. 1377	0. 0265	0. 0292	1. 3299	0. 0667	0. 0984
9	0. 0104	0. 0053	0. 0042	0. 0064	0. 0038	0. 0071	0. 0125	0. 0084	1. 5827	0. 6268
10	0. 0123	0. 0049	0. 0040	0. 0081	0. 0028	0. 0066	0. 0087	0. 0076	0. 0136	1. 1598
11	0. 0279	0. 0041	0. 0023	0. 0028	0. 0020	0. 0071	0. 0050	0. 0039	0. 0054	0. 0060
12	0. 0100	0. 0067	0. 0060	0. 0071	0. 0089	0. 0112	0. 0149	0. 0298	0. 0181	0. 0243
13	0. 0711	0. 0785	0. 0850	0. 0553	0. 1558	0. 1212	0. 1798	0. 1205	0. 3155	0. 2716
14	0. 0092	0. 0075	0. 0040	0. 0039	0. 0044	0. 0115	0. 0307	0. 0112	0. 0080	0. 0073
15	0. 0733	0. 0394	0. 0183	0. 0205	0. 0119	0. 0543	0. 0727	0. 0168	0. 0238	0. 0238
16	0. 0449	0. 0129	0. 0074	0. 0096	0. 0063	0. 0394	0. 0454	0. 0118	0. 0142	0. 0157
17	0. 0314	0. 0211	0. 0122	0. 0104	0. 0063	0. 0370	0. 0384	0. 0084	0. 0163	0. 0134
18	0. 0256	0. 0355	0. 0132	0. 0109	0. 0118	0. 0323	0. 0580	0. 0079	0. 0111	0. 0099
19	0. 0130	0. 0089	0. 0076	0. 0082	0. 0114	0. 0201	0. 0274	0. 0129	0. 0158	0. 0175
20	0. 0191	0. 0135	0. 0082	0. 0104	0. 0062	0. 0256	0. 0304	0. 0086	0. 0128	0. 0122
21	0. 0145	0. 0114	0. 0071	0. 0090	0. 0060	0. 0142	0. 0184	0. 0090	0. 0106	0. 0115
22	0. 0036	0. 0108	0. 0057	0. 0057	0. 0015	0. 0057	0. 0076	0. 0021	0. 0029	0. 0031
23	0. 0026	0. 0017	0. 0012	0. 0014	0. 0006	0. 0019	0. 0025	0. 0013	0. 0016	0. 0046
24	0. 0041	0. 0022	0. 0013	0. 0013	0. 0011	0. 0033	0. 0044	0. 0019	0. 0023	0. 0024
25	0. 0824	0. 0599	0. 0448	0. 0601	0. 0312	0. 1474	0. 1204	0. 0384	0. 0725	0. 0591
26	0. 0008	0. 0012	0. 0007	0. 0010	0. 0005	0. 0010	0. 0016	0. 0021	0. 0012	0. 0015
27	0. 0022	0. 0013	0. 0009	0. 0015	0. 0016	0. 0018	0. 0020	0. 0018	0. 0021	0. 0022
28	0. 0539	0. 0290	0. 0462	0. 0458	0. 0501	0. 0537	0. 0700	0. 0791	0. 1040	0. 1208
29	0. 0654	0. 0360	0. 0441	0. 0522	0. 0566	0. 0665	0. 0801	0. 1173	0. 1177	0. 1633
30	0. 2045	0. 1200	0. 0889	0. 1507	0. 0932	0. 1654	0. 1901	0. 1484	0. 1592	0. 1917

附录 6.2　中国 2017 年竞争型投入产出表（30 个部门）：国产品列昂惕夫逆矩阵表（二）

行业 \ 国产品列昂惕夫逆矩阵 \ 部门	11	12	13	14	15	16	17	18	19	20
1	0.0243	0.0384	0.0702	0.0983	0.0634	0.0410	0.0275	0.0259	0.0232	0.0337
2	0.0109	0.0113	0.0327	0.0209	0.0123	0.0123	0.0103	0.0102	0.0094	0.0108
3	0.0306	0.0293	0.0791	0.0621	0.0338	0.0318	0.0257	0.0260	0.0245	0.0291
4	0.0031	0.0045	0.0054	0.0034	0.0027	0.0041	0.0048	0.0040	0.0032	0.0034
5	0.2138	0.1180	0.0944	0.0281	0.0223	0.0278	0.0295	0.0295	0.0315	0.0323
6	0.0068	0.0127	0.0081	0.0124	0.1442	0.0559	0.0318	0.0255	0.0235	0.0402
7	0.0044	0.0066	0.0151	0.0860	0.0056	0.0056	0.0045	0.0049	0.0050	0.0077
8	0.0602	0.0470	0.0689	0.0302	0.0308	0.0343	0.0410	0.0383	0.0366	0.0398
9	0.0517	0.0657	0.0176	0.0126	0.0063	0.0116	0.0114	0.0135	0.0151	0.0118
10	0.0330	0.0145	0.0090	0.0132	0.0055	0.0080	0.0111	0.0108	0.0155	0.0093
11	1.4617	0.0391	0.0067	0.0104	0.0042	0.0185	0.0075	0.0075	0.0192	0.0069
12	0.0303	1.3358	0.0237	0.0327	0.0101	0.0166	0.0190	0.0196	0.0165	0.0244
13	0.2398	0.2996	1.6046	0.1765	0.1386	0.1402	0.1342	0.1473	0.1587	0.2142
14	0.0192	0.0124	0.0177	1.2354	0.0284	0.0326	0.0257	0.0297	0.0331	0.0540
15	0.0576	0.1145	0.0441	0.0942	1.3856	0.4741	0.2991	0.2379	0.2200	0.3785
16	0.0474	0.0244	0.0214	0.0538	0.0182	1.1665	0.0818	0.0792	0.0554	0.0667
17	0.0199	0.0177	0.0185	0.0445	0.0279	0.0533	1.2743	0.1565	0.0896	0.0652
18	0.0113	0.0155	0.0120	0.0181	0.0183	0.0184	0.0227	1.1477	0.0180	0.0201
19	0.0160	0.0145	0.0149	0.0211	0.0129	0.0232	0.0460	0.0687	1.4280	0.0198
20	0.0142	0.0196	0.0166	0.0229	0.0185	0.0264	0.1038	0.0909	0.0767	1.2074
21	0.0119	0.0218	0.0139	0.0164	0.0126	0.0198	0.1090	0.1005	0.0593	0.1177
22	0.0030	0.0035	0.0044	0.0057	0.0047	0.0053	0.0108	0.0149	0.0121	0.0110
23	0.0016	0.0020	0.0015	0.0019	0.0018	0.0029	0.0027	0.0021	0.0025	0.0026
24	0.0046	0.0403	0.0057	0.0084	0.0606	0.0344	0.0146	0.0120	0.0109	0.0182
25	0.0717	0.0749	0.1034	0.1302	0.1347	0.1311	0.0792	0.0748	0.0625	0.0829
26	0.0015	0.0019	0.0016	0.0019	0.0013	0.0013	0.0015	0.0014	0.0013	0.0016
27	0.0024	0.0021	0.0022	0.0022	0.0018	0.0021	0.0021	0.0022	0.0020	0.0021
28	0.0989	0.0878	0.0951	0.0923	0.0696	0.0840	0.0874	0.0917	0.0902	0.0915
29	0.1746	0.1373	0.1143	0.1101	0.0747	0.1031	0.1224	0.1264	0.1556	0.1290
30	0.1743	0.1893	0.1922	0.1939	0.1623	0.1854	0.2019	0.2153	0.2059	0.1975

附录 6.3　中国 2017 年竞争型投入产出表（30 个部门）：国产品列昂惕夫逆矩阵表（三）

行业 \ 部门 国产品列昂惕夫逆矩阵	21	22	23	24	25	26	27	28	29	30
1	0.0190	0.0213	0.0343	0.0033	0.2254	0.0408	0.0374	0.0106	0.0073	0.0104
2	0.0069	0.0081	0.0140	0.0018	0.0189	0.0081	0.0143	0.0314	0.0053	0.0070
3	0.0187	0.0227	0.0352	0.0047	0.0354	0.0194	0.0433	0.0981	0.0148	0.0203
4	0.0024	0.0025	0.0076	0.0016	0.0061	0.0023	0.0029	0.0177	0.0037	0.0028
5	0.0271	0.0272	0.1373	0.0042	0.0197	0.0275	0.0402	0.0204	0.0781	0.0321
6	0.0134	0.0158	0.0187	0.0010	0.0064	0.0042	0.0227	0.0037	0.0015	0.0029
7	0.0048	0.0057	0.0061	0.0005	0.0055	0.0030	0.0265	0.0051	0.0015	0.0022
8	0.0366	0.0357	0.0554	0.0054	0.0289	0.0356	0.0333	0.0282	0.1131	0.0362
9	0.0090	0.0131	0.1341	0.0041	0.0068	0.0130	0.0103	0.0094	0.0087	0.0157
10	0.0074	0.0103	0.0188	0.0030	0.0071	0.0169	0.0093	0.0078	0.0071	0.0136
11	0.0049	0.0067	0.0385	0.0005	0.0076	0.0035	0.0362	0.0043	0.0025	0.0051
12	0.0214	0.0195	0.0364	0.0015	0.0118	0.0141	0.0217	0.0169	0.0197	0.0464
13	0.1352	0.1274	0.3535	0.0186	0.0565	0.1820	0.1615	0.0642	0.0488	0.1061
14	0.0394	0.0525	0.0219	0.0012	0.0142	0.0072	0.2319	0.0063	0.0041	0.0068
15	0.1236	0.1461	0.1701	0.0080	0.0584	0.0348	0.2074	0.0328	0.0130	0.0246
16	0.0393	0.0596	0.0487	0.0019	0.0254	0.0397	0.0779	0.0144	0.0068	0.0170
17	0.0272	0.0541	0.0370	0.0033	0.0211	0.0128	0.0278	0.0203	0.0048	0.0076
18	0.0377	0.0291	0.0109	0.0018	0.0097	0.0089	0.0159	0.0067	0.0036	0.0082
19	0.0136	0.0203	0.0147	0.0027	0.0109	0.0101	0.0180	0.1182	0.0130	0.0230
20	0.1054	0.1012	0.0312	0.0028	0.1057	0.0234	0.0550	0.0184	0.0143	0.0183
21	1.6865	0.2835	0.0407	0.0022	0.0281	0.0154	0.0230	0.0214	0.0162	0.0367
22	0.0112	1.1293	0.0073	0.0013	0.0302	0.0079	0.0050	0.0037	0.0022	0.0068
23	0.0025	0.0027	1.0286	0.0004	0.0026	0.0018	0.0024	0.0015	0.0012	0.0042
24	0.0067	0.0078	0.0095	1.0959	0.0032	0.0027	0.0112	0.0022	0.0012	0.0027
25	0.0556	0.0617	0.0865	0.0113	1.4313	0.2147	0.0812	0.0394	0.0278	0.0302
26	0.0013	0.0016	0.0020	0.0014	0.0027	1.0534	0.0020	0.0010	0.0016	0.0012
27	0.0024	0.0019	0.0025	0.0007	0.0066	0.0039	1.0352	0.0033	0.0031	0.0064
28	0.0645	0.0761	0.0887	0.0105	0.0580	0.0458	0.0896	1.1449	0.0837	0.0626
29	0.1230	0.1189	0.1230	0.0102	0.0733	0.0635	0.1199	0.0863	1.0584	0.0874
30	0.2213	0.1863	0.1981	0.0264	0.2117	0.2961	0.3116	0.3047	0.2890	1.3388